KB275013

맥과 모양을 잡는 반짝이는 한 수

10단 大竹英雄 지음
프로바둑연구회 편

太乙出版社

머리말을 대신하여

大竹 이 책을 '맥과 모양을 잡는 반짝이는 한 수'라고 하였지만 여러분에게 있어서는 골치 아픈 테마이겠지요…

勇6급 지금 철저하게 훈련시켜 주십시오. 太郎씨의 상수에는 언제나 맥을 잃어 곤란을 겪읍니다.

太郎2급 아니 그 정도는 아닙니다. 勇 6급은 재미있게 집니다.

大竹 앗하하. 벌써 입 싸움이 시작되었군요. 자 우리들 프로들이 보기에는 勇씨도 太郎씨도 비슷한데요.

勇6급 太郎씨도 역시 도토리 키 재기입니까? 하지만 맥은 두려운 것이라고 생각하는데요.

大竹 그렇읍니다. 맥과 속맥이라는 것은 마치 종이 한 장의 차이와도 같읍니다. 단 한길의 차로 '천국과 지옥' 이 되는 것이지요.

太郎2급 그 천국이 저이고 지옥에 떨어지는 것이 勇씨 인 것이 보통의 코스……

大竹 '아마는 돌을 중요시 하지만 프로는 돌을 버리려 고 한다' 라는 말은 자주 인용되고 있읍니다만 이 정신을 이해할 수 있으면 상당히 바둑의 양상이 달라집니다. 놓으 면 놓는 만큼 돌을 취할 수 있다고는 할 수 없읍니다. 어 떻게 효율적으로 버리느냐 하는 것이 문제입니다. 자주 일 컬어지는 말 아닙니까? '초반에 돌을 버리지 말라' 그것 은 버린 돌이 최대한으로 이용당하게 되는 것과 '돌을 취 했다' 라는 안이한 기분이 나쁜 쪽으로 작용하기 때문입 니다.

太郎2급 그러고 보면 초반에 돌을 잃은 편이 승률이 좋은 것 같습니다.

勇 6급 돌을 취하기 위한 에네르기는 대단한 것이지요, 그만큼 지치게 되겠지요?

大竹 프로는 '어떻게 효율적으로 잘 버릴 수 있느냐'로 고심하지요. 분명히 말씀 드릴 수 있는 것은 바둑은 밸런스라는 것입니다. 공격 쪽으로만 나가다가는 반드시 파탄을 낳고 수비 일변으로 좋지 않다는 것입니다. 이 책은 초반이나 중반전에서의 '맥과 형'에 촛점을 맞추어 '그러면 속맥' '아름답게 버리자' '우형(愚形)이 좋을 것 같으면' '아름답게 지키자'의 4장으로 나누어 4일 동안 졸업할 수 있도록 되어 있읍니다. 이것은 또 자매편 '공격과 방어를 위한 결정적인 한 수'와도 통하는 것입니다. 도움이 되었으면 합니다.

太郎, 勇 부디 잘 부탁드립니다.

차 례 *

제1장

그러면 속맥

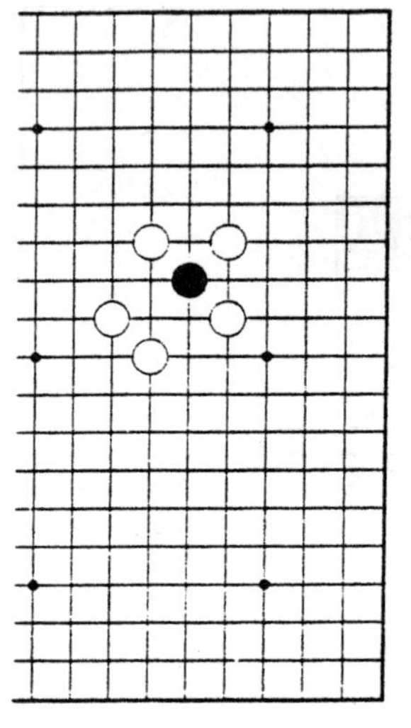

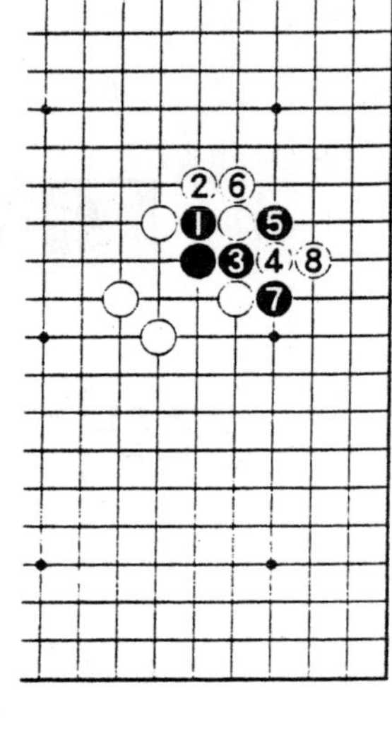

단수, 단수의 서툰 바둑

大竹 아, 오늘은 두 사람 모두 긴장하고 있군요. 그러면 쉬운 문제부터 보아가기로 합시다. 제1형 흑의 차례입니다. 흑1은 어떻게 되겠읍니까?

勇 흑은 감옥의 죄인 같이 보이는군요.

大竹 아니, 勇씨 알고 계시는 것입니까?

勇 무슨 말씀이신지……

大竹 이 형을 알고 계시나 해서. 太郎씨도 처음이시지요?

太郎 네 처음입니다만.

大竹 유명한 형으로 '岾見重太郎의 감옥 부수기' 라는 것입니다. 원전은 중국의 「현현기경(玄玄碁経)」에 실려 있는 진용(珍瓏) 입니다.

勇 1도 흑1로 백의 단점을 찔러내고, 3에서 7로 대

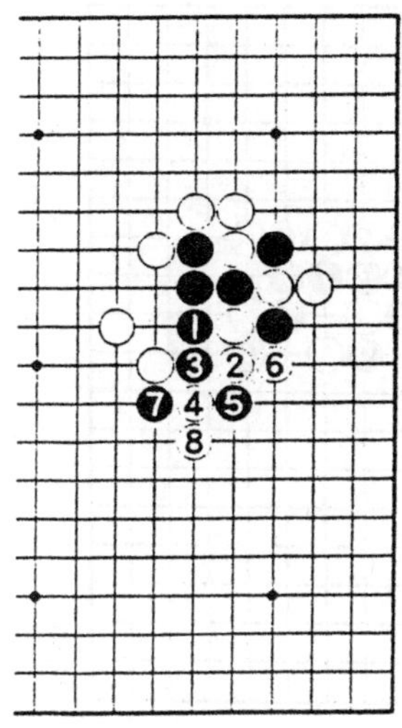

2
도

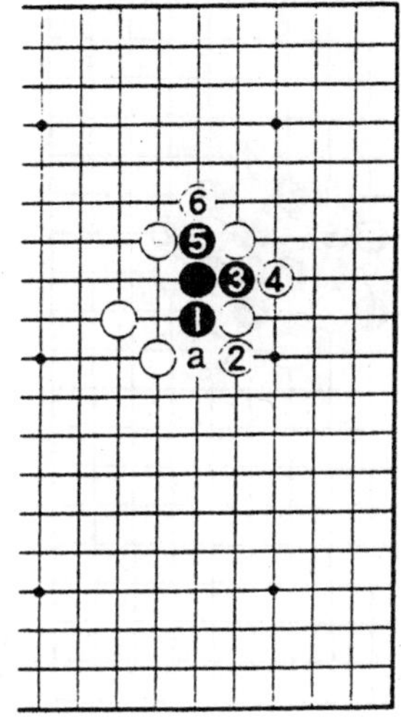

3
도

어갑니다. 백은 단점 투성이이므로 분명 무너질 것입니다. 이어서 2도 흑1로 대어갑니다.

大竹 백2로 도망갈 수밖에 없읍니다.

勇 그러면 흑3부터 5로 대어 더욱 흑7로 댑니다…

大竹 勇씨, 어떻게 하셨읍니까?

勇 음, 흑은 공배 막힘이 되어버렸군요……

大竹 요컨대 감옥 부수기에 실패한 것입니다. 얼핏 보기에 백은 엉망진창으로 단점 투성이였지요? 그러면 太郎씨는 어떻읍니까?

太郎 웬지 자신이 없읍니다만 일단 도전해 보겠읍니다. 3도 흑1쪽부터 가는 것입니다.

大竹 백2로 뻗읍니다.

太郎 백a로 눌러 주지 않읍니까? 그럼 흑3·5로 가겠

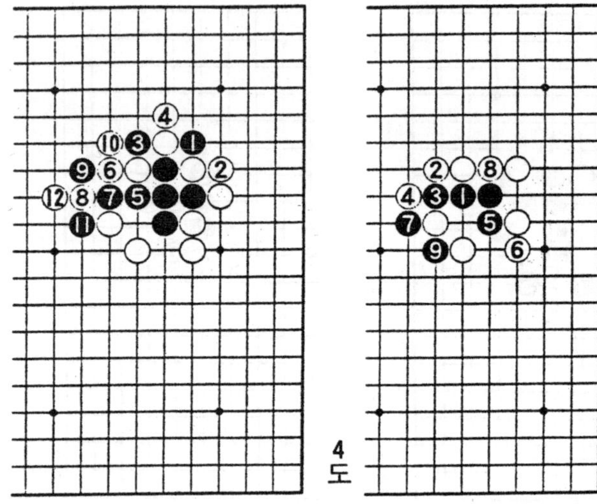

읍니다.

　大竹　첫째 수가 잘못된 것 같읍니다. 그러나 계속해 주십시오.

　太郎　이상합니까?　4도 흑1부터 백12까지 역시 안됩니까……

　大竹　으음, 안됩니다. 첫째 수가 나빴고 게다가 흑이 자꾸 대어지고 또 대어졌기 때문입니다.

　太郎　그러나 大竹 선생님. 제1형에서 보아 계속 대어가는 수밖에 다른 수가 없을 것 같이 보입니다만……

　大竹　그것이 맹점입니다. 맥이 좋은 사람은 억지로 단수를 거는 것입니다. 두 사람은 공부 중이므로 어쩔 수가 없읍니다만. 그러면 정해는 5도 흑1부터 7 끊기까지, 9의 단수는 최후에 취하는 것입니다.

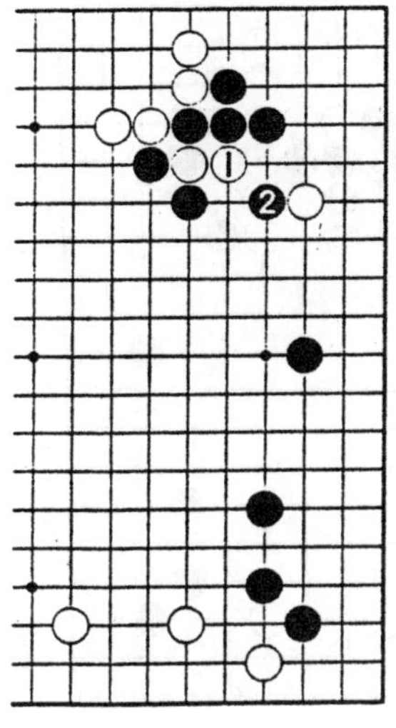

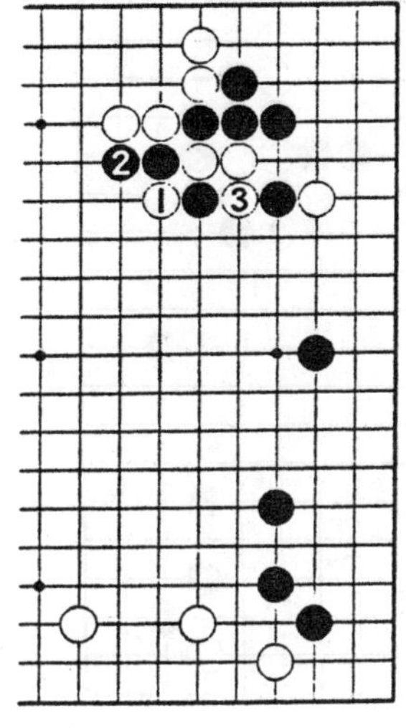

太郎 ……　6도도 단수의 실험입니까?

大竹 그렇읍니다. 백의 양쪽 걸기부터 흑이 붙여 누르는 정석입니다만 백1로 도망치는 순간 흑2의 걸침. 자, 백은 어떻게 놓을까 하는 것이 문제입니다.

勇 기다렸읍니다. 맡겨 주십시오. 드디어 제가 나갈 차례가 도래하였읍니다.

太郎 하하하, 勇씨 말에서 떨어져 상처 입지 않도록 조심하십시오.

勇 문제 없읍니다. 7도 백1로 끊고 단수로 가는 한 수이지요. 이 백 두 점을 빼버리면 곤란하니까요.

太郎 아, 흑2로 도망가는 한 수로군요.

勇 그리고 백3으로 냅니다. 어떻읍니까?

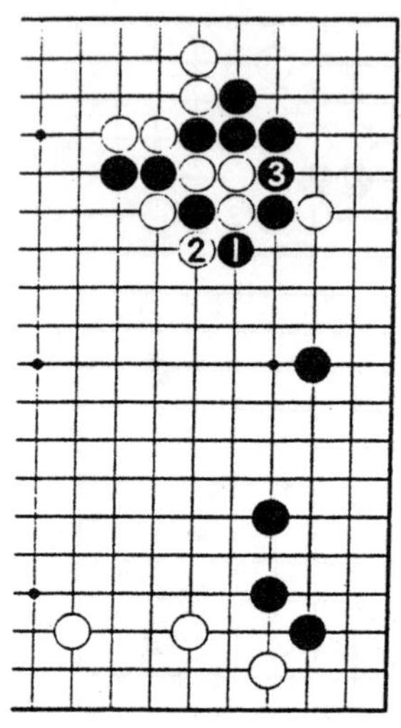
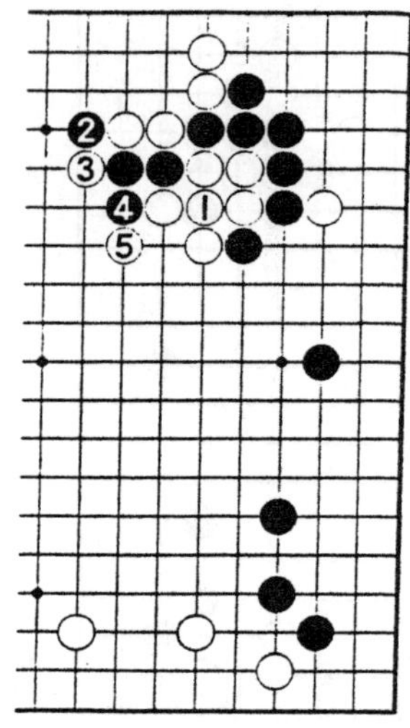

太郎 勇씨, 정신이 없는 것 아닙니까? 그러면 8도 흑 1부터 3으로 깨끗하게 조여들고 말아요.

勇 어쩔 수 없읍니다. 요점의 백돌을 탈출시키기 위해서는 형 따위에 신경 쓸 수가 없읍니다. 조여들더라도 살기 위해서는 어쩔 수 없는 것입니다.

太郎 아, 대담하군요. 勇씨라면 분명히 9도 백1로 붙여 흑2로 젖힌 다음 백3으로 단수.　이런 전법으로 나오겠군요.

勇 안됩니까? 이번에는 가운데의 흑 세 점을 공격하여야 할 것 같습니다.

大竹 잠자코 있을 수가 없군요. 勇씨의 놓는 방법은 전혀 스마트한 맛이 결여되어 있읍니다.

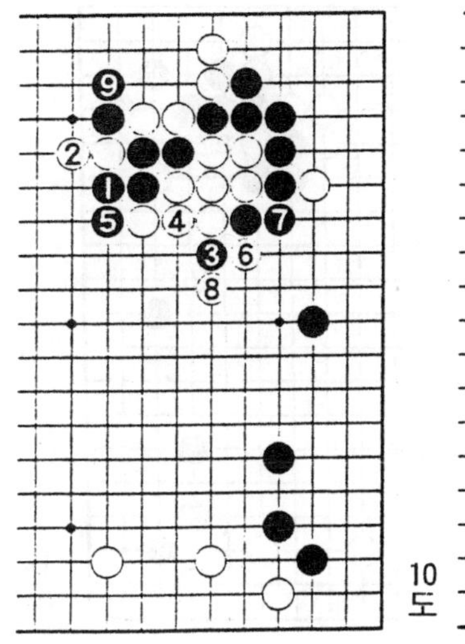

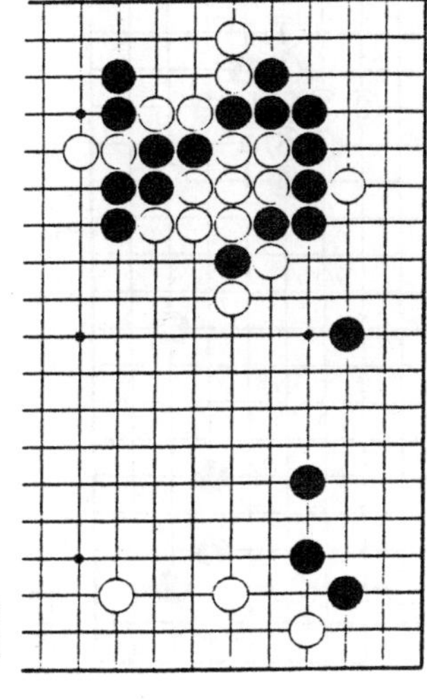

勇 …… 음. 중요한 돌을 빼앗기면 안될 것 같아서 힘
으로 밀고 나가려고……

大竹 좀더 계속해 주십시오.

勇 이제 내키지 않읍니다.

太郎 모처럼 시작하였으니 좀더 해보십시오. 10도 흑1
이하 9가 되는 것입니까? 그 결말은?

大竹 勇씨의 용맹 과감성에는 질렸읍니다. 아무튼 이결
말은 완전히 백의 패배입니다.

太郎 勇씨 11도와 같이 백 전체와 흑 전체로 누르면 전
체 형을 잘 알 수 있을 것입니다.

勇 음, 과연…… 그러고 보니 백의 상황이 굉장하군
요……

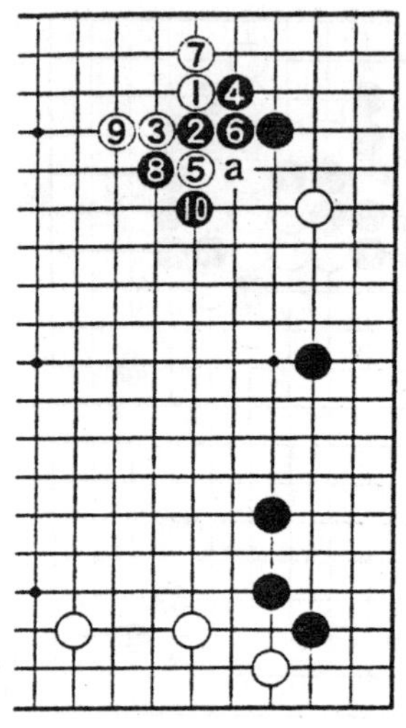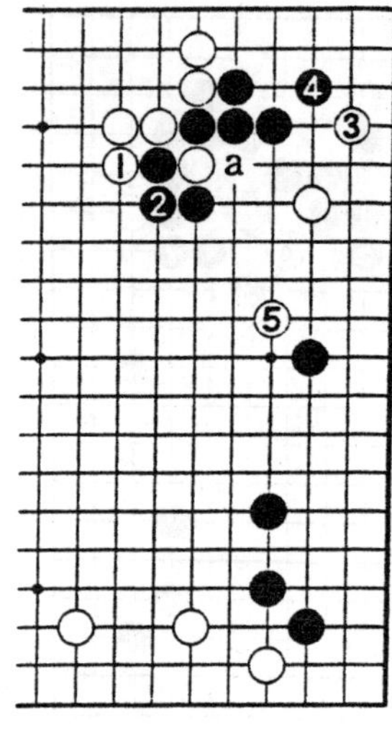

太郎 大竹 선생님, 이것은 어떻읍니까?

大竹 5·6급의 기량이라면 이렇게 되는 것도 어쩔 수 없읍니다. 勇씨, 앞으로 이렇게 큰 경단은 만들지 말아 주십시오.

勇 네, 주의하겠읍니다.

大竹 이 원형은 **12도** 백1의 양쪽 걸치기부터 혹2 이하의 붙여 누르기 정석입니다만, 혹10의 걸치기에 백a로 당겨 내는 것이 무겁게 놓는 방법으로 경단의 시작입니다.

太郎 알았읍니다. 백a가 좋지 않은 것이군요.

大竹 무거워졌읍니다. 그러므로 **13도** 백1로 대어 한 점을 버리는 작전밖에 없읍니다. 그리고 백3에서 5로 행동을 일으키는 것이 유력합니다. 경단을 만드는 것 보다는 이 방법이 스마트할 것입니다.

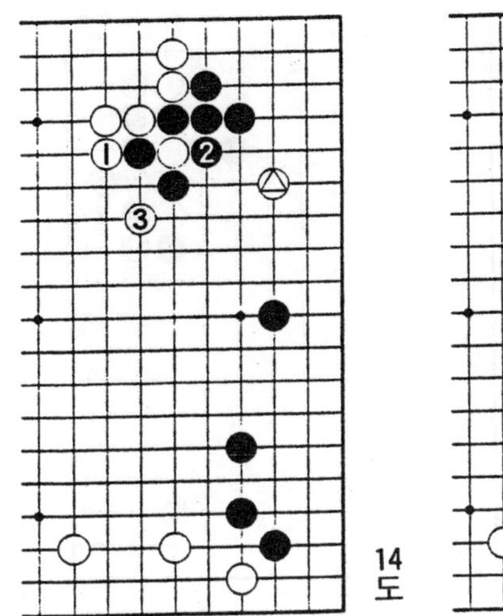

14
도

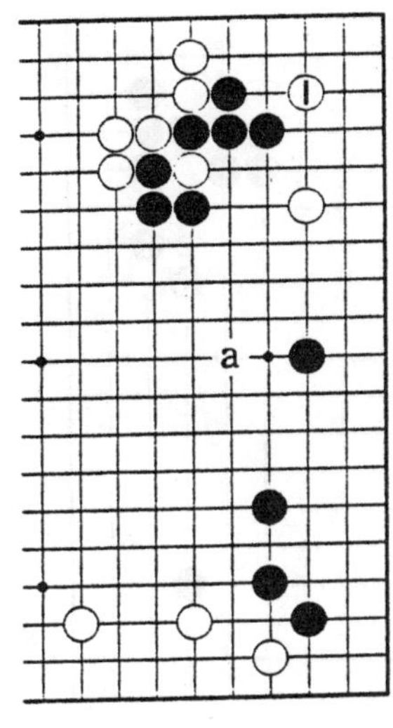

15
도

太郎 질문이 있읍니다.

大竹 아무쪼록 무엇이든지.

太郎 자주 생각하는 것입니다만 13도 백 1 대기에 대하여 흑 2 로 붙였지요. 14도의 흑 2 로 빼는 방법이 맛이 좋지 않읍니까? 13도에서 백 한 점이 웬지 눈에 거슬리는 것이 아닐까 합니다만.

大竹 여러분에서 있어서는 14도처럼 빼는 것이 좋을 듯이 생각되겠지만 백이 움직이면 6도처럼 걸쳐지므로 격정할 필요 없읍니다. 또 14도 흑 2 라면 백은 3 으로 걸칠 수가 있읍니다. 프로는 이런 흑을 좋아하지 않읍니다.

太郎 13도 백 3 으로 달리 놓는 방법은?

大竹 네,15도 백 1로 3 · 3 에 뛰어 넣든가 a로 칼끝을 만들든가 하는 여러 가지가 있읍니다.

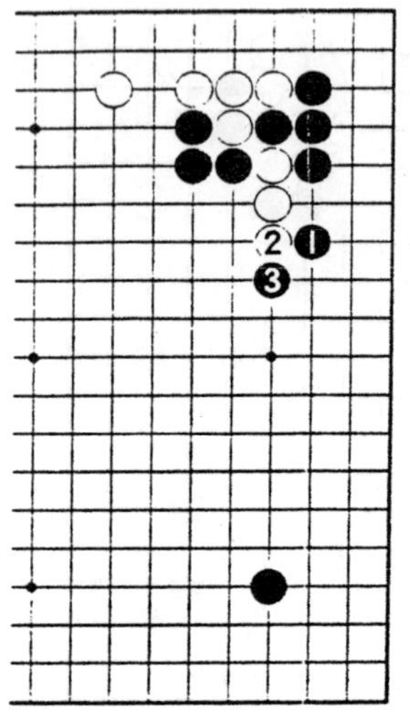

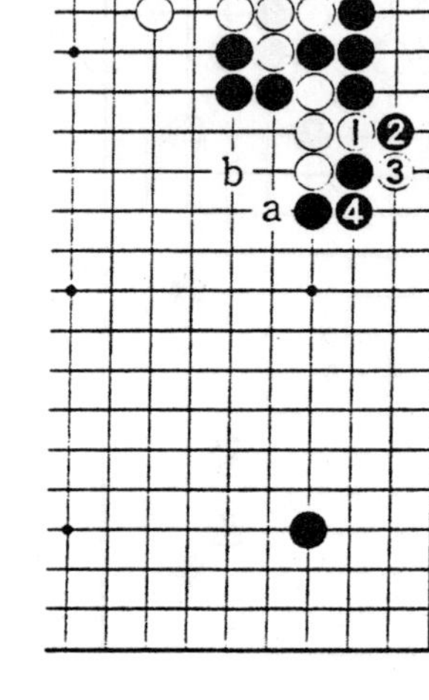

단수를 서두르지 말라

大竹 이번에는 太郎씨에게 적합한 예제입니다. 제 2 형 대사백변(大斜百變)이라고 불리우는 난해할 정석 중의 하나로써 흑1 뛰기에 백2로 눌렀을 때 흑이 3으로 젖혀 올린 참입니다. 자, 太郎씨 어떻게 하시겠읍니까?

太郎 이것도 또 백의 단점이 눈에 띄는군요. 우선 1도 백1에서 3으로 내어 끊을까요…… 단순한 백a 젖히기 나 b의 뛰기 등은 좋지 않을 것 같읍니다.

大竹 그렇읍니까? 백a나 b는 실속이 없읍니다. 백1 · 3의 내어끊기로 OK입니다. 그러나 그 다음 놓는 방법이 문제가 됩니다. 太郎씨, 그럼 이 다음은 어떻게 정리하겠 읍니까?

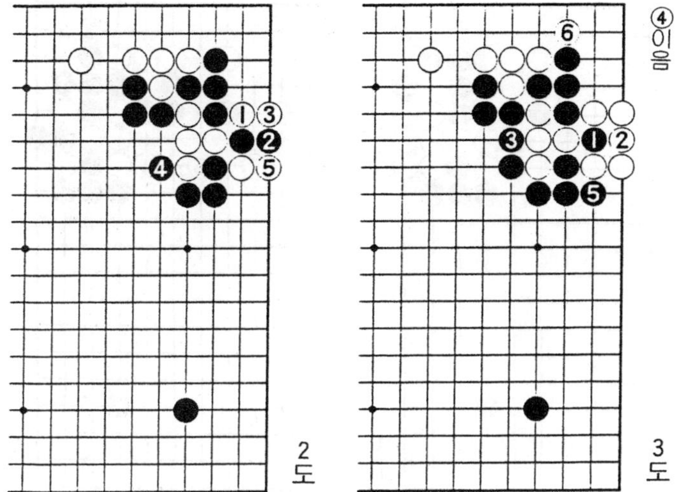

太郎　2도 백 1 로 대어가고 싶은데요. 그러나 흑 2 로 뻗혀져 화려해지지만……

勇　저도 그렇게 놓을 것입니다. 무슨 생각이라도 있는 것입니까?

大竹　백 1 까지 단수, 단수로 좋지 않을까요. 흑 2 뻗기에 백 3 으로 걸치는 것이 실은 위험한 것입니다. 사건이 생길지도 모릅니다. 아무튼 이것은 유명한 끼움수이니까요.

太郎　흑 4 로 대어가는 것이군요. 백 5 로 취하지 않을 수 없읍니다. 그러면 3도 흑 1 멀리 던져 넣기가 올 것이라는 것은 예상할 수 있읍니다.

勇　백 2 에 흑 3 은 필연이고 백 4 붙이기라면 흑 5 입니다. 그리고 백 6 으로 젖히면 이것은 이미 백의 대낙승이겠지요!

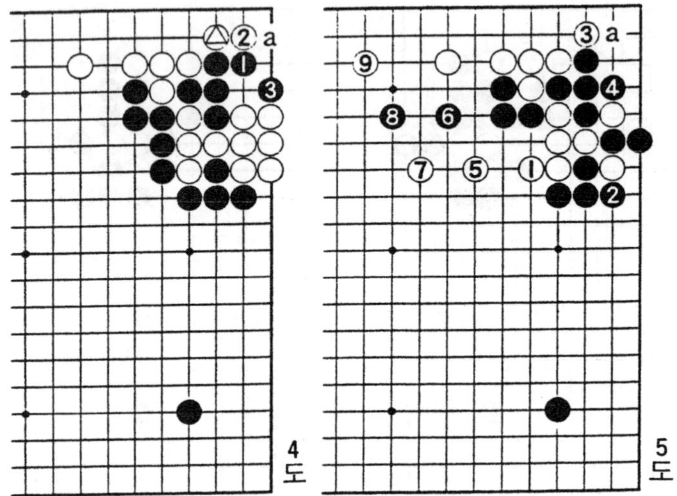

　大竹 대낙승이라고요? 아하하, 당치도 않읍니다. 4도 흑1로 구부립니다.

　太郎 백2로 누릅니다. 흑은 두 수이고, 빼앗기는 것과 다릅니까?

　大竹 흑3으로 마늘모 붙이기는 어떻읍니까? 백a로 해 보았읍니까?

　太郎, 勇 ……

　大竹 멋지게 빠져 들었군요. 백은 무턱대고 단수, 단수로 갔던 것입니다. 때문에 막혀버려 흑의 역습을 받게 된 것입니다. △의 젖히기에 흑1의 구부리기가 호수입니다.

　太郎 단수, 단수로 상황이 좋아질 것이라고 생각했읍니다. 2도 흑2 뻗어 대기에서부터 이상해지기 시작한 것 같읍니다.

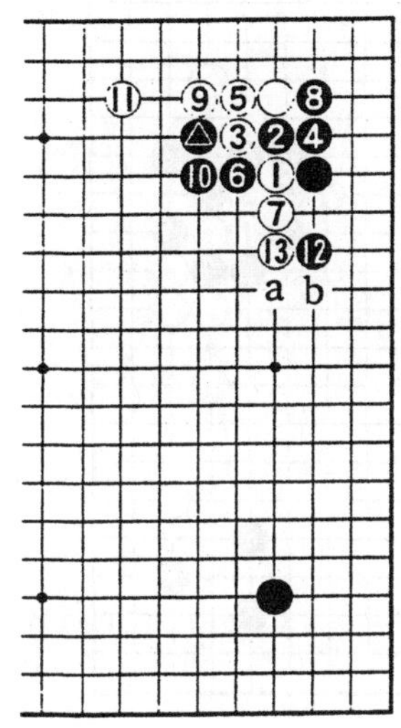

6도

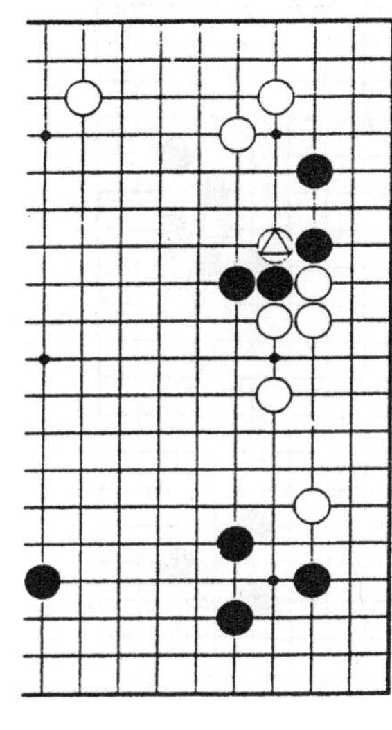

7도

　大竹　그러면 백의 바르게 놓는 방법은 **5도** 백1로 당겨 올려 백9까지.

　勇　아, 그곳까지는 도저히 읽을 수가 없읍니다. 太郎씨도 그렇겠지요?

　太郎　우선 무리입니다. 그러나 大竹 선생님께서 말씀하시는 의미는 잘 이해할 수 있읍니다. 그러면 **6도**가 원형이라는 뜻입니까?

　大竹　그렇읍니다. ●의 대사 걸침에 백1로 붙여 흑2 갈라 넣기의 어려운 정석입니다. 백13에 흑a로 젖힌 것이 **제2형**. 이것으로 b로 뻗어두면 흑도 무난할 것입니다.

　太郎　끼움수를 걸치는 것도 필사적인 것이로군요.

　大竹　그렇읍니다. 일보 잘못 디디면 되돌릴 수 없으므로 주의하여 응대하지 않으면 안됩니다. 그리고 **7도**입니

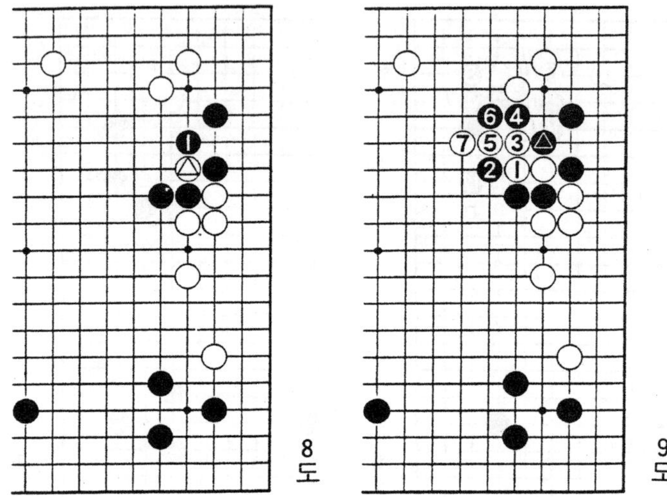

다만 우상 ◎로 끊었읍니다. 물론 흑의 차례입니다만 ◎을 어떻게 잡느냐 하는 예제. 勇씨라면 어떻게 놓겠읍니까?

　勇　8도, 혹은 1로 대어서는 안된다는 것이지요, 선생님?

　大竹　이번에는 勇씨도 주의력이 날카롭군요. 이런 형에서 흑1로 대어가는 것은 좋지 않읍니다. 뭐니뭐니 해도 단수가 좋다라고는 할 수 없으니까요. 그럼 勇씨,이어서 나쁘게 놓는 방법으로 전진해 주시겠읍니까?

　勇　9도 백1로 나가면 흑2로 쫓읍니까? 흑3으로는 아무래도 수가 없을 것 같고 백3이라면 흑4에서 6으로 쫓겠읍니다만 결국 백7로 뻗어져 흑이 불만…… 이렇게 되는 것이 가치없는 맥의 본보기겠지요?

　大竹　가치없는 맥으로써는 완성되었읍니다. 우선 ●의

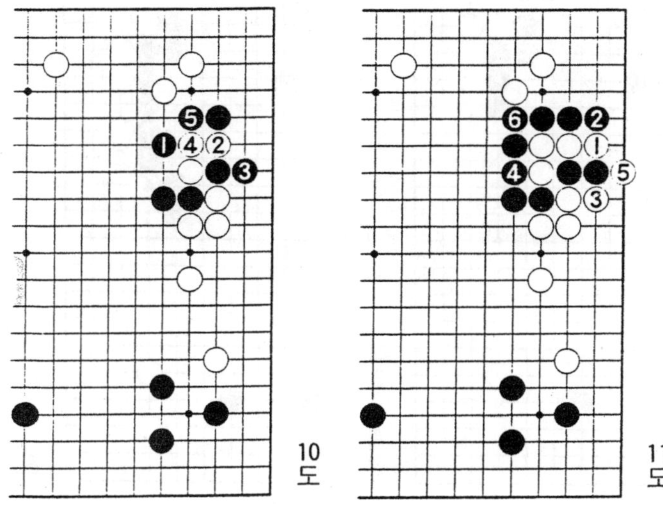

대기가 문제였던 것이지요. 그러면 맥의 좋은 놓기는 어떻게 되는 것입니까? 勇씨, 아셨겠지요?

　勇　10도 흑1의 걸치기밖에 없지 않읍니까?

　太郎　勇씨, 그런 식으로는 곤란하지 않을까요?

　勇　바둑판을 사이에 두고 라이벌과 마주 앉으면 그만 확 머리에 피가 끓어 올라서······

　大竹　하하하, 역시 손과 머리가 잘 일치되지 않지요? 손쪽이 명령 계통을 거역하여 멋대로 움직이려고 할 것입니다. 자, 계속 놓아 보십시오.

　勇　틀려도 이해해 주십시오. 백2 이하 흑5입니다. 여기까지 오면 끝까지 댈 것 같읍니다. 11도 백1 이하 흑6으로 붙여 흑은 쓸데없는 돌이 하나도 없게 됩니다.

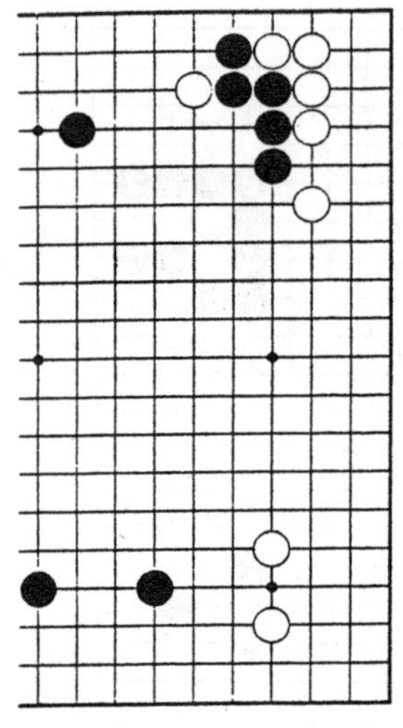

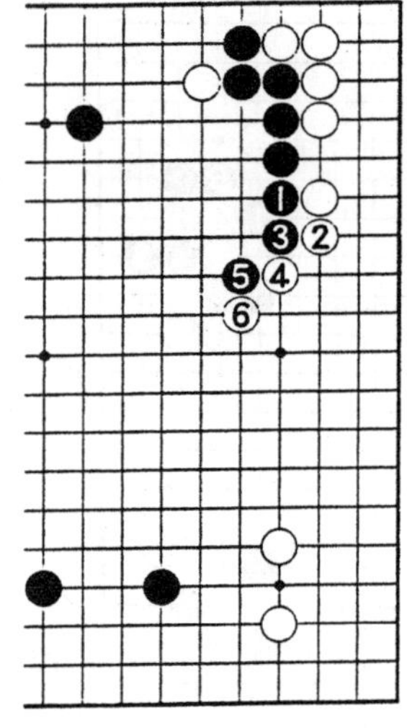

밀어도 안되면 당겨 보아라

大竹 제 3 형의 우상을 보십시오. 상당히 평범한 형입니다만 유단자들도 자칫 실수하기 쉬운 케이스입니다. 아마 츄어인 여러분의 결점을 이 문제로 알 수 있는 것입니다. 흑 차례에 어떻게 놓겠읍니까! 勇씨부터.

勇 저부터입니까? 어차피 정해가 되지는 못하겠지만 생각한 대로 놓겠읍니다. 으음, 그러니까 1도 흑1로 밀겠읍니다. 백2라면 흑3으로 밀고 흑5로 모양을 넓혀 가겠읍니다.

大竹 음, 역시. 이것을 시험해 보면 맥의 좋고 나쁨을 잘 알 수 있읍니다. 勇씨도 나름대로 수를 놓았읍니다. 그러면 太郎씨는 어떻읍니까?

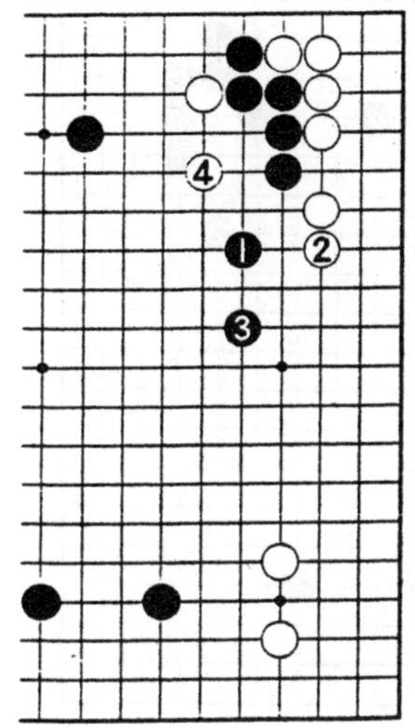

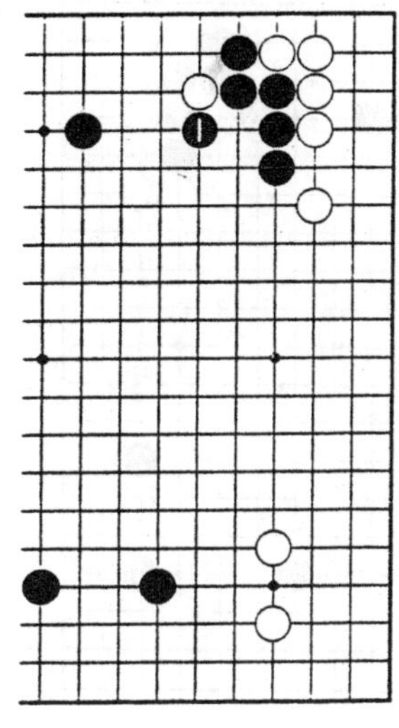

　太郎　勇씨와는 달리 2도 흑1의 날일자 라고　생각합니다. 백2라면 흑3으로 벌려 가고 싶읍니다.

　大竹　과연. 두 사람 모두 자신의 모양을 신경쓰고 있군요. 太郎씨의 흑1·3에 백4로 급소를 찔리면 흑은 다리가 부들부들 떨리게 됩니다.

　太郎　안됩니까?

　大竹 勇씨가 나름대로 놓으신 것도 좋지 않은 방법입니다. 자신의 모양의 증가 보다도 백의 땅의 증가가 큰 것입니다. 흑은 도저히 놓아 끊을 수가 없읍니다.

　勇　그렇읍니까? 백을 눌러 붙여 가면 흑은 충분하다고 생각했기 때문에……

　大竹　勇씨의 그런 생각을 고치게 하고 싶었던　것입니다. 太郎씨도 마찬가지입니다. 정해는 3도 흑1 누르기

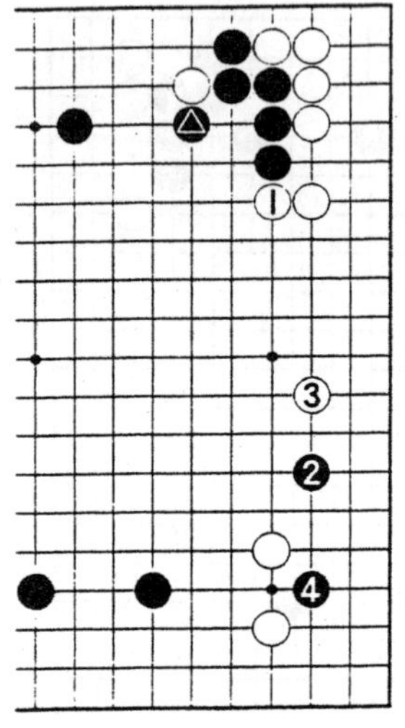

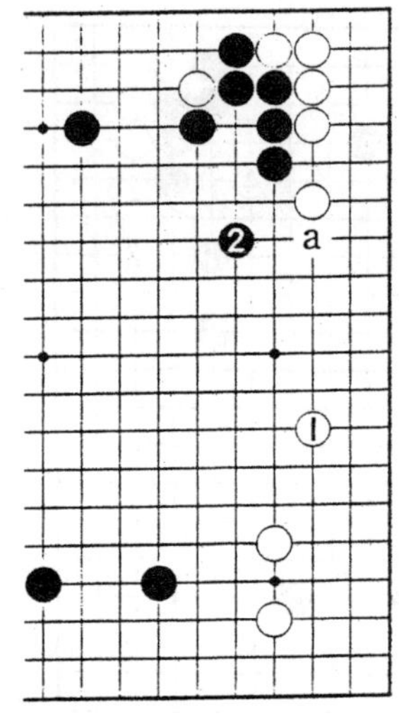

입니다.

太郎 3도 흑1 누르기라니 의외의 수로군요. 왜 이 수가 좋은 것입니까?

大竹 이렇게 놓아 디딤판을 굳혀 두면, 4도 백1로 눌러 들어갈 때 상변은 수를 빼어 흑2로 걸치면 백은 곤란해질 것입니다. 백3 끼우기에 흑4로 급소에 들어가면 우하 구석의 백의 땅은 거의 없는 것과 마찬가지입니다.

太郎 4도 백1에서 5도 백1로 우하를 눈목자로 에워싸면 어떻읍니까?

大竹 흑2의 날일자가 살아갑니다. 太郎씨의 날일자의 맥이 절호의 타이밍이라고 할 수 있읍니다. 흑2의 의미는 우변을 백이 빼면 a의 붙이기가 강렬합니다. 백a로 지키면 우변의 백의 모양은 납작해집니다.

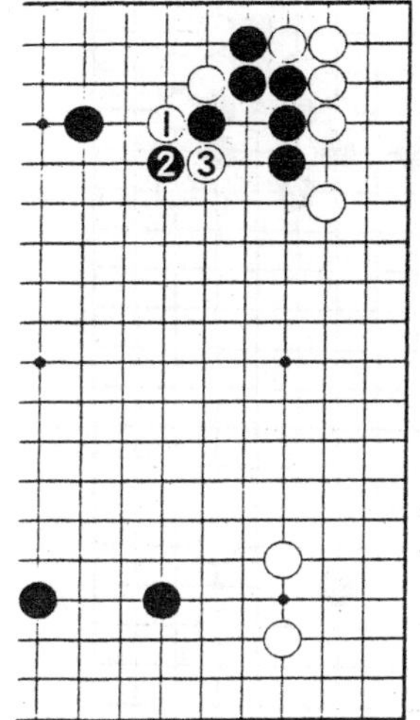

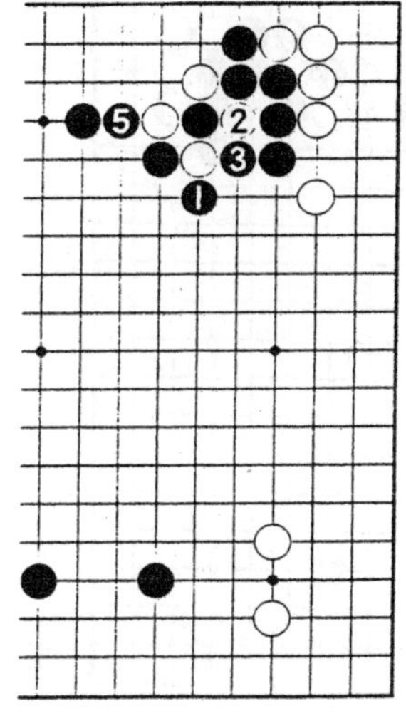

太郞 과연 타이밍입니까?

大竹 강해지면 자연히 알게 됩니다.

太郞 그렇읍니까? 그러면 大竹 선생님께 묻겠읍니다만 6도 백1로 움직여 내는 수는 없읍니까?

大竹 없읍니다. 흑2로 누르는 것 그것까지입니다.

太郞 백3으로 대어가고 싶읍니다만.

大竹 좋읍니다. 그것은 7도 흑1로 대어 되돌리면 좋은 것입니다. 太郞씨는 백2로 한 점을 뺄 생각이겠지요?

太郞 그야 물론 그렇게 놓을 것입니다. 오른쪽의 흑 여섯 점을 공격하고 있으니까……

大竹 그 패기는 살만하군요. 흑3으로 대어 백4 붙이기라면 흑5. 백 다섯 점은 경단으로 취하여져 있지요? 백이 움직여 내는 것은 무리입니다.

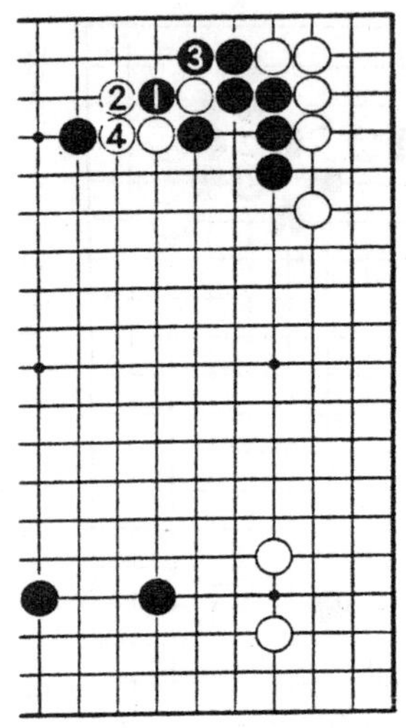

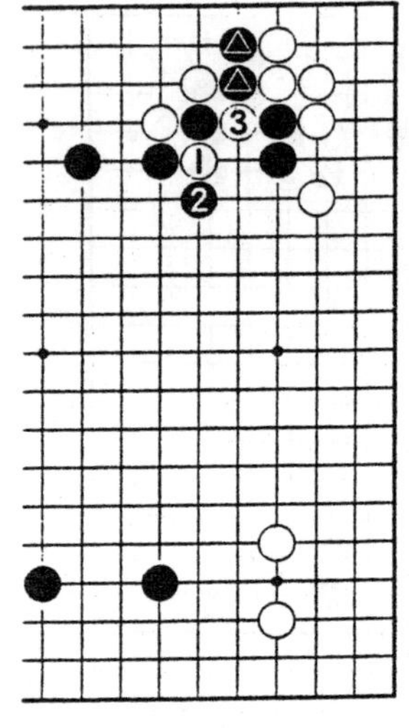

太郞 알았읍니다.

大竹 백이 움직여 낸 때에 흑도 당황하면 안됩니다. 8도 흑 1 등으로 끊으면 백의 기술 안에 끼입니다. 백 2 로 대어 되돌리고 흑 3 빼기에 백 4 로 붙여져 이것은 흑의 실패입니다.

太郞 네, 실은 이런 실수는 자주 있었읍니다.

大竹 그렇겠지요. 6 도와 같이 밖에서 젖혀 눌러가지 않으면 안됩니다. 9 도를 보십시오. 우상의 흑의 형이 불완전할 때는 백 1 로 끊어 흑 2 로 대어 되돌리는 것은 위험합니다. 알았읍니까? 勇씨?

勇 …… 음. 아, 알았읍니다. 백 3 으로 두면 ● 두 점이 아웃됩니다.

大竹 형을 맹신하면 위험하다는 것을 보여주는 예입니

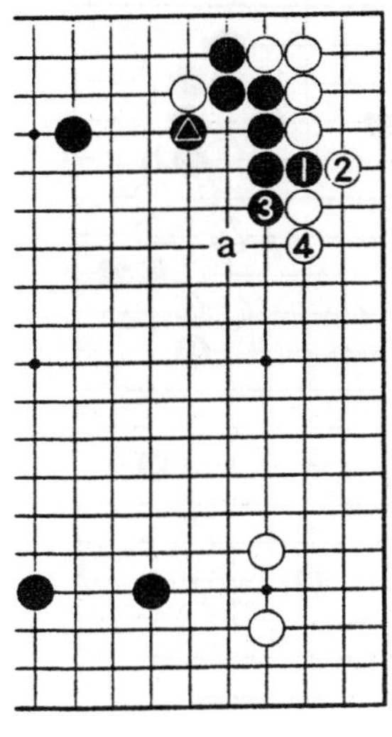

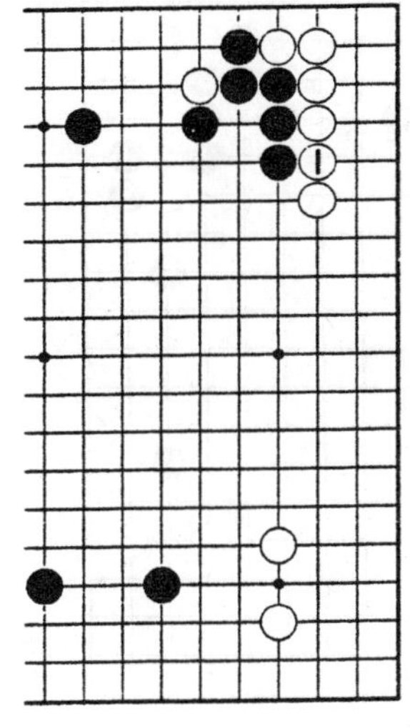

다.

　勇　나쁘게 놓는 방법도 있읍니까?

　大竹　있읍니다. 10도 흑1로 나가 3으로 누르는 수입
니다.

　勇　흑1은 선수이고 3의 누르기도 백을 찌부러지게 하
므로 그렇게 나쁘다고 생각지 않았읍니다.

　大竹　그러므로 곤란한 것입니다. 흑1의 내기는 패 세
우기가 곤란하지요. 이것이 나중에 큰 의미를 주게 될 것
입니다. 선수 집이라고 해서 무턱대고 결정해서는 안되는
것입니다. 만일 흑을 놓지 않으면 11도 백1로 붙일 생각
이십니까? 勇씨?

　勇　음, 그런 수는 없읍니다.

　大竹　백1은 후수 1집. 작은 종반 패에 지나지 않읍니

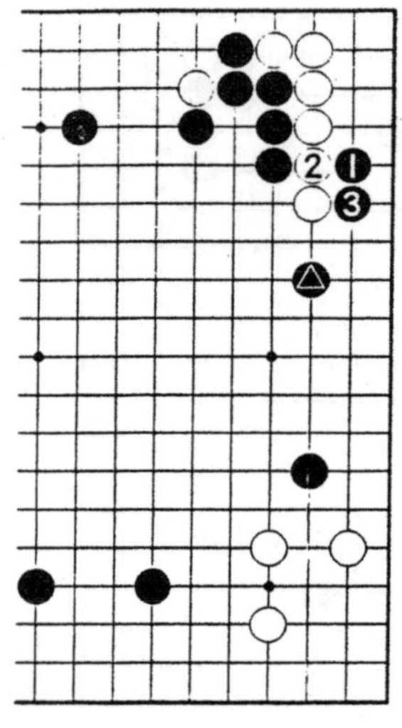

12도

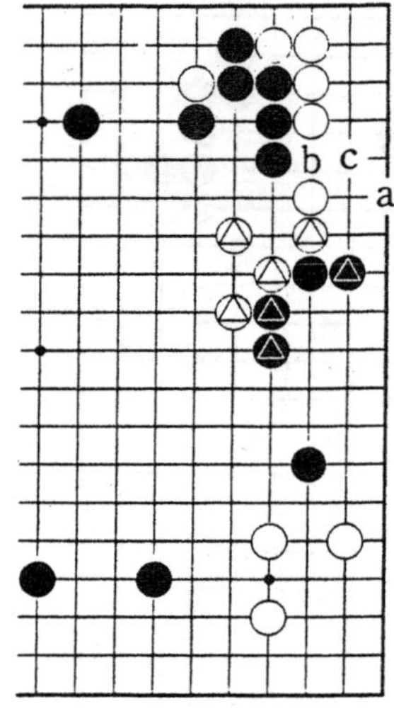

13도

다.

勇 납득했읍니다……

大竹 10도 흑1의 죄 두번째는 12도 ●으로 쫓아 흑1
로 두는 강렬한 넉아웃·펀치를 면하기 때문입니다. 물론
●의 메꿈에 백이 수 빼기를 하는 경우의 이야기이지요.
백2 붙이기라면 흑3으로 당겨 백의 디딤을 줄여 땅을 취
하면서 공격합니다. 백은 여지없는 패배이지요……

太郎, 勇 백은 엉망이군요……

大竹 감탄만 하지 말고 어서 실전으로 놓아 보십시오.
10도 흑1 따위는 언제라도 놓을 수 있는 수이므로 늦게
까지 놓지 않는 편이 좋읍니다.

太郎, 勇 알겠읍니다.

大竹 또 한가지 13도 ●나 △의 교환이 있다고 하면

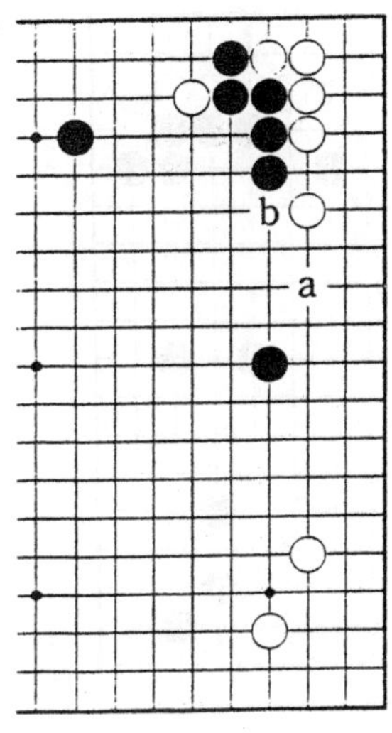

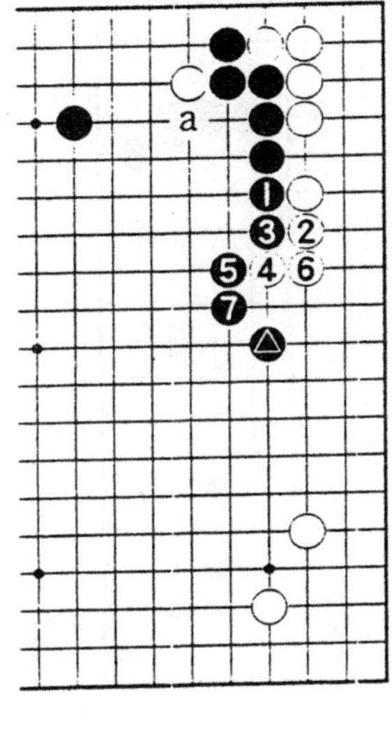

후에 흑a로 종반이 되지만, 흑b, 백c를 정하면 하찮은 종반입니다. 그러면 이해 깊이를 위하여 또 한가지 예. **14도** 우변 및 우하의 형이 앞 그림과 바꿔져 있다는 것을 머리에 넣고 흑 차례라면 어떻게 놓겠읍니까? 힌트는 주위의 상황이 달라지면 놓는 방법도 변한다는 것입니다.

勇 흑a로 메꾸는 것 아닐까요?

太郎 나라면 흑b로 밀고 싶은데.

大竹 역시 太郎씨의 솜씨가 위로군요. **15도** 흑1 밀기가 정해입니다. 이번에는 ● 가 자리잡그 있기 때문에 이 밀기가 딱 맞는 수가 되는 것입니다.

勇 흑a의 누르기는 맞지 않읍니까?

大竹 이 국면에서는 흑a 누르기는 미지근합니다. 흑1 부터 7로 놓아 흑 모양은 확대되겠지요.

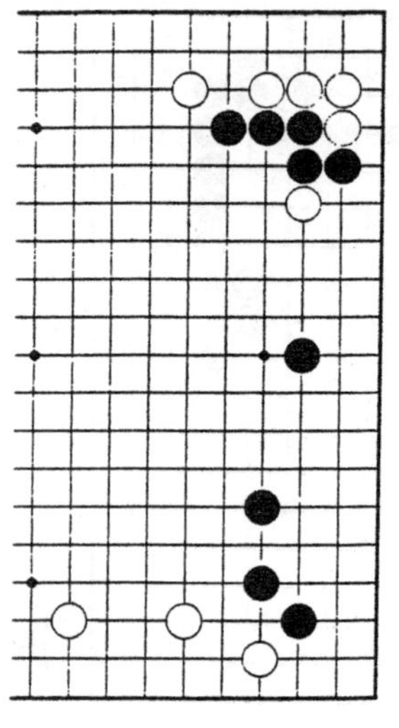

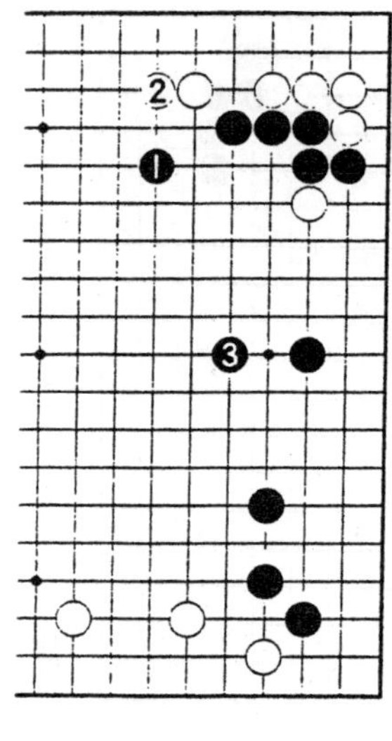

勇 좋은 수가 나쁜 수가 되고, 나쁜 수가 좋은 수가 되다니, 굉장하군요!

大竹 밀었다 당겼다 참으로 여러 가지 케이스를 배웠읍니다만, 최후로 또 한가지 예제를 보도록 하시지요.

太郎 부탁드립니다. 어떤 예제입니까, 선생님.

大竹 네 16도, 흑의 차례입니다. 어떻게 놓을까요?

太郎 글쎄요. 17도 흑1 날일자가 좋을 것이라고 생각합니다. 백2 늘어 놓기는 맥입니다만 흑3으로 뻗읍니다. 흑 모양은 커지고 나무랄 것 없는 상태가 될 것이라고 생각합니다.

大竹 훌륭한 생각입니다. 太郎씨로서는 논리 정연한 방법이군요. 다만 백2에서 3으로 공격당하면 흑도 곤란합니다…… 상대에게 여유를 주지 않는 스케일이 큰 방법

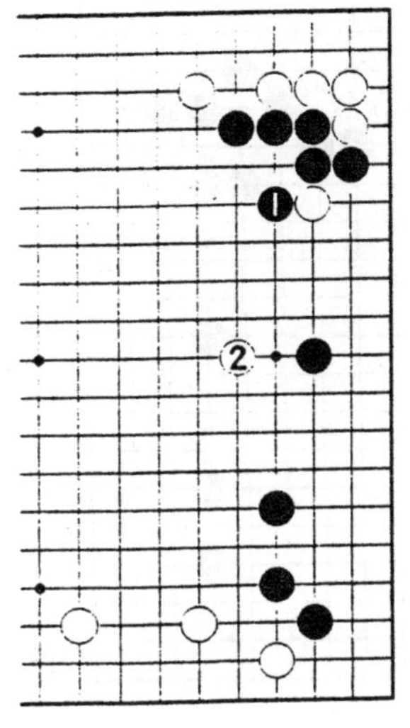

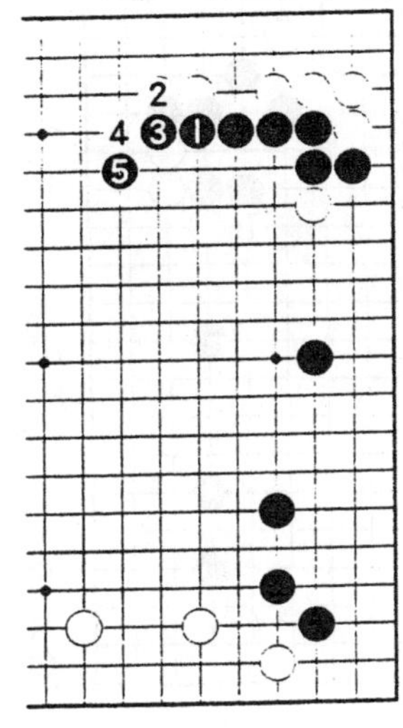

이 있읍니다. 그 전에 勇씨는 어떻읍니까?

勇 음, 18도 흑1로 눌러 안정하는 것이 최선이라고 생각합니다만……

太郎 勇, 그러면 백2의 칼끝으로 모양이 작아지지 않읍니까? 저는 불만입니다.

大竹 太郎씨의 의견에 찬성합니다. 17도와 18도를 비교해 보면 잘 알 수 있읍니다만, 勇씨의 18도는 흑 모양이 납작하고 발전성도 결여되어 있는 상태라고 할 수 있읍니다.

勇 아하하, 또 그렇게 되었읍니까?

大竹 아니요, 그렇게 비관할 필요는 없읍니다. 19도 흑1의 누르기에서 5의 젖히기가 좋았던 것입니다.

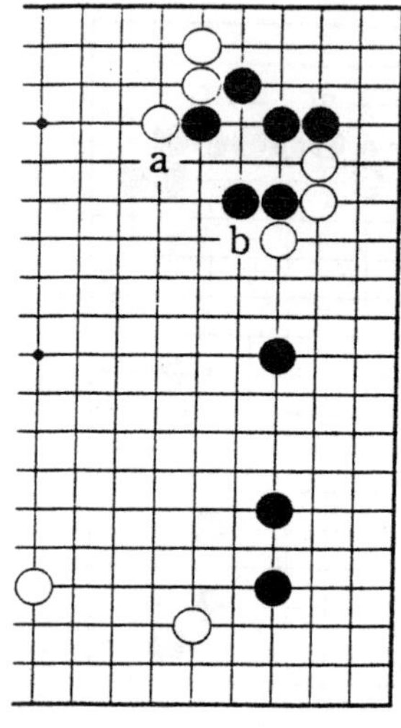

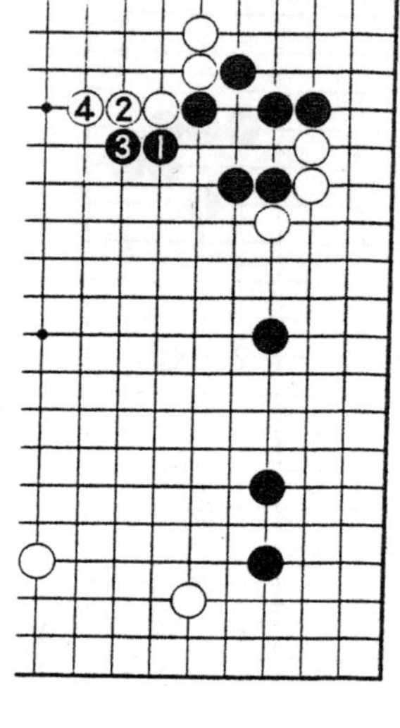

누르는 방향을 실수하지 말라

大竹 이번에도 역시 누르기에 관계되는 테마입니다만 왼쪽과 오른쪽 두 곳입니다. 엄밀하게 말하자면 바른 곳은 한곳입니다만, 제4형, 흑의 차례입니다. a와 b 어느쪽을 놓아야할 것인지 한번 생각해 봐 주십시오.

太郎 우선 저라면. 1도 흑1의 젖히기에서 3으로 눌러 흑 모양을 확대하는 방법을 택하겠읍니다.

勇 저도 太郎씨와 같읍니다. 이렇게 중앙을 크게 정리하겠읍니다.

大竹 두 사람 모두 감을 잘못 잡았읍니다. 반대 방향으로 누르고 말았읍니다. 이런 식으로 상변의 백을 굳혀서는 안됩니다. 실은 우변의 백을 굳히고 그 다음 상변의 백을 공격하는 것이 좋읍니다.

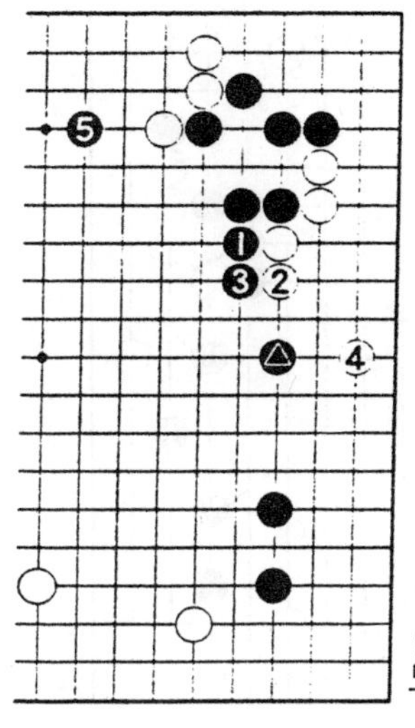

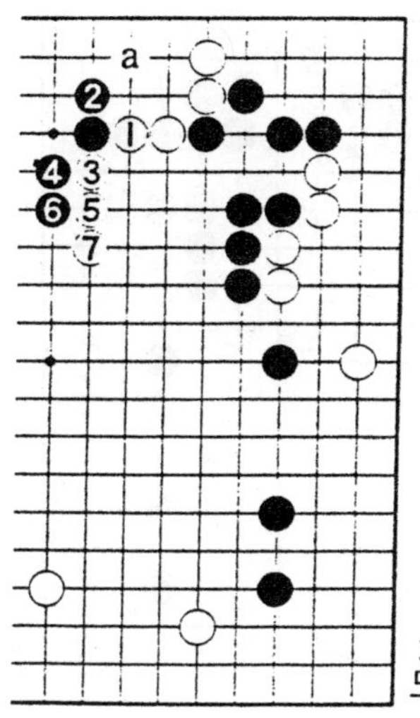

太郎 또 실패입니까?

大竹 아니, 비관할 것 없읍니다. 다소 여러분에게는 어려웠던 문제였으니까요. 2도 흑1의 누르기가 바른 나눔은, ●의 자르기가 있는 점에 주의하십시오. 백2에 흑3으로 누르면 백은 4로 벗어나는 정도가 됩니다만 아직 완전한 형이라고는 할 수 없읍니다. 그리고 흑은 그 우변을 겨냥하면서 일전하여 흑5로 상변의 백에 공격을 가한다는 방법입니다.

太郎 과연, 이렇게 해서 흑의 두꺼움이 안으로 쫓아 들어가 공격한다는 것이군요.

大竹 그렇읍니다. 이 전법은 상당히 고급입니다만 기억해 두어 손해가 될 것은 없읍니다. 3도 백1로 저항하면 흑2로 내려 근거를 빼앗아 가는 것이 좋읍니다. 백7로

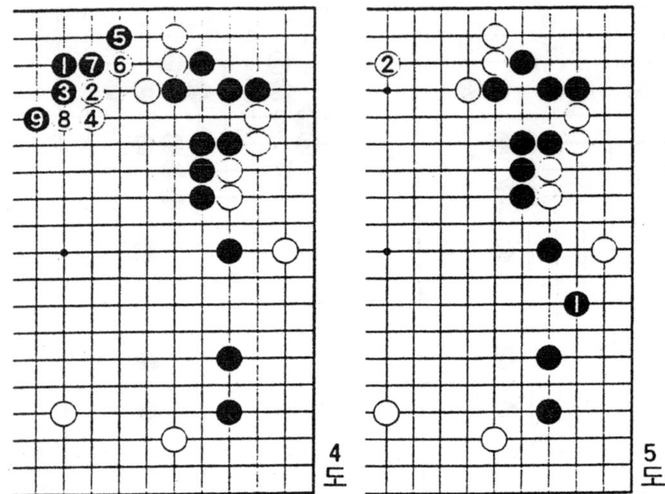

도망쳐도 허사. 그리고 흑a로 뻗어지면 백은 바둑이 나빠지겠지요.

太郎 그러면 4도 흑1 주위부터 공격하는 것도 있읍니까?

大竹 좌상 구석 방면에 흑돌이 있는 포석이라면 최고입니다. 백2에서 4로 도망치면 흑은 5·7·9로 쫓아세웁니다. 좌상에서 중앙의 흑은 전혀 불안이 없는 돌이므로 이런 식으로 강하게 놓는 것입니다. 3도나 4도의 공격 요령도 잘 맛보아 주시기 바랍니다.

太郎 예, 알았읍니다.

勇 선생님, 질문이 있읍니다. 2도 백4일 때 흑은 우변을 받지 않아도 좋읍니까? 예를 들면 5도 흑1 등으로 막지 않아도 됩니까?

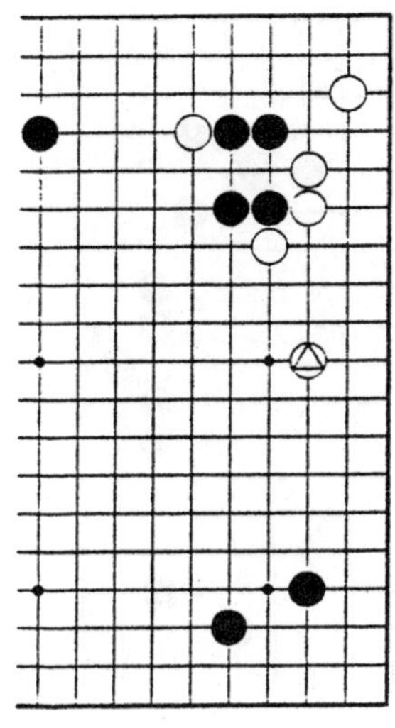

6도

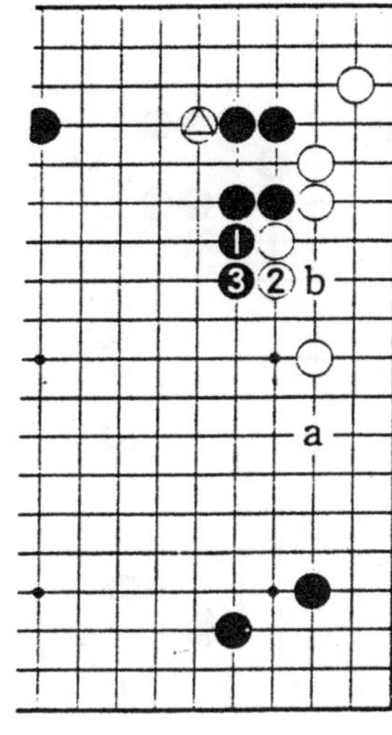

7도

   大竹 걱정없읍니다. 혹1 따위는 불필요합니다. 백2로 상변의 수비로 돌면 모처럼의 흑의 두꺼운 맛도 없어지게 됩니다.

   太郎 6도말입니다만, 우변의 백은 △의 벌리기가 있지요?

   大竹 그렇읍니다. 2도에서는 흑의 끼우기가 기다리고 있으니까요. 여기에서 흑의 차례라면 어떻게 놓을 것인가 하는 예제입니다.

   太郎 이번에는 7도 흑1·3으로 눌러가는 것은 안될 것 같군요?

   勇 저도 그것은 찬성입니다. 백을 굳히고 있으니까…

   大竹 겨우 이해하셔가는군요. 그런 식입니다. △의 한 점은 아직 행동의 여지가 남아 있고, 백을 굳힌 만큼 손해

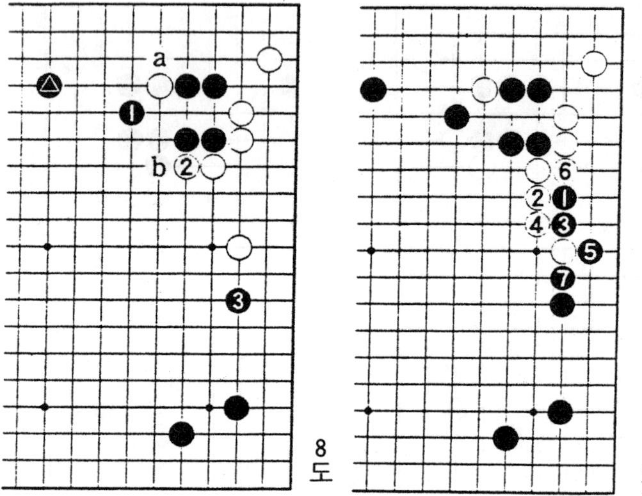

를 보고 있읍니다. 흑1 이하를 놓지 말고 a로 메꿔 b의 뛰어들기를 겨냥하는 편이 백에 대하여 강력한 놓기가 됩니다. 소위 '눌러도 안되면 당겨보라' 라는 식인 것입니다.

太郎 어느책에선가 읽었읍니다만 **8도** 흑1의 걸치기가 좋다고 합니다만······

大竹 그렇읍니다. 흑1 걸치기는 형입니다. ●의 끼우기가 없는 경우는 a로 젖혀 디딤판을 굳히는 것입니다.

勇 太郎씨, 마치 大竹 선생님의 흉내를 내는 것 같군요. 네, 저도 대강은 이해하겠읍니다. 다만 백2의 누르기에 흑 b로 누르는 것이 아닐까 하는 생각을 했었읍니다.

太郎 흑b 따위와는 상관없이 흑3 메꾸기로 충분한 것입니다, 勇씨.

勇 그럼 **8도** 백2가 없다면?

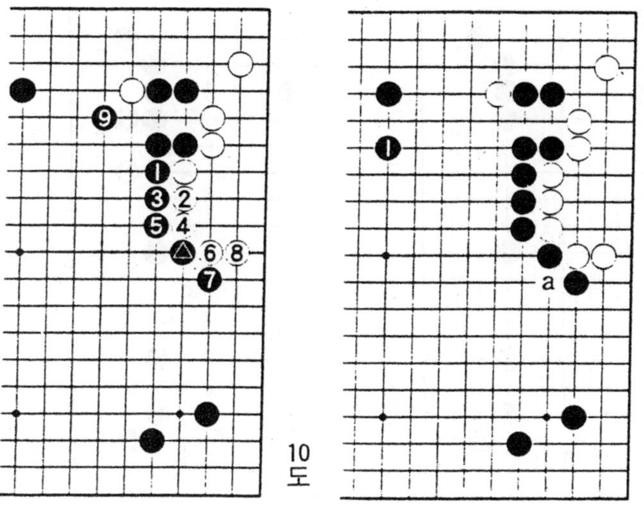

　大竹　9도 흑1의 뛰어들기가 강하고 흑7까지 날카롭게 찌릅니다.

　太郎　그런데, 10도 우변에 ●이 있으면 어떻게 합니까?

　勇　●가 있으면 이번에는 혹1 이하 7로 누르기를 하면 좋을 것입니다. 이것은 아까 배운 것이 아니던가요?

　太郎　잠깐 기다려 주십시오. 흑9는 웬지　부자연스러운 느낌이 드는데요.

　大竹　그렇다면 바르게 놓는 방법을 알고 계신 것입니까?

　太郎　11도 흑1로 뻗읍니다. 이것이 스케일이 크고 절대적인 것이라고 생각합니다.

　大竹　좋읍니다. 10도 흑9는 분명히 부자연스럽읍니다. 그리고 11도 흑a에 붙이는 사람들이 많이 있읍니다만 혹1로 크게 키워가는 법을 배우도록 하십시오.

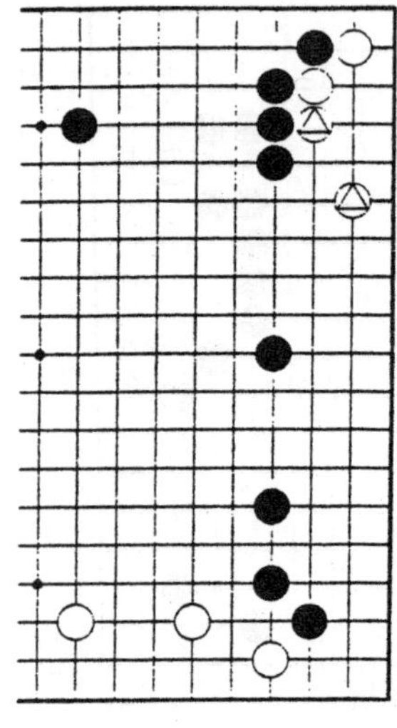

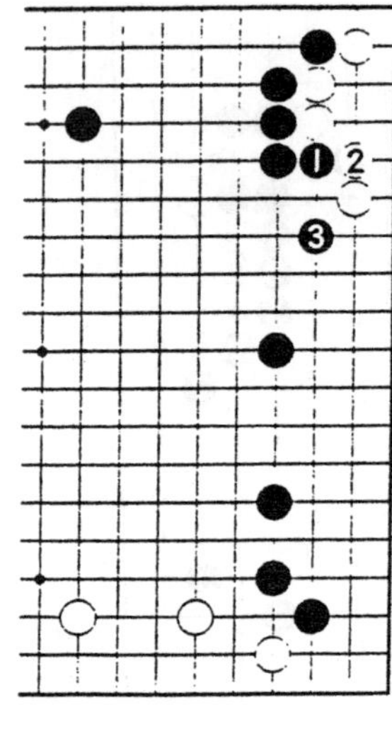

날일자의 붙여내기 속수가 된다

大竹 여기에서 이야기를 돌려 여러분이 자주 골치를 썩는 날일자 붙여넣기에 대해 알아볼까요? 제5형 우상의 ⬭가 날일자입니다. 흑의 차례로 이 날일자에 대해 어떻게 대처하느냐가 테마입니다. 우선 勇씨의 의견을 듣겠읍니다.

勇 저는 오늘 매우 회의적인 생각이 들어서…… 大竹 선생님에게도 큰 책임이 있으십니다.

大竹 우하하, 사랑의 회초리라고 생각해 주십시오. 오늘의 테마는 언제나 도움이 될 것이니 꼭 마스터하도록 하십시오.

勇 그럼 1도 흑1로 내어 백2에 흑3으로 지키겠읍니다.

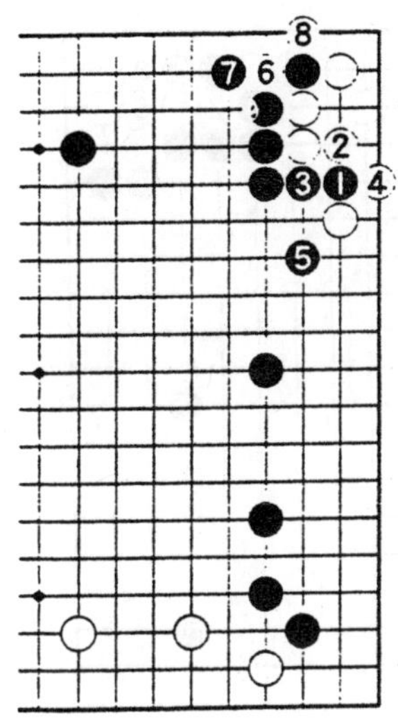 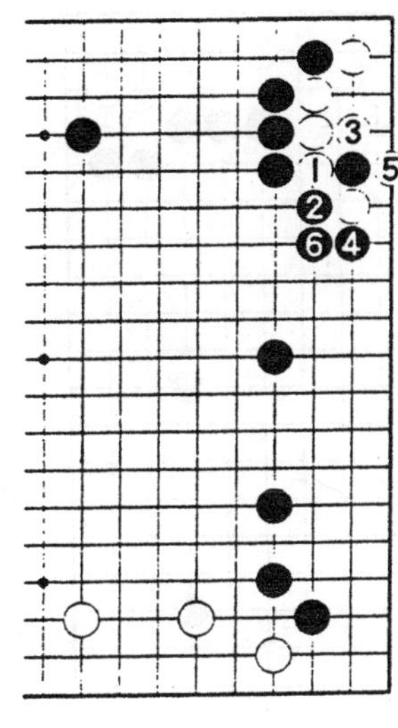

2도

3도

太郎 저는 혹 2 의 붙여넣기입니다.

大竹 勇씨에게는 안됐읍니다만 太郎씨의 붙여넣기가 맥입니다. 勇씨의 붙여내기는 역시 악수의 본보기인 것입니다.

勇 역시 예감이 맞았군요.

大竹 2 도 혹 1 에 백 2 로 들어가면 혹 3 에서 백 4 가 없어지지 않읍니다. 그러나 이것은 소위 거지 건너기. 백 6 · 8 로 구석에서 안정시켜도 별 소용이 없읍니다.

勇 선생님, 3 도 백 1 로 절단하는 것이 강한 놓기라고 생각합니다만……

太郎 백 1 이라면 혹 2 로 좋겠군요?

大竹 백 3 으로 되돌리는 길밖에 없기 때문에 혹 4 의 대기를 살려 6 으로 붙이면 훌륭한 외벽이 되겠지요. 1 도와

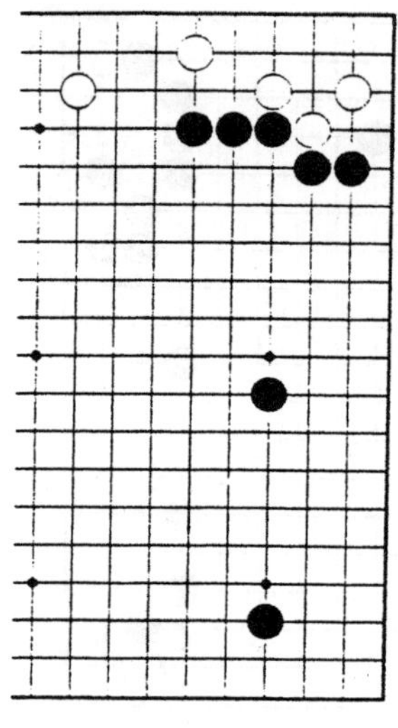

4
도

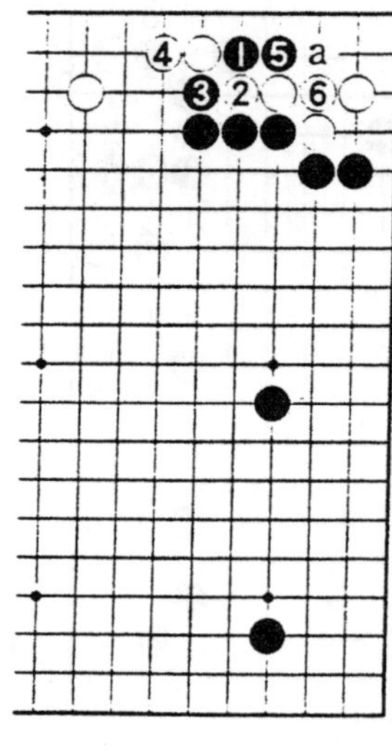

5
도

비교해 보십시오, 勇씨.

　勇　붙여넣기는 좋은 수이지요?

　大竹　또다시 문제를 풀어 보시지요. 4도 흑의 순서입니다.

　勇　이번에는 간단. 아까 말한 것이니까요. 5도　흑1로 붙여넣기를 합니다.

　大竹　과연. 太郎씨도 같은 의견이십니까?

　太郎　그렇읍니다.

　大竹　아무튼 해봅시다. 백2로 끊읍니다.

　勇　흑도 3으로 끊읍니다.

　大竹　그러면 백4로 당길까요. 자, 勇씨, 어떻읍니까?

　勇　네, 흑5로도, 흑a로도 어느쪽도 안될 것 같은데요…

　大竹　흑의 실패일 것 같읍니다. 날일자 붙여넣기가 무

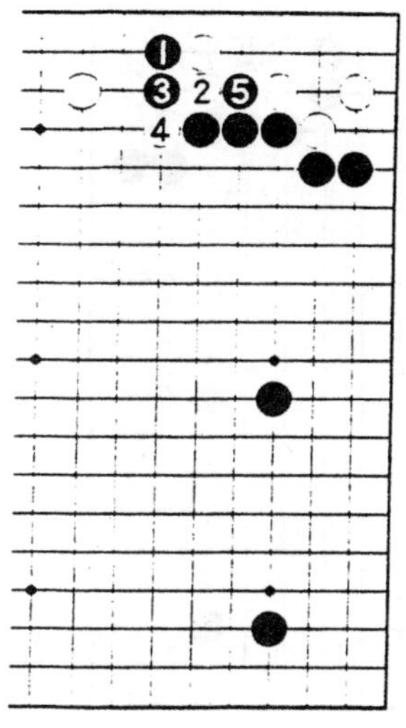

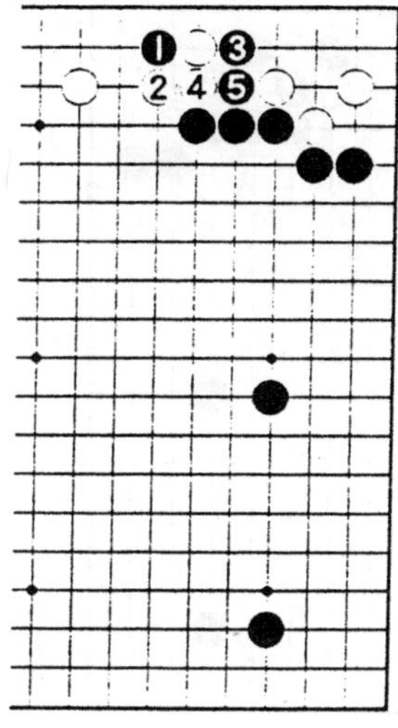

리였던 것 같지요.

太郎 아, 알았다!

大竹 깜짝 놀라게 하는군요. 무엇인가 떠오른 것입니까, 太郎씨?

太郎 선생님, 6도 흑1로 바깥 붙이기를 하는 것이 아닙니까?

大竹 정해에 가깝읍니다. 太郎씨, 뒤를 놓아 보십시오.

太郎 이어서 백2로 붙여대고, 흑3에 백4 끊기, 그리고 흑5로 붙여내어 갑니다.

大竹 물론 백은 무너진 형입니다. 백2의 붙여대기로 4의 끊기가 속맥이 되었지요. 7도의 백2로 젖혀내고 다시 흑3의 붙여넣기를 하는 것이 호수입니다. 백4 연결, 흑5로 붙여 우상 구석의 백은 안녕입니다.

44

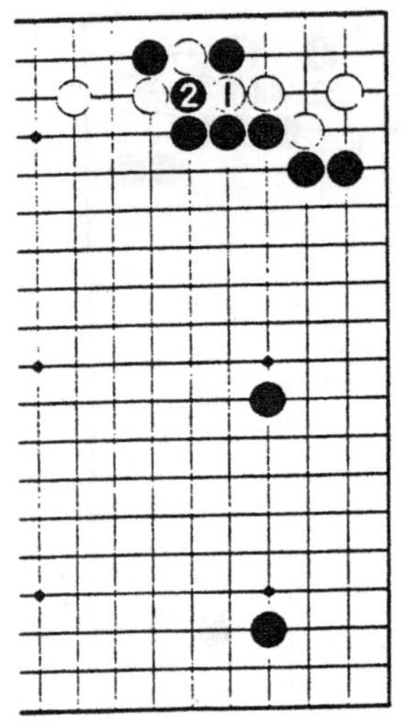 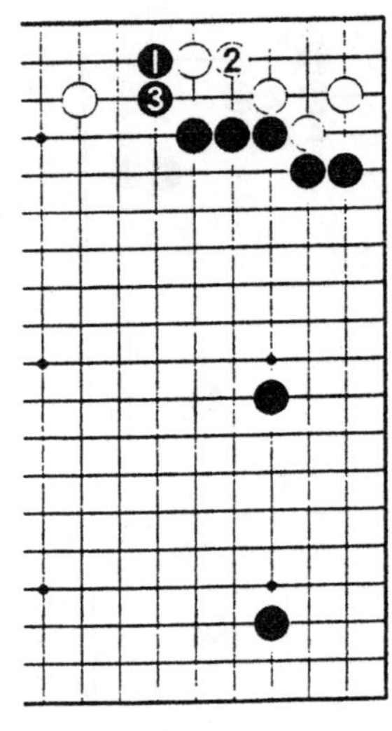

8도   9도

太郎 어안이 벙벙하군요!

勇 太郎씨, 포기입니까. 그러면 8도 백1의 끊기는 어떻읍니까?

太郎 그것은 흑2의 쓸데없는 저항입니다.

大竹 용기는 높이 사지요. 재미있지요?

太郎 어렵기는 해도 점점 흥미가 솟는 느낌입니다.

大竹 그것 잘된 일이군요. 9도 흑1의 붙여넣기에 대해서는 백2로 당기는 수밖에 없읍니다. 두 번이나 붙여넣기를 먹히면 백도 어쩔 수가 없으니까요. 그래서 흑3으로 당기는 것입니다. 백도 이렇게 되면 피해는 최소한이 됩니다.

太郎 선생님, 10도도 백1의 붙여넣기로 흑을 메워 붙인다는 뜻입니까?

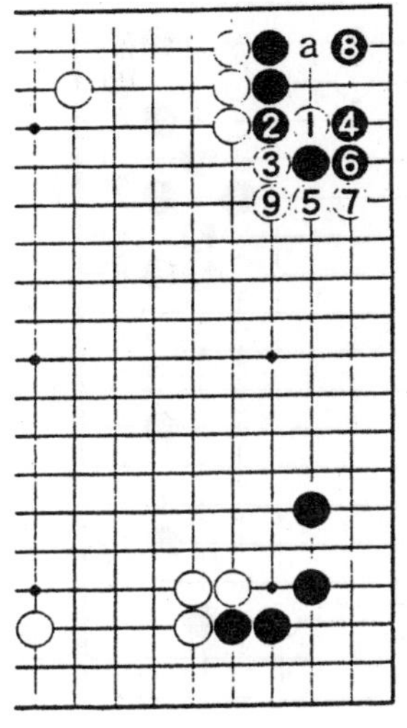

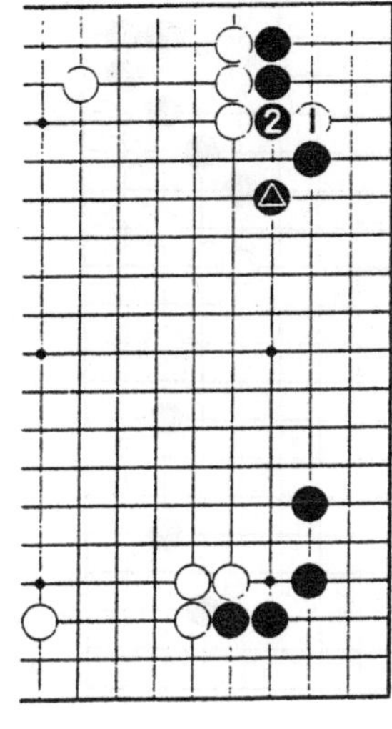

大竹 이것은 솔직하게 놓아도 안심입니다. 太郎씨, 바른 순서를 보여 주십시오.

太郎 흑 2 의 끊기에는 백 3 으로 좋겠지요?

大竹 좋겠지요. 흑 4 버티기라면?

太郎 백 5 의 대기를 살리겠읍니다. 흑 6 에 백 7 의 누르기가 필요하게 됩니까?

大竹 필요합니다. 흑 8 뻗기도 필요합니다. 이것이 없으면 백 8 두기가 강해지니까요.

太郎 하하하, 백의 두꺼운 맛은 굉장하군요. 붙여넣기의 맥이 멋지게 결정되었읍니다.

大竹 그러나 11 도 ● 마늘모 등이 오면 백 1 의 붙여넣기는 무모하게 됩니다.

太郎 틈이 없으니까 흑 2 에서 아무 일도 없다는 뜻입니

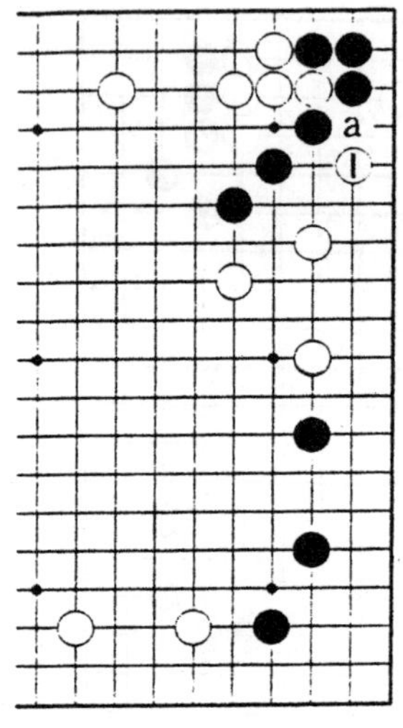

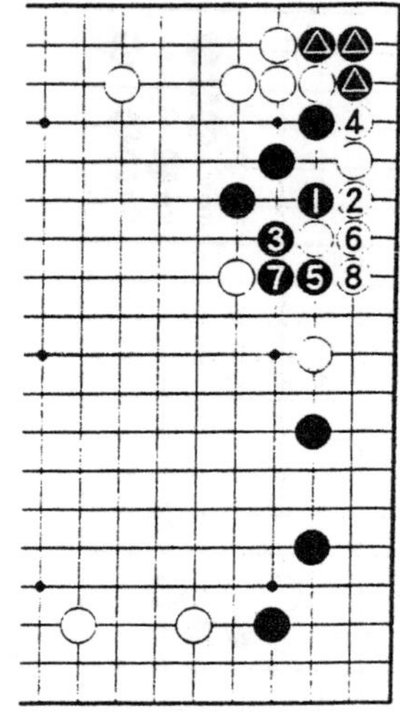

까?

　大竹　그러면 12 도, 우상에서 백 1 로 붙여갑니다. 혹의 순서로 잘 처리해 주십시오.

　勇　선생님, 정해는 혹a로 붙이는 것이라고　생각합니다만 일단 놓아보지요……

　大竹　혹a 붙이기입니까.

　勇　음, 무엇인가 있나……13 도의 혹 1 따위는 서툰 수. '날일자의 붙여내기 속수가 된다' 이니까요. 백 2 에 혹 3 도 속맥이고 백 4 로 구석의 ● 세 점을 빼앗겼읍니다. 다음에 혹 5 대기에 백 6, 혹 7 붙이기에 백 8 입니다……

　大竹　잘 서툰 맥을 재현해 주셨읍니다.　말씀하신 대로 우상 세 점이 아웃되고 중앙의 혹도 뜬 돌로, 이것은 혹이 불리한 것이 명백합니다.

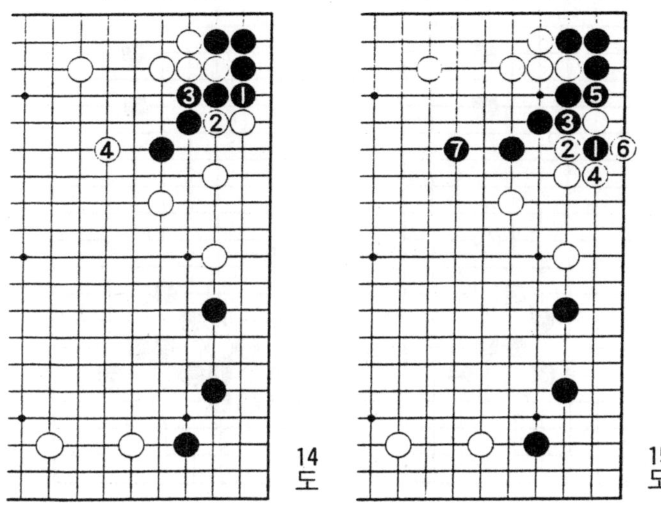

　太郎　13도는 勇씨가 그린 악수의 본보기였읍니다만 저는 바른 순서의 그림을 나타내어 보지요.

　勇　부탁드립니다.

　太郎　우선 14도 혹1 연결은 당연합니다. 그러면 백2로 대어 들어와 혹3 연결. 이어서 백4의 칼끝 정도가 되겠지요……

　大竹　음, 백의 놓는 방법은 좋읍니다만 혹의 놓는 방법은 불만입니다. 어딘가 나쁜 것 같읍니다.

　太郎　짐작이 가지 않는데요.

　大竹　실은 15도의 혹1로 붙여넣는 것이 좋은 수입니다. 백2라면 혹3, 백4 버티기에 혹5로 연결, 백6 취하기는 어쩔 수 없는 것이지요. 그리고 선수이므로 혹7로 중앙에 탈선의 태세가 정비되어 있읍니다.

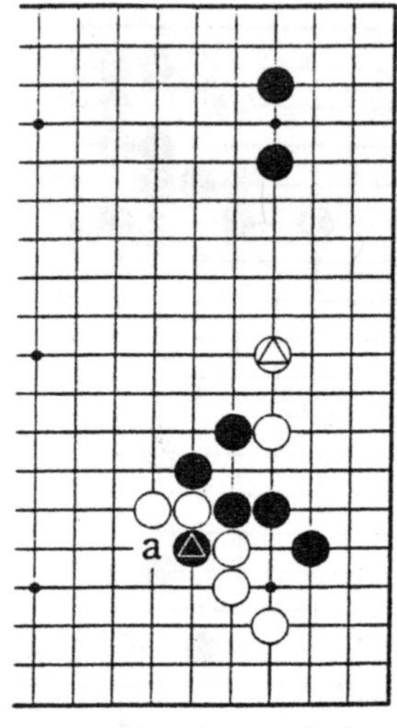

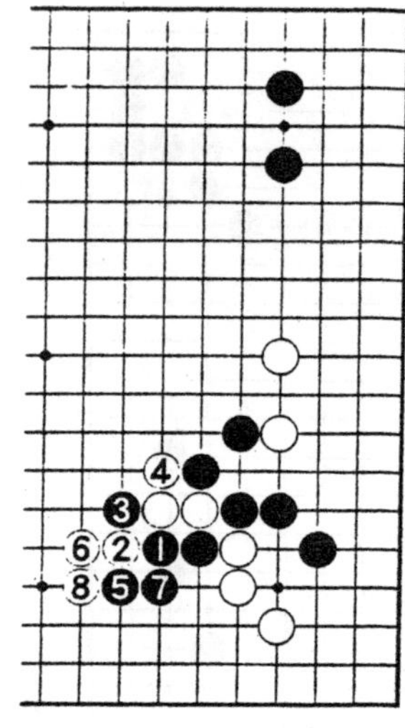

맥 좋게 도망치자

大竹 제 6 형은 소목의 두 칸 높이 끼우기 정석의 한가지입니다. 백은 a로 흑 한 점을 안으면 무난한 갈라짐입니다만 우상 구석의 배석부터 △으로 뛰어 우변을 정비하였읍니다. ● 한 점의 요석을 어떻게 움직이는가가 이 항의 테마입니다.

勇 그렇군요. 1도 흑1로 움직여 내는 길밖에 없다고 생각합니다. 백2로 주면 흑3 끊기, 백4에 흑5로 대어 가서……

太郎 백6 다음에 흑도 7로 잇는 수밖에 달리 길이 없읍니다. 그리고 백8로 막히면 어떻게 하지요?

勇 역시 단수, 단수의 서툰 바둑이라고 말하고 싶은 것이겠지요?

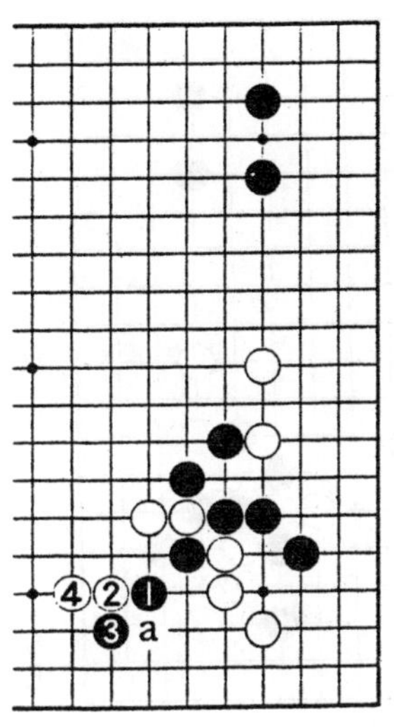

2도

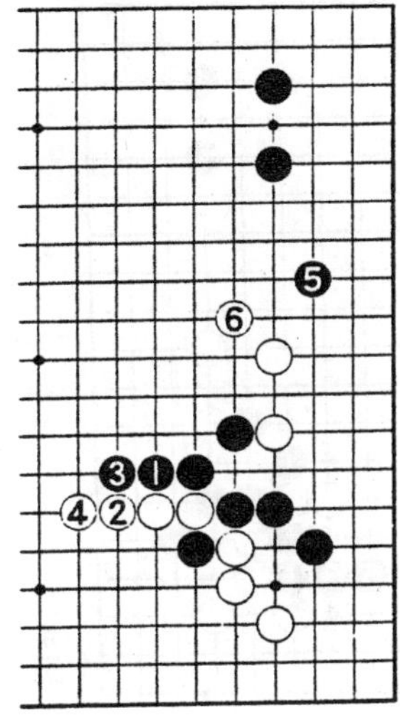

3도

太郎　저라면 그렇게는 놓지 않겠읍니다.

勇　太郎씨의 맥을 봅시다.

太郎　자, 잘 보십시오.　2도 흑1에 넣는 것입니다. 백 2에는 흑3의 2단 젖히기로 만사 O·K입니다.

大竹　그럼 백4로 뻗으면 흑이 막혀 좋지 않읍니다.

太郎　아, 그렇읍니까? 저는 흑a로 끊어가야 한다고 생각했읍니다.

大竹　그렇게 놓지 않아도 백4로 뻗어가 흑은 자연히 궁지에 몰리게 됩니다. 太郎씨의 방법도 좋지 않군요.

太郎　분하군요. 그러면 3도 흑1·3으로 눌러갑니까?

大竹　백4로 뻗으면?

太郎　이미 흑5로 공격하고 있읍니다. 백6으로 도망치는 수밖에 없다고 생각합니다만……

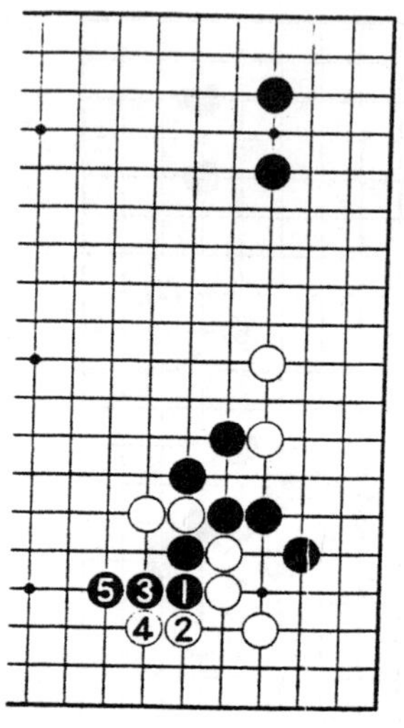

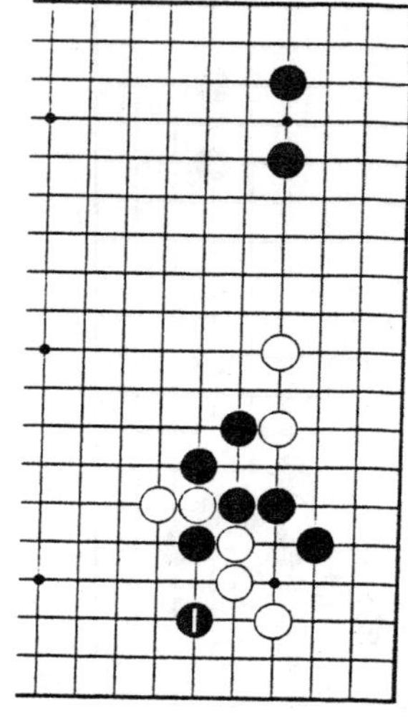

大竹 아, 太郎씨는 자포자기가 되어버리셨군요. 이것은 상당한 것입니다. 그러나 太郎씨의 흑1·3의 누르기를 하지 않고 단순히 5로 메꾼다면 최고가 될 것입니다. 흑1·3으로 누르는 것은 그다지 소용이 없읍니다.

太郎 또 한가지 4도 흑1로 놓는 것은 어떻읍니까?

大竹 백2·4로 놓여져 흑은 변변치 못한 맥의 본보기가 되어버리지요. 테마인 '맥 좋게 도망치자'와 반대가 됩니다.

勇 太郎씨도 어쩔 수 없군요.

太郎 그런 말 하기입니까? 나중에 꼭 적을 잡겠읍니다.

大竹 맥이라는 것은 5도 흑1의 모퉁이입니다.

太郎 이것으로 좋은 것입니까? 그러나 6도 백1로 내

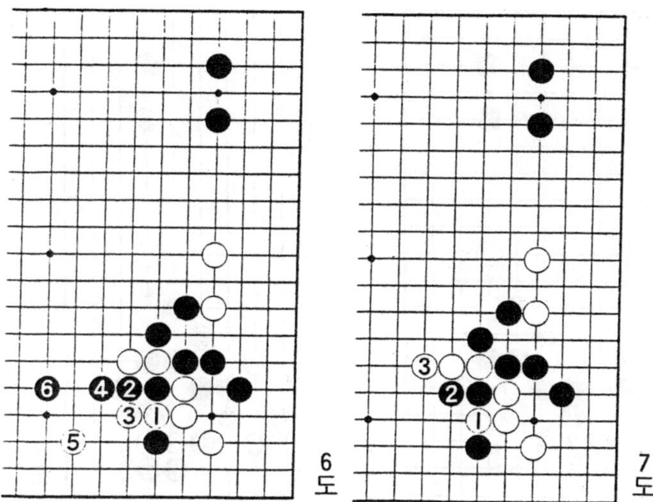

는 것이 아닙니까?

大竹 혹2는 어쩔 수가 없읍니다. 백3으로 대어갑니다. 그리고 혹4로 뻗고 백5 날일자라면 혹6 뻗음. 어떻읍니까 혹의 두꺼운 맛은 예측할 수 없을 것입니다.

太郎 백3이라면 그렇게 결정되어 있읍니다. 하지만 선생님, 7도 백3으로 앞으로는 편하지 않을까요?

大竹 좋은 질문입니다. 6도와 같이 놓는다고 딱 잘라 말할 수 없기 때문입니다. 7도의 대책도 머릿속에 넣어 두어야 하는 것입니다.

太郎 이것도 정석인가요. 조금 어려워 이해가 잘 가지 않읍니다.

勇 저도 좀 무거운 느낌이 듭니다.

大竹 아니 그렇지 않읍니다. 5도 혹1로 빗겨 놓는 맥

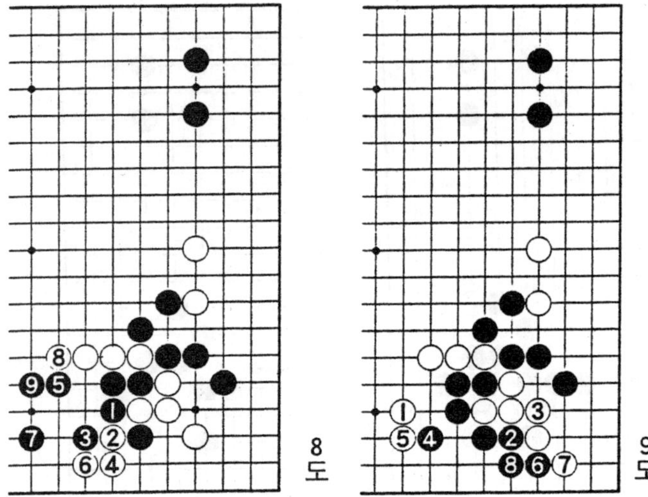

은 실전에서도 자주 등장하므로 그런 약한 말을 하지 말고 확실하게 머리에 넣어두어야 합니다.

勇 네.

太郎 선생님 7도의 다음은 어떻게 놓아지게 됩니까?

大竹 8도 혹1로 누릅니다. 백2 끊기에 혹3 대기. 혹5·7이 가벼운 맥입니다. 백8에도 혹9 뻗기로 단단한 형이 되겠지요.

太郎 8도의 백2 끊기에서 9도 1의 날일자로 놓으면 어떨까요?

大竹 그러면 혹2로 백을 메워가 이하 8까지입니다. 이렇게 되면 구석의 공격은 어떻게 될까요?

太郎 음, 백은 이길 것 같지 않군요. 혹의 성공입니까?

勇 우하의 백을 취하면 이것은 대성공이라고 할 수 있

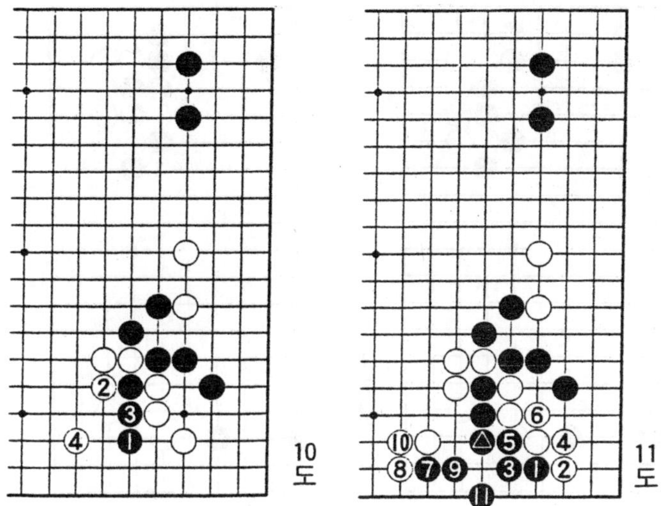

겠지요?

　太郎 알고 있읍니다. 그런데 **10도** 백 **2**로 대어갈 지도 모릅니다.

　大竹 흑 **3**으로 연결하여도 위험은 없읍니다. 그러나 太郎씨는 백 **4**로 놓이는 것이 걱정이겠지요?

　太郎 얼핏 보아 흑이 아웃이군요.

　大竹 얼핏 보아 결론을 내려서는 안됩니다. **11도** 흑 **1** 이하 **11**까지 **2**집은 잘 확보되었읍니다. 이것은　우하의 백의 여섯 점이 아웃인 것입니다.　알았읍니까?

　太郎 ●의 맥의 좋은 뻗음을 놓을 수 있다는 것이군요.

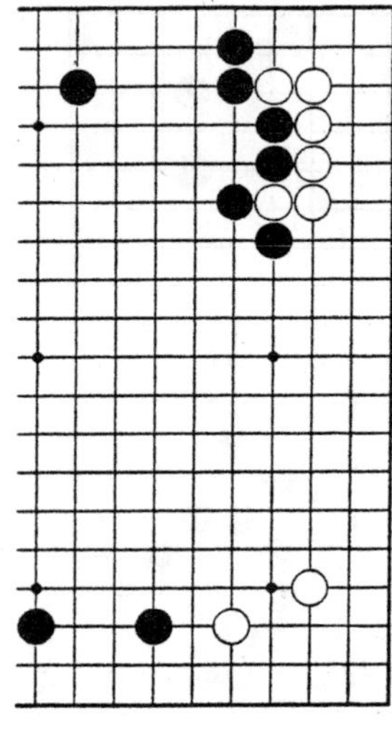

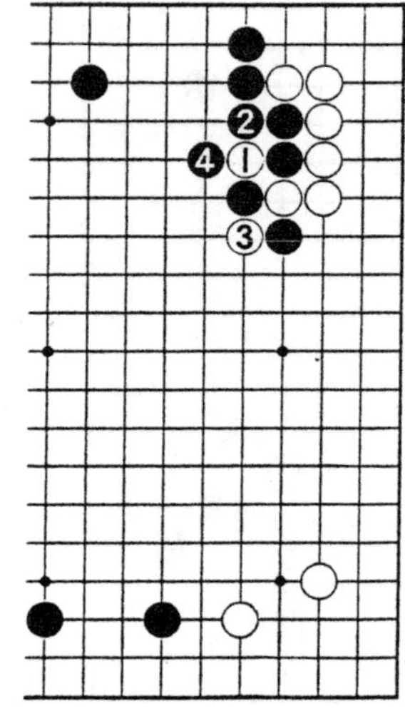

끊는 방향에 주의하라

大竹 제 7 형을 보아 주십시오. 우상 구석에서 백은 어떻게 놓을 것인가 하는 문제입니다. 아마 太郎씨는 정해를 알고 계실 것입니다만 勇씨라면 어떻게 놓으시겠읍니까?

勇 저만 실력이 키워지겠군요.

大竹 그것은 어쩔 수가 없읍니다. 이 책의 테마가 '번쩍이는 한 수'이므로 勇씨의 날카롭게 번쩍이는 한 수를 보고 싶은 것입니다.

勇 음, 흑의 단점에 주의하여 1도 백1로 끊는 것입니까?

大竹 흑2로 놓여지고 백3의 끊기에 흑4로 빼어 흑은 더욱 맛이 좋은 형이 됩니다.

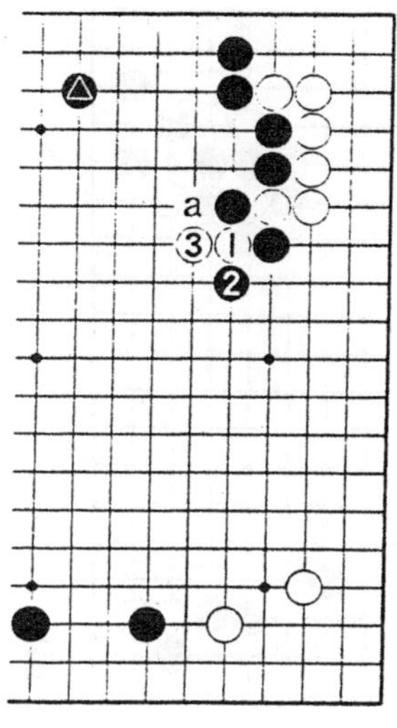

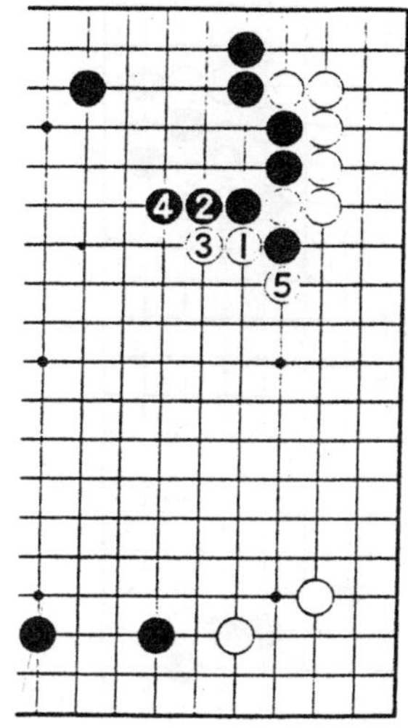

　　太郞 勇씨처럼 놓지 않겠읍니다. 저라면 **2도**　백1로 끊겠읍니다.

　　大竹 정해입니다. 훌륭합니다. 만일 혹2라면　백3으로 놓읍니다. 혹은 받을 수가 없읍니다. 상변의 ●가 있어도, 또 없어도 백1의 끊기는 강력한 수입니다. 이것에 대하여 혹은 2에서 a로 뻗는 정도이겠지요? 백1은 형을 끊어 강렬 무비한 수가 되어 있읍니다. 알겠읍니까?

　　勇 간단한 것 같으면서도 상당히 까다롭군요.

　　大竹 2도의 혹2의 대기가 경솔했던 것입니다. **3도** 혹2로 당기기가 바릅니다. 백3으로 다시 한번 밀기를 살려 백5로 한 점 안는 것이 쌍방의 바른 응수입니다.

　　勇 저는 끊기의 방향을 잘못 잡았군요.

　　大竹 이번에도 끊는 방향에 주의하여 주십시오.　**4도**,

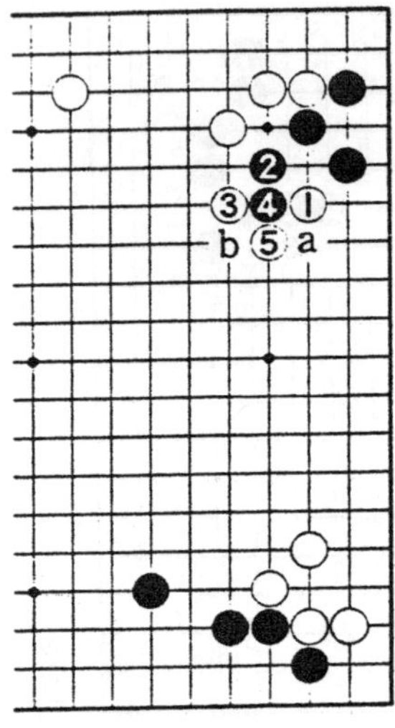

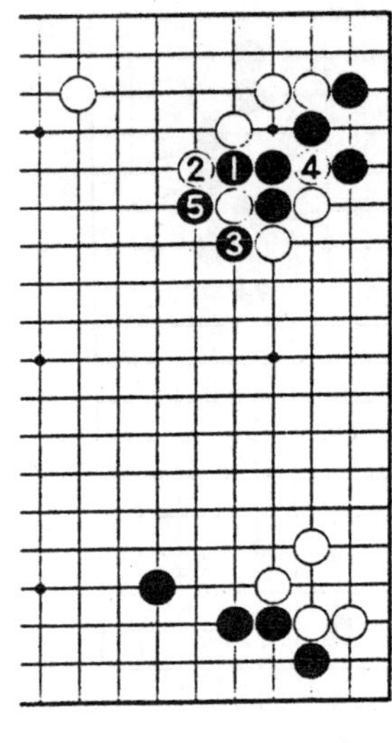

4도

5도

고목 정석으로 유명한 끼움수입니다만 흑의 수빼기에 백 1로 걸치고, 흑2 마늘모에 다시 3으로 걸치는 것입니다 만, 이것은 '감옥 부수기'와 비슷한 상태가 되어 있습니다.

勇 단수, 단수로 가는 것은 좀 어색하군요. 조금 영리해 졌으니까요.

大竹 그러면, 勇씨는 어디를 끊겠읍니까?

勇 흑a에서 어떨까요?

太郎 저는 흑b로 가겠읍니다.

大竹 勇씨가 준정해(準正解)입니다. 정해를 읽어 놓는 다면 상급자이겠지요. 그러면 악수의 본보기를 볼까요?

5도 흑1로 내어 3으로 붙이는 맥은 백4에 흑5로 뺄 수 있읍니다만……

太郎 빼기에 문제가 있는 것입니까?

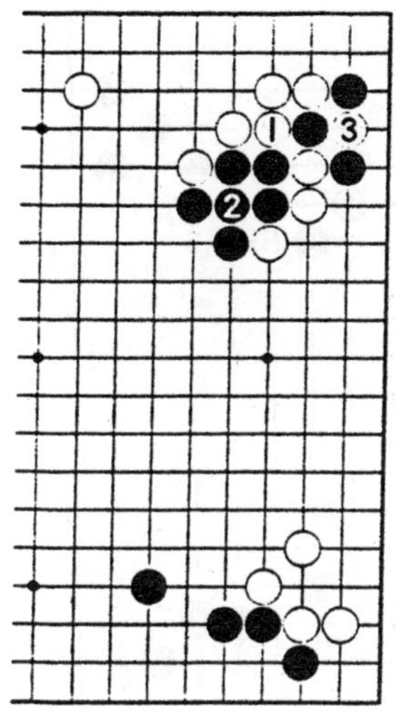

6도

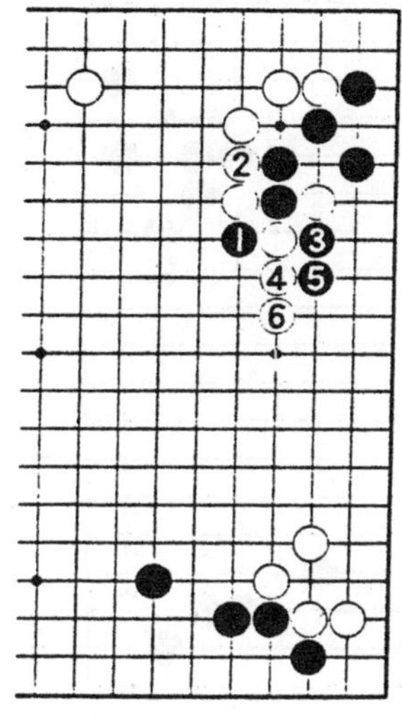

7도

　　大竹　큰 문제입니다.　6도를 잘 보십시오. 이어서 백1
로 끊는 수단이 생기고 있지요. 흑2로 붙이면 백3 취하
기. 어떻읍니까? 흑은 경단을 만들었을 뿐만 아니라　오
른쪽 구석은 취해져 엉망이 되었지요?

　　太郎　끼움수에 걸렸군요. 제 끊기는 어떻게 됩니까?

　　大竹　勇씨와 달리 잘 읽은 다음 끊지 않으면 안됩니다.
스스로 해보십시오.

　　太郎　네, 7도 흑1에 백2로 잇읍니다. 이어서 흑3으
로 끊으면 백4, 흑5 누르기에 백6 뻗기……　　이것은
백이 좋은 그림입니까?

　　大竹　6도 보다 흑은 안전하지만. 흑1의 끊기는 방향
이 틀렸읍니다.

　　勇　제가 끊은 것은 어떻게 진행되어 가나요?

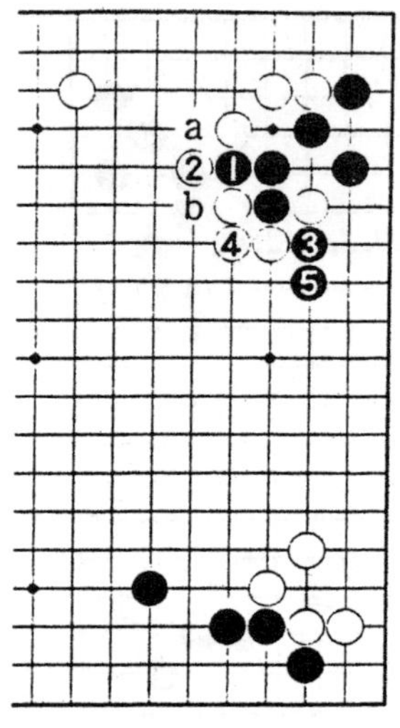 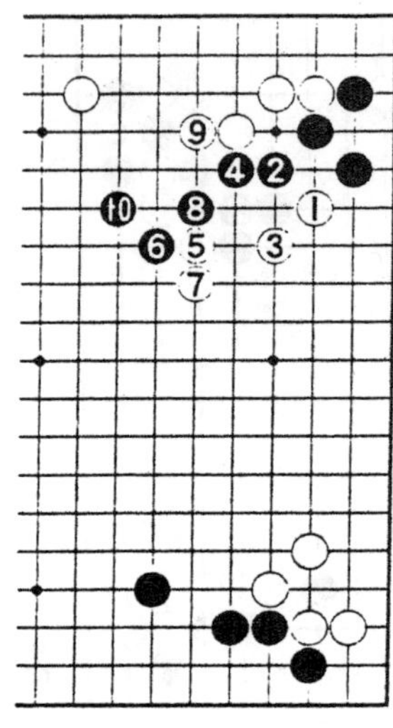

8도

9도

　大竹　勇씨, 오래 기다리셨읍니다. 8도 흑1의 내기에 대해서는 백2로 누르는 한 수. 이어서 勇씨의 흑3 끊기가 중요합니다. 백4로 붙이면 흑5 뻗어 끊기가 아름다운 모습. 백은 a와 b의 두 곳에 상처가 남아 맛이 나쁘고 후수가 되어 있읍니다.

　勇　과연 흑1 낸 다음 3 끊기의 효과는 굉장하군요. 저도 어서 빨리 이런 식으로 읽을 수 있게 되었으면 좋겠읍니다.

　大竹　흑1·3이 직감으로 떠오르게 되려면 좀더 공부해야 할 것입니다.

　勇　피로가 밀려 오는군요!

　大竹　자, 긴장하십시오. 8도 중앙 방면은 백이 맛이 나쁘고 흑5로 뻗어 끊은 모습이 수 두껍고, 9도 백3 마늘

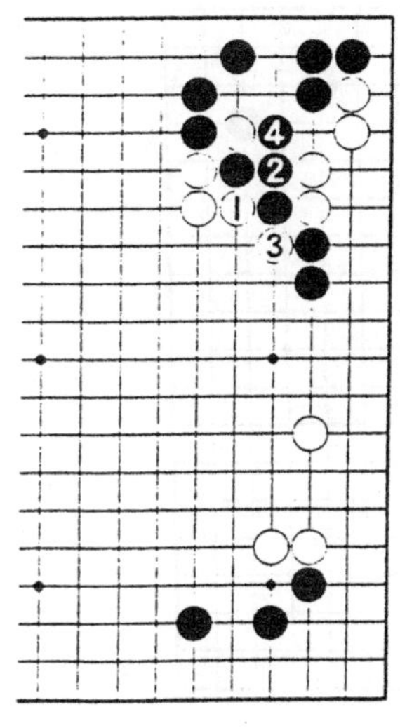 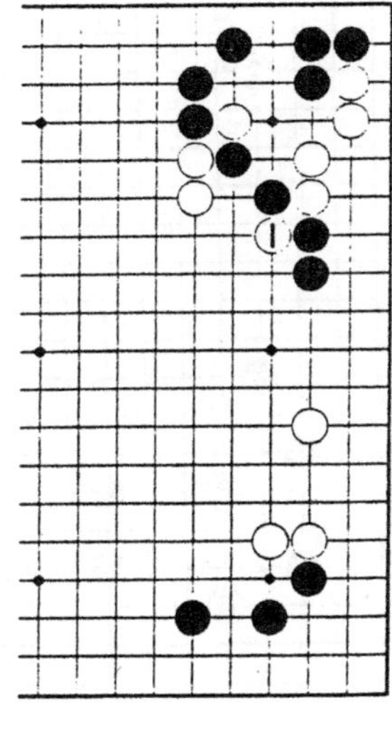

모로 놓는 것이 정공법일 것입니다. 이하 혹10으로 일단 락하고 나머지는 백이 주도권을 잡아 어떻게 놓는가 하는 것입니다. 또 한가지 10도 백의 차례입니다만 1로 대어 가는 것은 실패입니다. 혹2에 백3으로 대어도 혹4와 연락할 여유가 있읍니다. 또 백1로 2의 쪽부터 가도 혹1 로 붙이면 잡는 돌은 없읍니다. 그러면……

勇 끊기는 맡겨 주십시오. 남은 것은 11도 백1 밖에 없읍니다. 이것으로 좋읍니까?

太郎 이곳밖에 끊을 곳이 없지 않읍니까?

大竹 상대 보다 한 수라도 빨리 맥을 발견하는 것이 승리로 직결됩니다. 두려움은 필요없읍니다. 그럼 백1 끊기가 어째서 좋은지 또다시 말씀 드리지 않을테니 각자 머리로 확인해 주십시오.

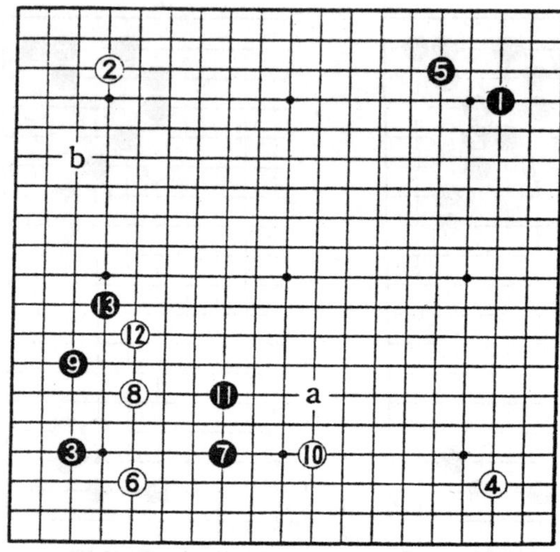

1
도

〈휴게실〉 아마츄어 일류에게 배우다

大竹 이미 제3형 등에서 공부하였듯이 밀기나 당기기도 상당히 어렵다는 것을 알았읍니다. 즉 주위의 상황에 따라 맥이 되거나 속맥이 되거나 하기 때문입니다. **1도**는 제2회 세계 아마츄어 대회 결승보입니다만 백12 뛰기에 흑13의 마늘모로 놓았읍니다. 여기에서 백은 밀 것인지, 밀지 못할 것인지 하는 문제입니다.

太郎 아마츄어 세계의 제일을 가리는 바둑입니까? 고급이겠군요. 저는 백a로 뛰어 흑 두 점을 공격해 가겠읍니다.

勇 저라면 좌상 b로 조이겠읍니다.

大竹 역시 어려웠던 것 같군요.

太郎 두 사람 모두 틀렸읍니다.

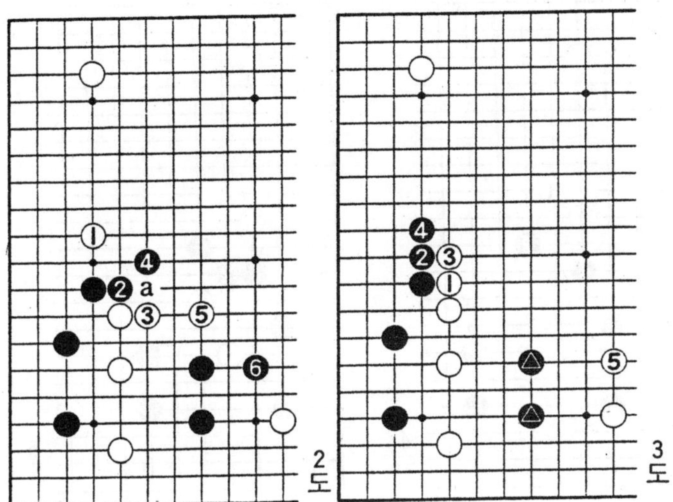

　大竹　2도 백1로 놓는 것이 맥이었던 것입니다.　혹2
의 밀기는 이런 것입니다만, 여기에서 백3도 어쩔 수 없읍
니다.　이어서 혹은 4의 마늘모로 놓읍니다만 이 마늘모
놓기의 의미를 모르겠읍니까?

　太郎　a로 미는 것보다는 4의 마늘모로 놓는 것이…

　大竹　그렇읍니다.　혹a 누르기로는 오른쪽의 두 점에 지
장이 있지요.　그래서 백5 뛰기라면 혹도 6으로 뛰어 구
부려 중앙에서의 싸움이 되는 것입니다.　이것이 아마츄어
세계의 놓는 방법입니다.

　勇　네? 좀 무리가 아닌가요?

　大竹　나는 3도 백1부터 5등을 예상했읍니다만 두 사
람 모두 당기지 않았읍니다.　실제, ●의 두 점을 취하지 않
았읍니다.

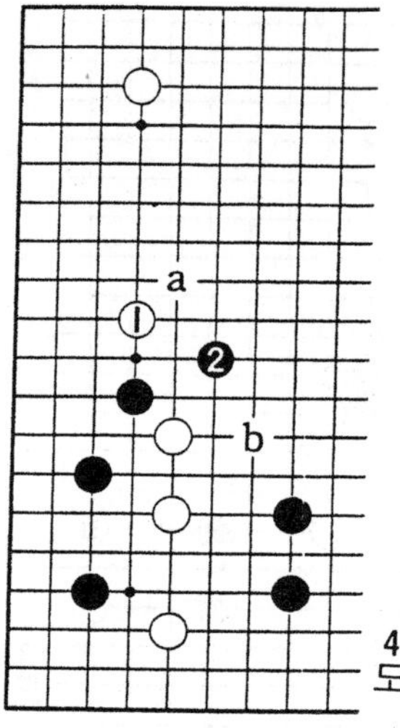

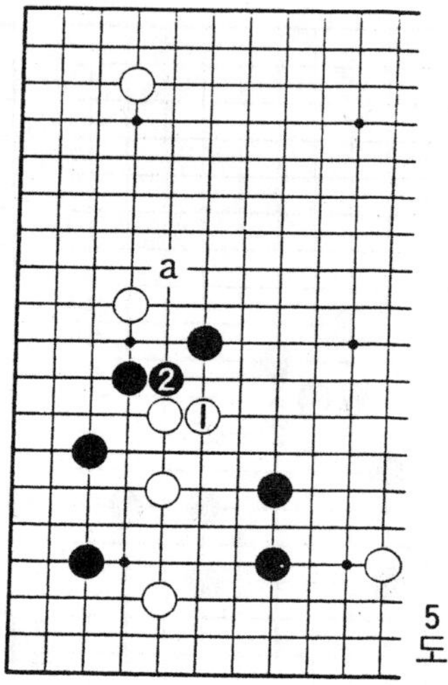

勇 하지만 선생님, 상대가 모퉁이에 놓으면 당황할텐데 아마츄어 대표들은 그렇지 않은가 보군요.

大竹 4도 흑2로 놓아야 한다고 했던 것입니다.

太郎 허어, 그것은 또 어째서입니까?

大竹 흑2로 놓고 a와 b의 걸치기를 지켜 보아야 한다는 것입니다. 그것은 수할론(手割論)이라고 하는 어려운 것입니다만, 4도에 이어져 5도 백1에 흑2로 놓는 바보가 있는가 하는 것입니다. 순서는 다르지만 2도와 꼭 같지요. 흑2는 a에 놓아야 한다는 것입니다.

太郎 그런데 선생님. 실제의 진행은 어떻게 되었읍니까?

大竹 6도 백1에서 7로 중앙 싸움이 되었읍니다. 여기에서 배워야 할 것은 ●의 날일자에 대하여 백은 그 오

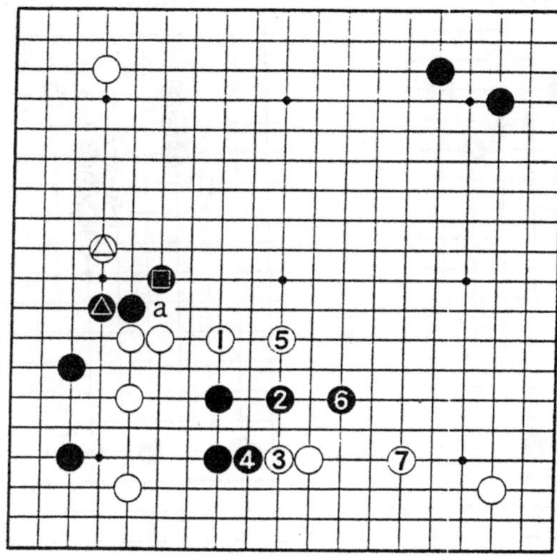

른쪽을 밀지 않고 △으로 비킨다는 것입니다. 어느쪽이나 가볍게 놓는 것으로, 이것을 배워야 하는 것입니다. 이 뒤도 서로 무겁게 놓는 방법이 아니고 교묘하게 중앙으로 싸움을 이동해 가는 것입니다.

太郎, 勇 응, 이런 식으로 놓는 것입니까? 아마츄어 6단이나 7단의 사람들은.

大竹 그렇읍니다. 감각적으로는 우리들과 그다지 차가 없으니까요. 실로 훌륭하다고 생각합니다.

太郎, 勇 아, 그렇게 어렵지도 않고 도움이 되는 이야기였읍니다.

大竹 그럼 맥이 좋은 바둑을 보았으므로 이번에는 두 분의 차례입니다. **7도** 우상 백**3**의 뛰기에 흑**4**의 날일자로 놓는 정석입니다만, **2도**와 같은 발상으로 생각하면

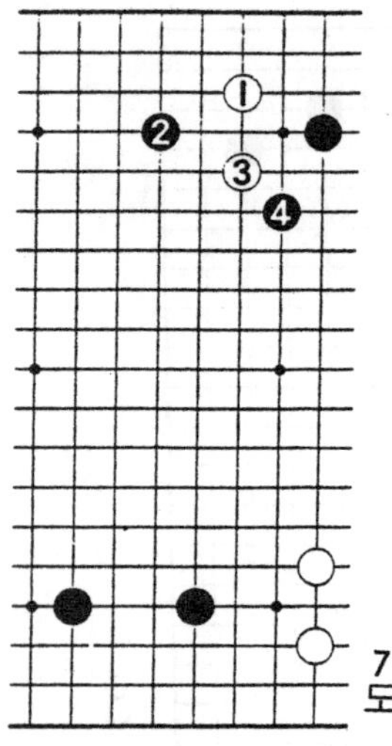

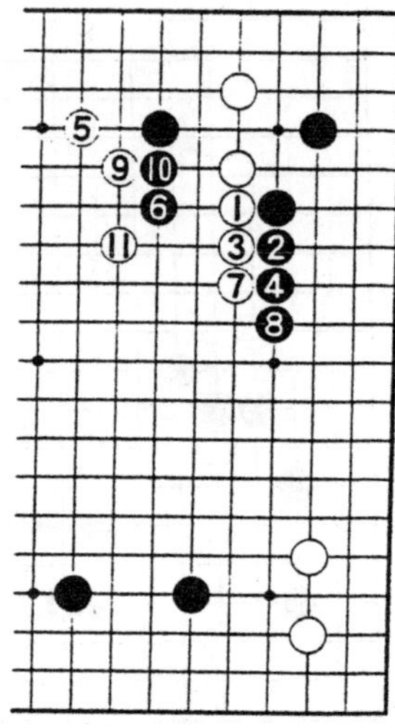

아마 문제 없을 것입니다.

　太郎　하하하.　8도 백1·3으로 밀어서는 안된다는 뜻이지요?

　大竹　太郎씨는 백5로 끼워 결국에는 11로 취하려고 생각했었지요?

　太郎　우후후, 들켰군요.　하지만 분명 그러면 안되는 것인가요?

　大竹　그렇게 잘 되어간다면 할 말이 없겠지요.　강한 사람이라면 백5의 끼우기의 시점에서 이것은 안되는 것이구나 하고 알아차리겠지요.　이 흑의 세 점은 좀처럼 취할 수 있는 것이 아닙니다.

　太郎　하하하, 그럼 9도 백1 끼우기입니까?

　大竹　흑2 누르기는 어쩔 수 없읍니다.　백3 뻗기도 이

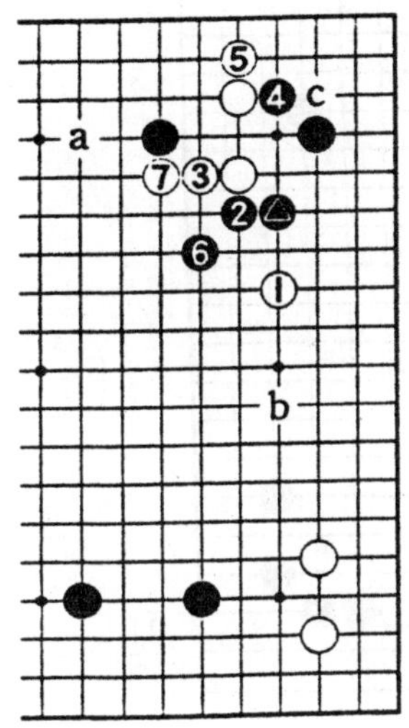

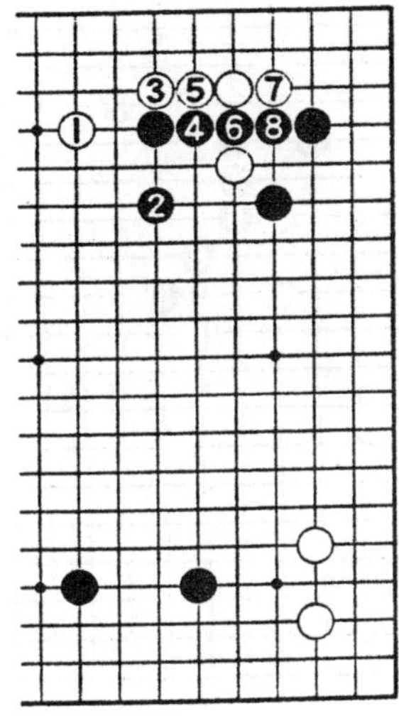

한 수. 그리고 흑4 마늘모를 살린 다음 6과 대각선으로 놓는 요령입니다. 더욱 흑4를 줄여가는 수도 있읍니다. 백7도 이 한수입니다만 이어서 흑은 a로 뛰어 공격을 속행합니다. 또 우변은 흑b의 끼우기도 놓기 때문에 흑 호조이겠지요. ●의 날일자에 백2로 미는 것은 속맥이라는 것을 알 수 있읍니다. 아까의 아마츄어 최고봉과 아주 비슷하지요?

　勇 그렇군요. 그런데 흑4 마늘모 붙이기는 중요한 것입니까?

　大竹 매우 중요한 것입니다. 이것이 없으면 백c에 붙여집니다. 또 10도 백1로 끼워놓는 방법도 있고 흑8까지 실리적인 정석으로 되어 있읍니다.

　勇 으음, 정말 지쳤읍니다.

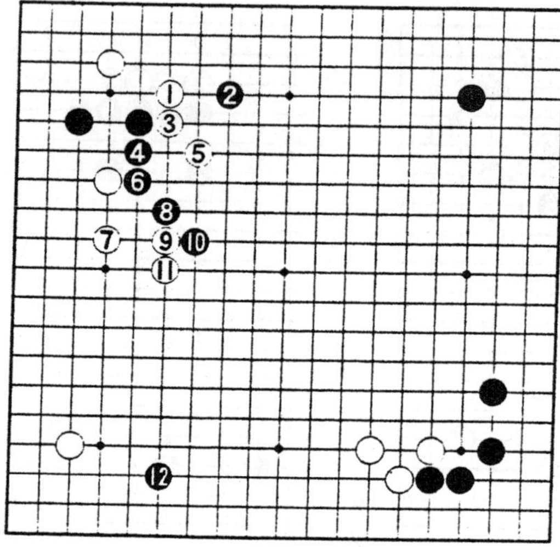

11
도

大竹 이제 곧 끝나니까 조금만 참으십시오. 11도는 제가 9단으로 승단할 때의 바둑입니다. 백1의 모퉁이에 흑2의 끼우기. 7도와 같은 정석입니다. 흑에 3의 점을 눌리면 곤란하므로 백3, 흑4 뻗기에 백5 마늘모, 흑6의 밀기에 백7 뻗기. 그리고 흑8 마늘모에 백9로 붙였읍니다. 흑10의 젖히기에 백11로 뻗어 일단락. 흑은 12로 좌하 구석으로 싸움 장소를 옮겨가고 있는 것입니다. 어떻읍니까? 이런 흐름으로 돌을 움직이는 것은……

太郎 아름답다고 밖에는 할 말이 없읍니다. 쓸데없는 힘이 들어 있지 않군요.

大竹 아까도 말했듯이 흉내를 내도 좋으니 놓아 보십시오. 자, 식사 준비가 된 것 같군요.

제2장

아름답게 버리자

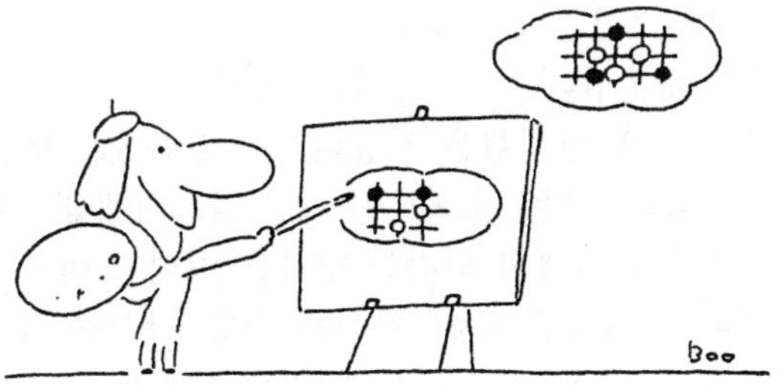

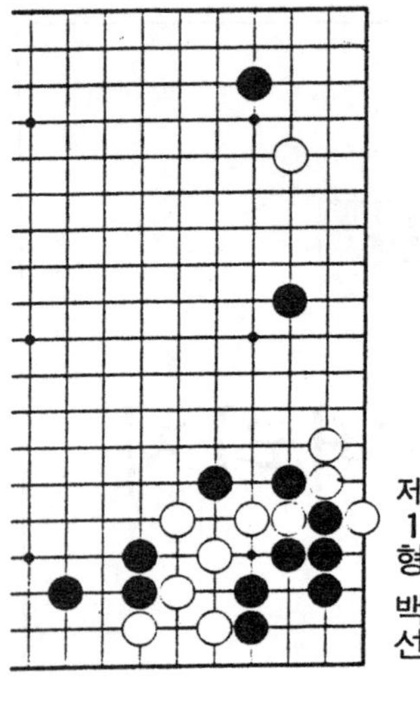

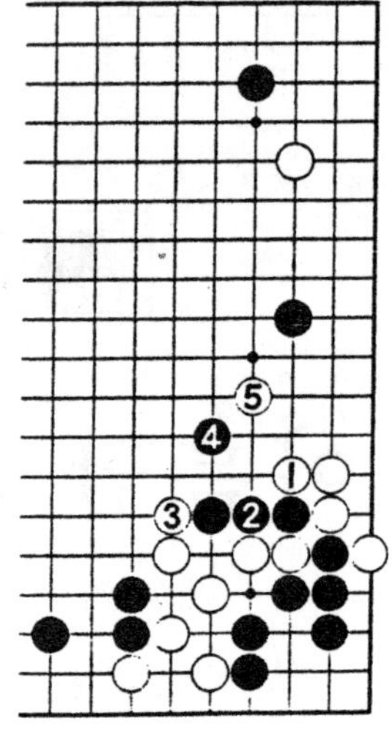

아름답게 버리자

大竹 아아, 두 분 오셨군요. 오늘은 활짝 개인 얼굴이시군요. 뭔가 좋은 일이라도 있으십니까?

太郎 테마가 '아름답게 버리자' 여서 어떤 것인지 흥미가 진지하기 때문입니다. 그렇지요, 勇씨?

勇 버리는 것에 인색함은 없읍니다만 놓은 것 만큼 전부 빼앗기지 않는 법을 가르쳐 주시지 않으시겠읍니까?

大竹 자신만 유리하게 되려는 생각을 하면 절대로 안됩니다. 상대에게 대상을 주고 자신은 조금 남기는 정도로 생각하는 것이 좋읍니다. 자, 제1형을 소재로 하여 勇씨는?

勇 1도 백1로 대어 3으로 밀겠읍니다. 혹4라면 백5로 내어……

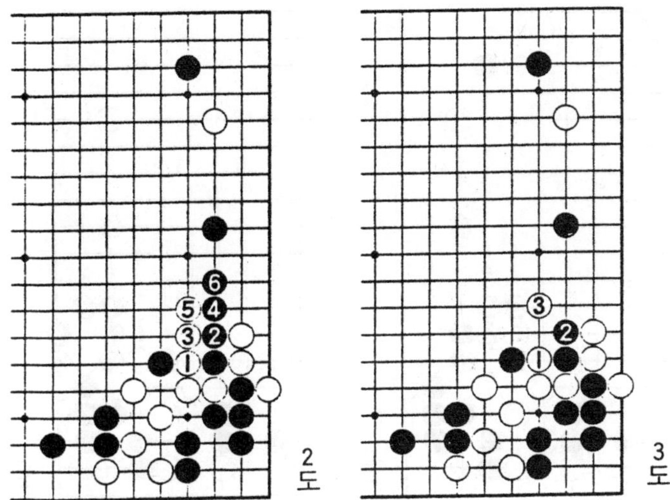

太郎 그것은 좋지 않아요, 勇씨. 놓은 것 만큼 빼앗긴 다고는 할 수 없지만 아랫쪽에 백이 핀치에 몰릴 것 같읍니다. 나라면 2도 백1부터 나가 3·5로 밀어 가겠읍니다. 제2선의 백은 펴서 혹에게 주겠읍니다.

大竹 음, 太郎씨의 말씀처럼 勇씨의 놓는 방법은 백 아랫쪽이 무겁지 않읍니다. 太郎씨는 쓸데없는 것을 놓았읍니다. 이것은 '아름답게 버리자'에 반대가 됩니다.

太郎 그렇읍니까?

大竹 어제의 테마에서 '그러면 속맥'이라는 것이 있었지요. 요컨대 3도 백1로 내기와 혹2의 받기는 좋읍니다만, 계속해서 제3탄으로 3으로 걸치는 것은 좋지 않읍니다.

勇 과연 맥의 냄새가 나는군요.

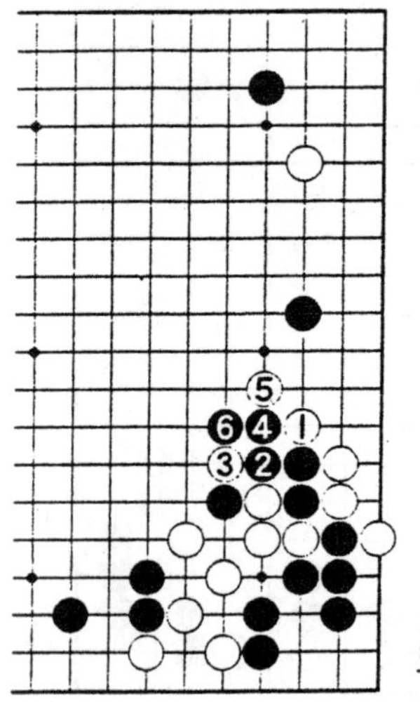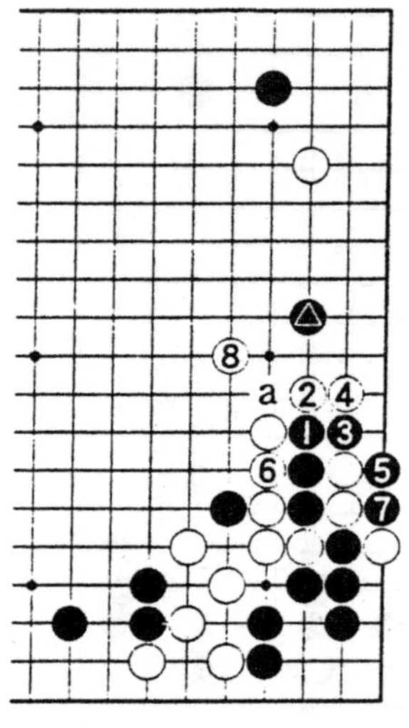

大竹 자매편 '공방 겨냥의 한 수'에서 배운, 버림돌의 맥입니다. 4도 백1에서 쫓으려는 생각은 하지 말아 주십시오. 이것은 흑6으로 백이 부서지니까요.

太郎 선생님, 알았읍니다. 5도 흑1로 내면 백2로 머리를 치고 흑3의 구부리기면 4······ 흑5에 백6으로 대어 두 점을 취하게 하고 a의 잇기입니까?

大竹 마지막 잇는 방법이 틀렸읍니다. 이것은 백8의 날일자에 한정됩니다. ●에 대한 영향력도 다르고요.

勇 이것이 '아름답게 버리자'입니까. 과연 2도 보다 조이고 있군요. 백의 버리는 방법으로써는······

大竹 5도 백8의 날일자는 꼭 기억해 두었으면 하는 잇는 방법입니다. 이것이 '아름답게 지키자'입니다. 5도의 백이 바깥 주위의 벽을 쌓고 2도와는 매우 다르지요?

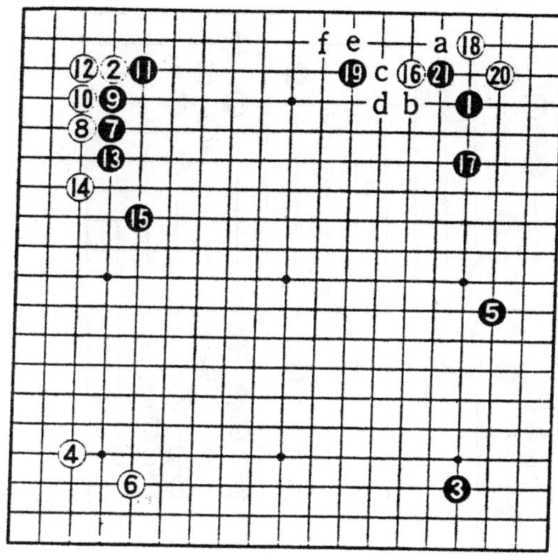

太郎 말씀대로 2도와 5도가 그렇게 다른 것입니까?

大竹 네. 다음에 프로의 버림돌 작전을 보아 주십시오.
6도 백20으로 3·3에 변화하였읍니다. 이때 흑21의
마늘모 붙이기. 이어서 백a, 흑b, 백c, 흑d, 백e, 흑f 2단
젖히기에서 백이 몰리게 되었읍니다. 흑이 강한 벽을 만
들었기 때문입니다……

太郎 백의 실리는 너무 작군요.

大竹 때문에 백은 어떤 연구를 하지 않으면 안됩니다.

太郎 전혀 짐작이 가지 않읍니다. 어떻게 되는 것일까
요?

大竹 여러분에게 맞추어 보라고 할 수는 없읍니다. 그것
은 7도 백1 대어넣기입니다. ●의 마늘모 붙이기에 대
한 맥입니다. 이어서 흑2의 끊기에 백3으로 뻗는 것입

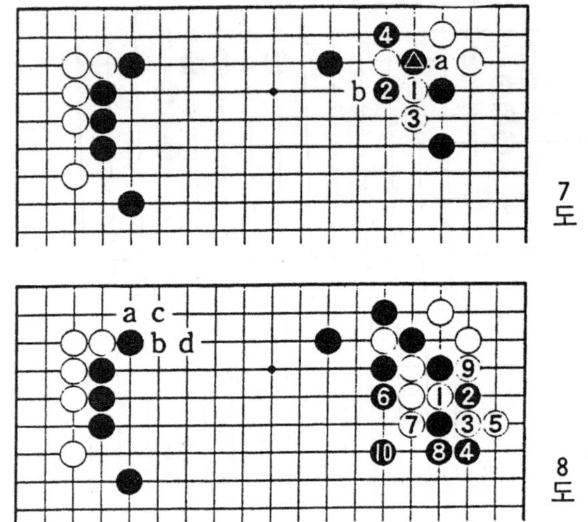

니다.

勇 혹4로 또 댑니까? 이것은 단수, 단수의 서툰 바둑이라고 불리지 않습니까?

大竹 버리는 돌을 위한 준비 공작입니다. 분명히 혹4에서 a로 잇고 싶겠지만 백b의 흐름이니까요.

太郎 그 앞은……

大竹 8도 백1로 단점을 찌릅니다만, 우선 혹2로 누르고 백3 끊기에 혹4.

勇 이제 알았군요. 백5 내리기에서 이하 혹10으로 조여 완료. 혹의 성공이라고 할 수 있지요. 그 다음 상변은 백a, 혹b, 백c, 혹d로 진행하고 싶읍니다만 그 정도로는 상변의 혹의 모양은 꿈쩍도 하지 않습니다.

太郎 이런 어려운 변화를 30초 이내에 생각할 수 있을까

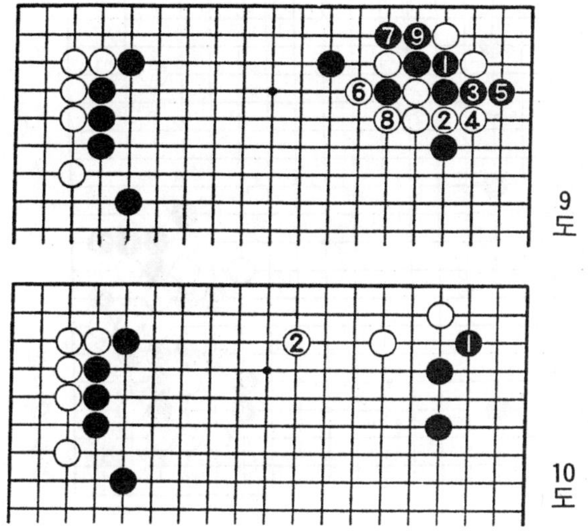

요?

　大竹　그렇게 할 수 없으면 궁지에 몰리게 됩니다. 7도에서 버림 돌을 아까워 하여 **9도** 혹1로 붙이면 백2로 나갈지도 모릅니다. 혹3에 백4를 살려 백6의 흐름. 혹의 실리와 백의 외세라는 갈라짐으로 부분적으로는 호각엽니다만 왼쪽의 두께가 사라져 혹이 보잘것 없어집니다.

　勇　아무래도 잘 알 수가 없군요. 저라면 **10도** 혹1로 받을텐데요. 백2로는 어떻읍니까?

　大竹　대단한 것이 못됩니다. 왼쪽의 두꺼운 맛이 죽어 있읍니다.

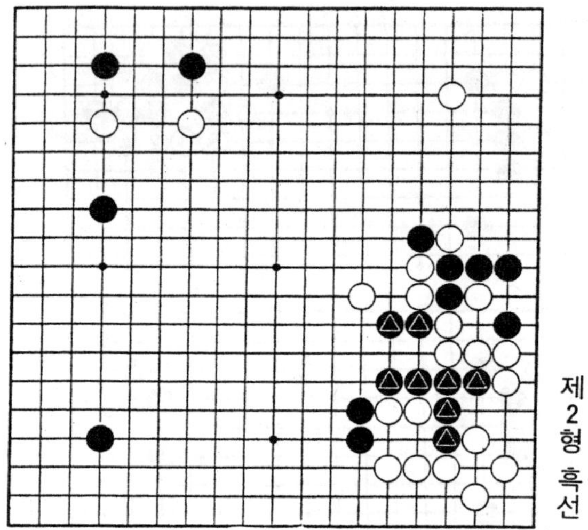

크게 버리자

大竹 돌은 '아름답게 버린다' 동시에 '크게 버린다' 이 럴 때에 효과가 나는 것입니다. 이번에는 내 실전을 보겠 읍니다.

勇 제 2 형이 이것입니까?

大竹 여러분 도대체 어디부터 수를 붙이고 싶으십니까?

勇 물론 모릅니다. 어느 돌을 어떻게 버릴 것인지…

太郎 정말 짐작이 가지 않읍니다. 혹시 우변의 흑이 아 닐까요?

大竹 그렇지 않읍니다. 소위 바탕이라고 할 수 있는 중 앙의 ● 여덟 점이었던 것입니다. 어떻읍니까? 놀라셨읍 니까?

太郎 와, 그런 큰 돌을! 어째서 버리지 않으면 안되는

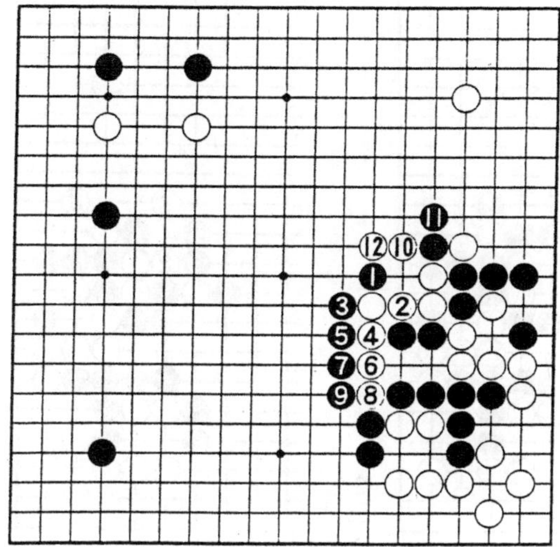

1도

것입니까?

　大竹　'바둑은 아름다워야 한다' 하는 것이 제 신조입니다.　그를 위해서는 아무리 큰 돌이지만 필요하다면 버려야 하는 것입니다. 그리고 **1도**의 흑1에 붙입니다. 백2 잇기는 지극히 당연하겠지요. 이어서 흑3으로 젖혀 이하 흑9까지 버린다── 버림돌의 흑 여덟 점은 안중에 없읍니다. 어떻게 아름답고, 크고 튼튼한 성벽을 쌓아 가느냐에 열중하고 있는 것입니다.

　太郎　아하. 하지만 백10으로 대어가지 않을 수 없겠지요?

　大竹　그렇지 않으면 백 일곱 점이 잡힐 테니까요. 이로써 흑 여덟 점은 완전하게 질식사 하는 것입니다.

　太郎　음, 어떻게 될까 하고 생각했읍니다……

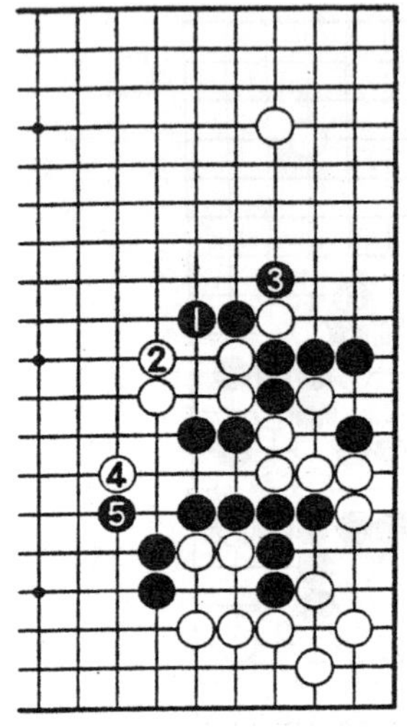

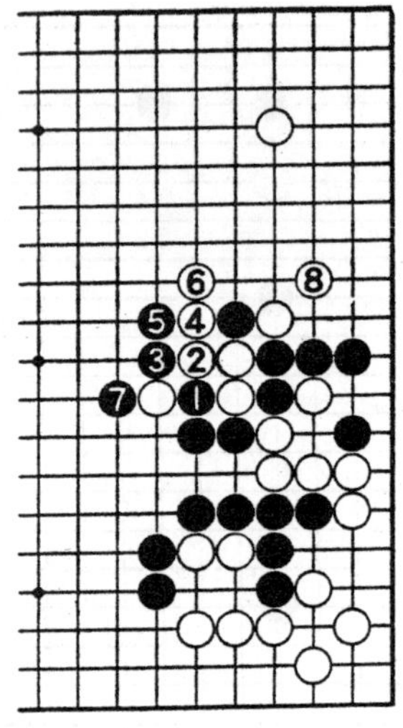

大竹 아직 남았읍니다. 그럼 변화도를 비교해 볼까요?

太郎 네, 부탁드립니다.

大竹 2도 흑1도 잇겠지요. 백2 뛰기, 흑3으로 수를 돌리면 백4. 흑5로 지키는데 여기에서는 흑도 감격이 없읍니다.

太郎 음. 우변은 그렇고 아랫쪽의 흑은 무거워진 것 같은데요.

大竹 그렇읍니다. 그리고 3도 흑1부터 나가 끊기도 있지만 백8 정도가 되어도 흑의 우변의 기세가 너무 커서 흑을 놓을 수 없겠지요. 중앙만을 생각하면 1도보다 유망합니다만 우변이 쑥 가져가지면 중앙의 두꺼운 맛만으로는 아무 것도 되지 않는 것입니다. 그리고 아까 아직 남았다고 하던 말은 4도 흑1 이하의 추격이 있었기 때문

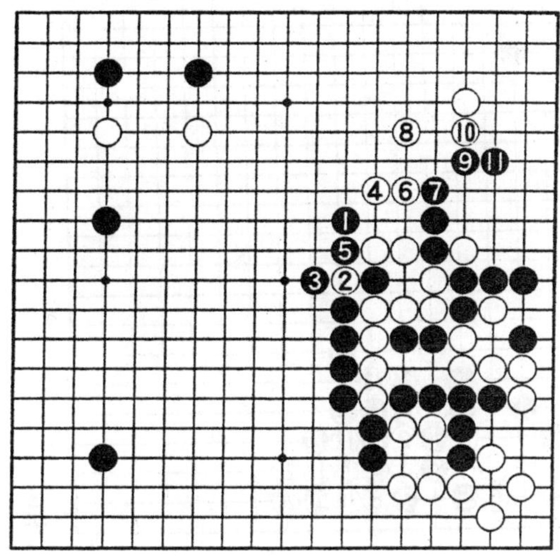

입니다.

太郎 흑1이 버리기 돌 작전 제2탄입니까?

大竹 백2 끊기를 살리지 않으면 백이 대실패한다는 것을 아셨읍니까?

太郎 갑자기 백4 뛰기로,반대로 백에게 잡힐 테니까 2로 끊기를 넣는다는 뜻이군요?

大竹 흑3으로 대고 있는 틈에 백4로 뛰어내어 흑5 빼기에 백6 뛰기. 이어서 흑7에서 11로 우변도 정리하여 절호의 상태가 된다는 뜻입니다. 이로써 저로써는 비교적 잘 버린 바둑이 된 것입니다. 여러분이 꼭 이렇게 놓아야 한다는 것은 아닙니다만……

太郎 그러나 감상만이 아닌 실제로 이렇게 놓는 수 있도록 노력하겠읍니다.

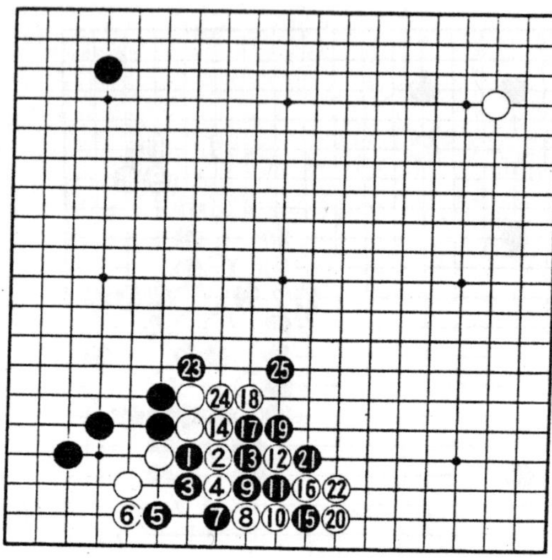

大竹 여러분 놀란 김에 또 한가지 크게 버린 예를 보여
드릴까요?

勇 누구의 바둑입니까?

大竹 지금부터 200년 전의 바둑입니다. 초반에서 갑자
기 12칸이나 버린 예입니다. 여러 가지 책에 나와 있으니
이미 보신지도 모르겠읍니다.

太郎 아니요, 아직 보지 못했읍니다.

大竹 5 도 흑1 끊기로 시작하여 15 까지 제1 단계 버
림돌 작전. 그리고 백16 이하 흑25 걸치기까지가 제2 단
계입니다.

勇 웬지 흑은 일부러 크게 버리려 하고 있는 것 같군요.
백도 흑을 잡지 않으면 질 것 같고……

太郎 서로 필연적으로 움직이고 있는 것 같은데요.

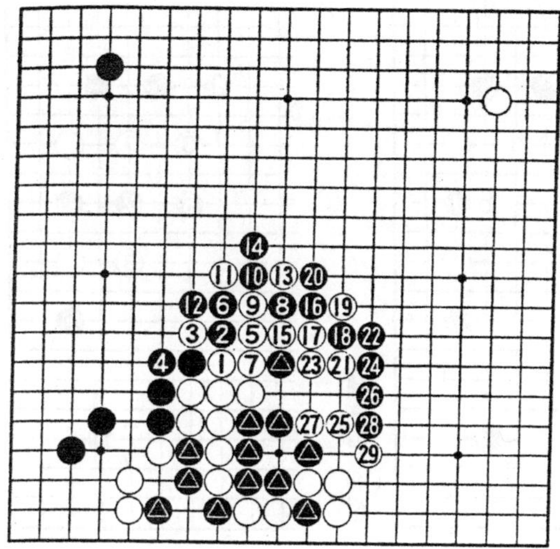

6
도

　大竹 그렇읍니다. 혹은 버리려고 하고 있고, 백은 멋지게 막으려 하고 있읍니다.

　太郞 우리들이 도망칠 때는 오르지 일방적으로 공격당하는데요.

　大竹 이어서 **6도** 백1 이하 **29**까지 바둑판을 반 사용한 크게 버리기 작전은 성립하였읍니다. 두 사람의 감상은?

　勇 눈이 돌 것 같읍니다. 어디가 어딘지 전혀 짐작이 가지 않읍니다.

　太郞 음, 숨도 쉴 수 없게 놓는군요. ● 열두 점 밖의 벽은 너무 강하고……

　大竹 훌륭하지요. 백의 땅은 35, 36집 정도이지요.

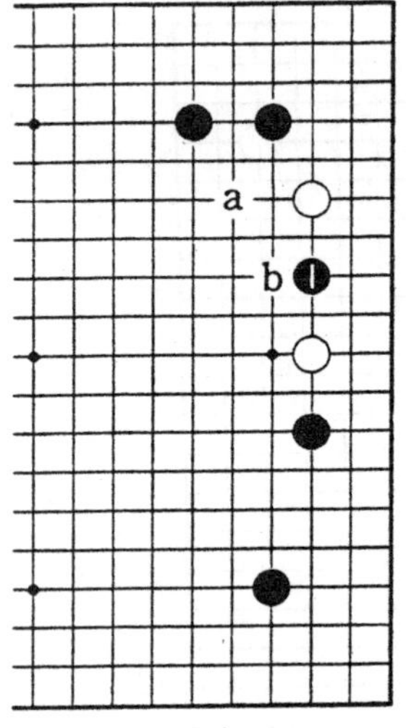

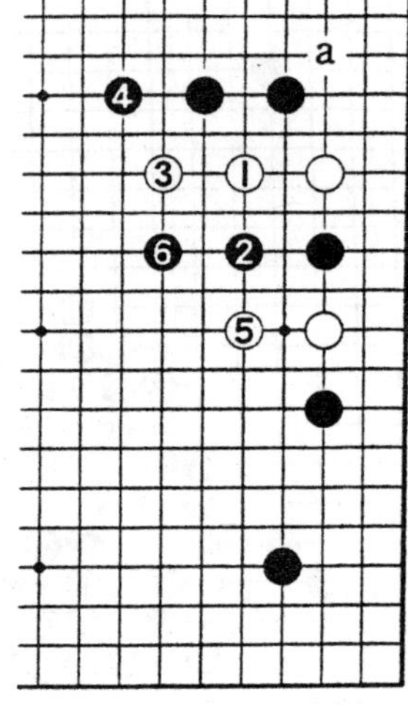

빼기를 허락하지 않는다

大竹 빼기는 여러분이 입문하였을 때 맨처음 배운, 돌을 취하는 방법이었지요? 그것이 지금은 공포의 대상이 되어 있을 것이라고 생각합니다만……

勇 역시 신경질적이 됩니다.

大竹 그렇겠지요. 제3형 흑1로 뛰어들면 백은?

勇 저는 백a로 뛰겠읍니다.

太郎 저는 백b로 붙여가겠읍니다.

大竹 우선 太郎씨의 수를 준정해라고 해두지요. 勇씨는 1도 백1부터 흑6 정도를 상정해 보시지 않겠읍니까?

勇 잘 알았읍니다.

大竹 이 정도를 모르면 프로가 될 수 없읍니다. 물론 勇 씨는 실패입니다. 1도 백3에서 2도 3으로 붙여가겠지요,

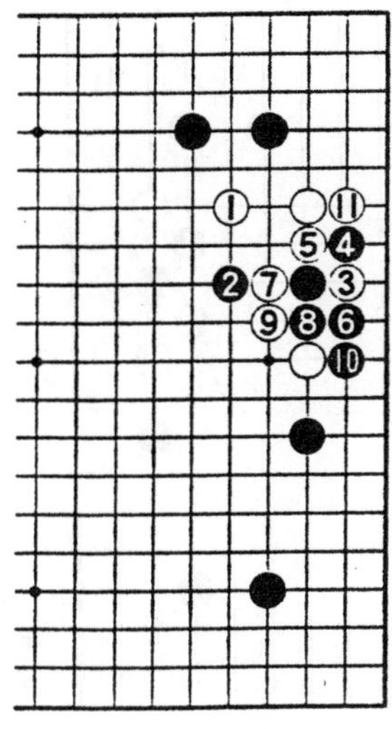

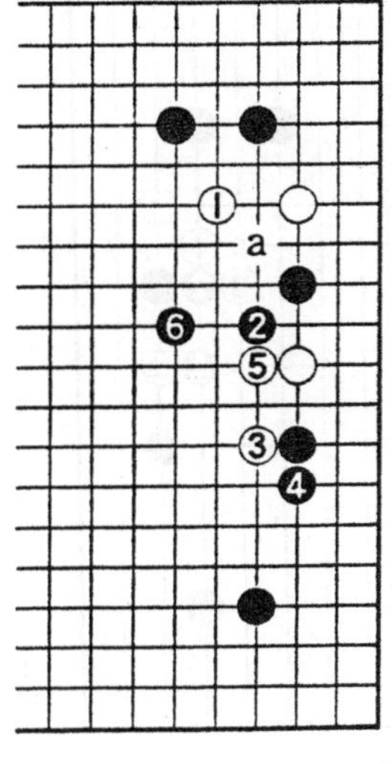

그러면 혹 4 젖혀내기부터 백 11 정도의 변화가 되어도 백 1의 뛰기가 모양이 좋아집니다. 따라서 혹 2 뛰기가 너무 달콤하다는 결론이 나옵니다.

太郎 선생님, 그럼 3도의 혹 2의 마늘모로 놓는 수는 없읍니까?

大竹 백 3으로 붙여 변화하겠지요. 혹 4 당기기라면 백 5 밀기에서 혹 6 뛰기가 되어 백은 상하로 분단됩니다. 이것은 백이 안되겠지요.

勇 아하하, 백의 뛰기는 미지근합니까? 그러면 백 a로 가는 것은 강력하지 않읍니까?

大竹 머리를 눌리면 이길 수 없으므로 4도 혹 2 밀기는 필연. 그리고 백 3으로 젖히면 혹 4의 뛰어붙이기가 맥입니다. 이것은 a의 단점이 남고 △의 움직임도 불리하

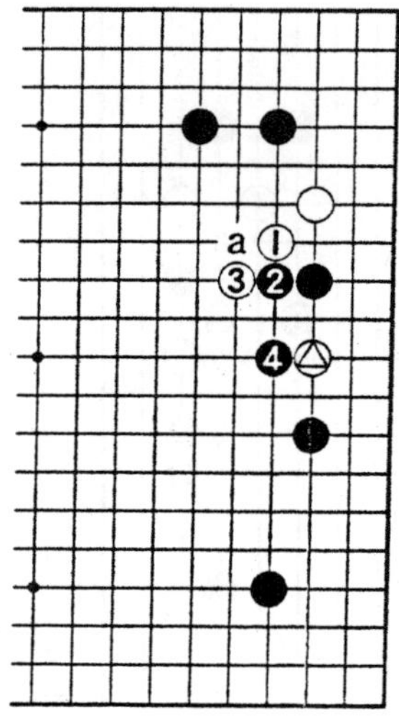

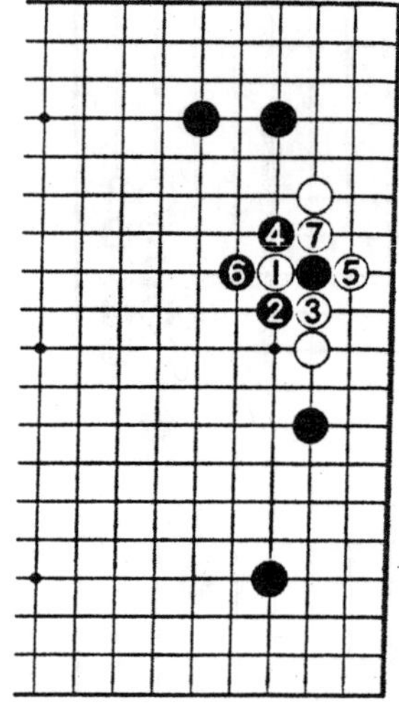

4
도

5
도

지요.

　　太郎 그런데 위로 붙이는 것은……

　　大竹 준정해입니다만 눈목자입니다.　100점 만점은 아래 붙이기입니다.

　　太郎 위 붙이기쪽이 강하다고 생각합니다만……

　　大竹 그것은 보았을 때의 느낌에 지나지 않읍니다.　예를 들면 **5 도** 흑**2**로 젖혀 내어지면 좋지 않지요. 백**3** 끊기 이하 **6**으로 빼면 안됩니다.　백**5**에서 **6**으로 뻗을 이유도 없읍니다.　太郎씨는 분명히 흑**2**에서 **3**으로 붙여댈 생각이었겠지요?

　　太郎 실은 그렇게 놓을 생각이었읍니다.

　　大竹 아무튼 **5 도**의 빼기가 놓여지면 흑은 크게 뻗을 수 있읍니다.　흑**8**의 수로 패를 놓을 수 있겠지요. 이와 같이

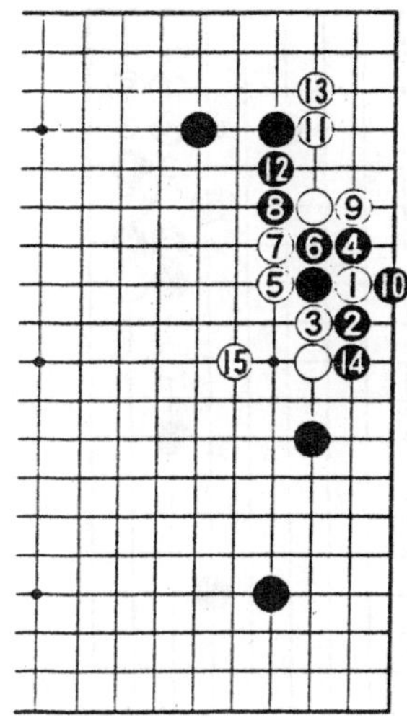

6도

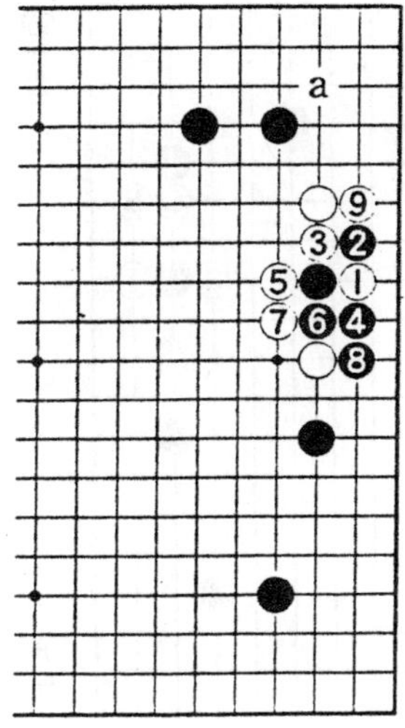

7도

빼기의 위력은 결코 무시할 수 없는 것입니다. 계속해서 정해인 백 아래 붙이기를 공부해 둡시다. 6도 백1에 흑 2로 젖히면 백3 이하 15가 되겠지요. 어떻습니까? 백 은 상하로 안정되어 있지요?

太郎 네. 아래 붙이기로 푸는 것이군요. 그러면 7도 흑2를 위로 젖혀 내는 것은?

大竹 백3 끊기 이하 9 말입니까? 윗쪽에 관해서는 백 a 3·3 들어가기의 여지가 있으므로 될 것 같습니다.

太郎 음. 아래 붙이기로 푸는 맥이었군요.

大竹 그렇게 단순한 것이 아니라는 것을 알았으면 됐읍 니다. 백 아래 붙이기에 흑은 수 빼기를 해도 좋을 것입 니다.

勇 6도에서 7도가 된다면 흑 수 빼기는 문제 없겠군

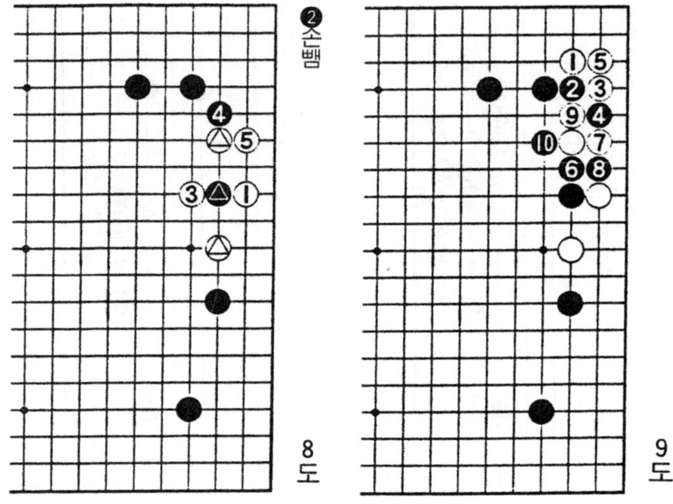

요 ······ .

　大竹　8도 백1로 아래에 붙였으면 이것은 일종의 살리기 라고 보아도 좋습니다. 흑이 수를 빼면 백3으로 끼워 붙이기를 놓으면 ● 한 점은 움직일 수 없습니다. 이어서 흑은 4의 마늘모 붙이기를 살립니다. 백5 내리기로 일단락. 이것은 변의 정석으로써 기억해 두는 것이 좋습니다. 이것을 납득할 수 없으면 △의 지키기를 굳혀 두어야 합니다.

　太郎　8도 백3 끼워 붙이기에서 9도 백1로 3·3 뛰어넣기는 어떻습니까?

　大竹　흑2 이하 10으로 백은 무참하게 됩니다.

　太郎　백은 뛰어들기의 여지를 남길 수가 없었군요.

　大竹　뛰어들기의 대책이 있으면 좋겠읍니다만, 그러면

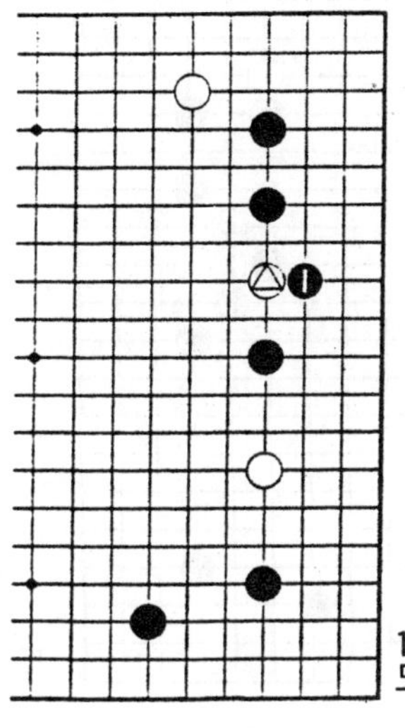

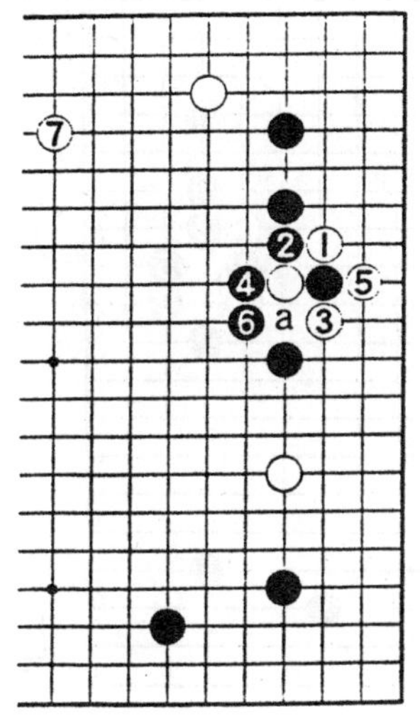

다소 큰 탈선입니다만, 10도 △의 뛰어들기의 대책도 생각해봐 주십시오.

　　太郎　6도와 같은 요령으로 흑1로 아래로 붙여갈까요?

　　勇　저도 太郎씨와 같은 생각입니다.

　　大竹　흑1이 문제입니다.

　　太郎　백은 어느쪽으로 가 젖혀내겠지요?

　　大竹　11도 백1로 갑니까? 흑2 끊기에서 6 또는 a로 대어간다는 말씀입니다만, 이것은 백에게 빼기를 허락할 뿐만 아니라 백7이 상변을 지키므로 안됩니다.

　　太郎　하지만 주위가 좁으므로 빼기 정도는 그다지 큰 영향력을 미치지 못할 것 같은데요.

　　大竹　그렇지도 않읍니다. 이렇게 쉽게 연결시켜서는 안

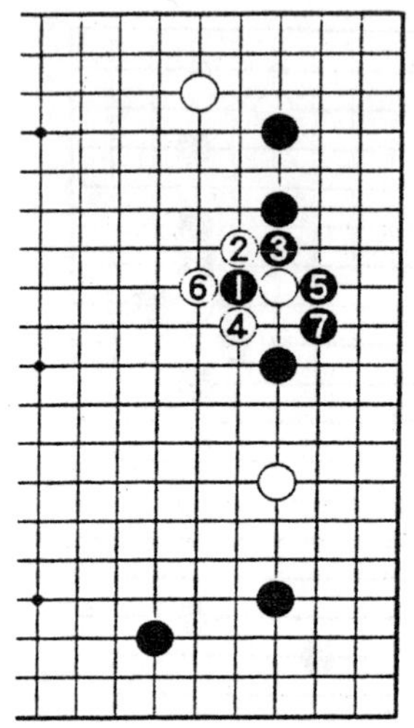

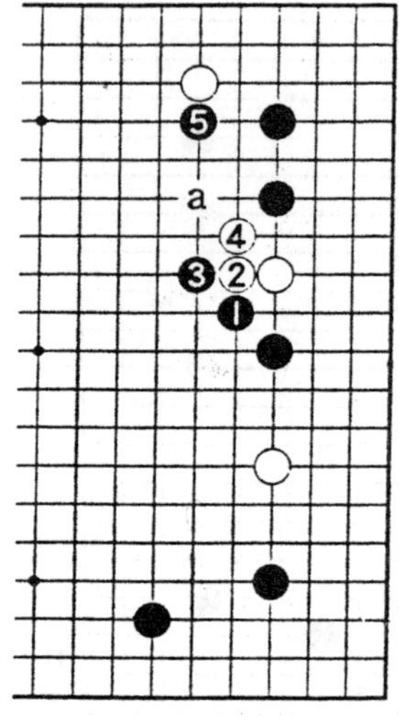

됩니다. **12도** 흑 1 의 밖 붙이기입니다. 백 2 젖혀내기 이하 흑 7 로 건너 흑이 좋다고 생각하는 사람이 의외로 많은 것 같습니다.

勇 안됩니까? 역시 빼기를 허락한 것이 원인이군요.

大竹 원자 폭탄과 마찬가지로 절대로 허락해서는 안됩니다. 예를 들어, 흑 5 · 7 로 연락해도 백의 외세가 낫읍니다. 백의 뛰어들기에 당황하지 말고 **13도** 흑 1 의 마늘모로 놓는 것이 강한 수로 나중에 흑 5 에 붙여 공격을 하든가, 흑 1 에서 a 로 뛰어 놓는 방법 등, 다른 항에서 공부할 것이므로 그때 더 보도록 하지요.

勇 빼기는 허락하지 않는다는 것이지요.

大竹 다짐해 둡니다만 **14도** 흑 1 · 3 의 빼기는 무서운 것이 아니니까요. 흑 1 에 서둘러 흑 3 으로 붙이는 방법이

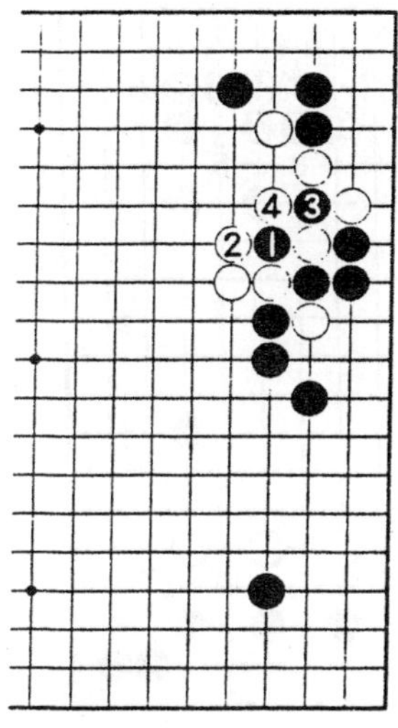

14
도

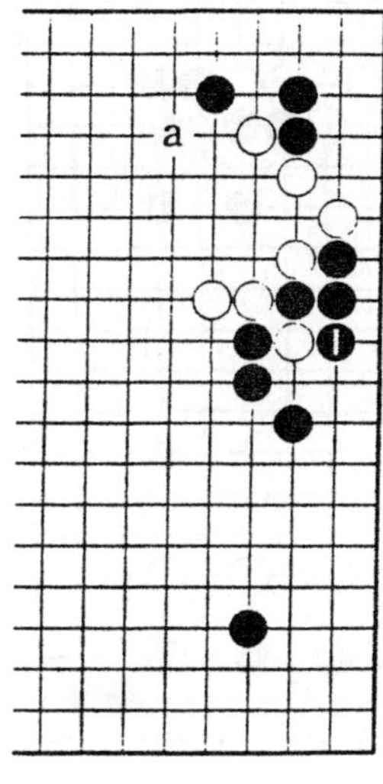

15
도

죄가 깊은 것입니다. 그림과 같이 백 4로 대면 혹이 우형. 이런 빼기는 환영할만 하겠지요.

勇 웬지 혹 1·3이 좋아보이는데요.

大竹 그렇게 빠른 판단은 내리지 마십시오.

太郎 그런 실수를 자주 하지요, 勇씨 같은 사람은……

勇 그럼 太郎씨에게 묻겠는데, 혹은 어디로 놓으면 좋겠읍니까?

太郎 ……

大竹 하하하, 太郎씨 한방 맞으셨군요. 15도 혹 1이 정해, 백은 a의 걸치기 정도지요.

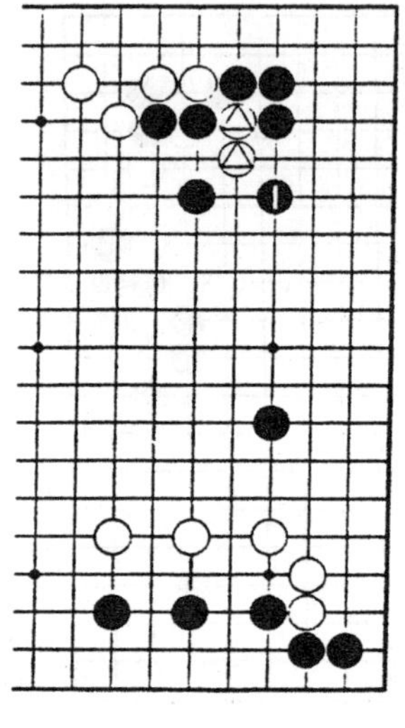

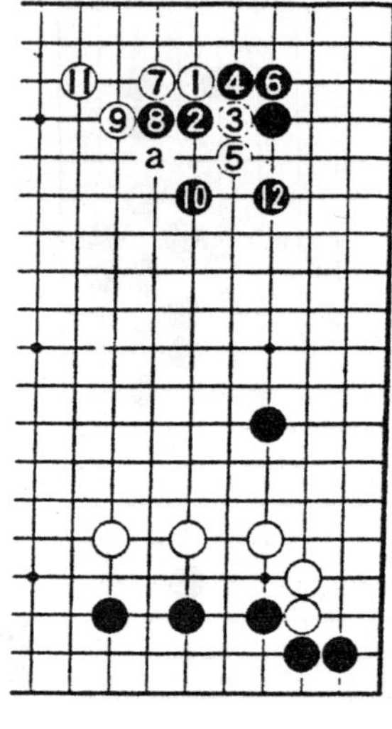

무거운 돌 도망쳐서는 안된다

大竹 다음은 '무거운 돌을 도망치지 말라' 라는 테마. 제4형 흑1로 걸쳐지면 어떻게 할까 하는 것입니다. ◎ 두 점의 공배는 3수이기 때문에 도망치려고 해도 도망칠 수가 없읍니다. 제1형과 닮은 맥이 나타날 것입니다.

太郎 웬지 냄새가 나는군요. 예의 경단의 맥입니다만······

大竹 그렇읍니다. 이 형을 보고 벌써 냄새를 맡으셨다면 太郎씨의 코도 상당하군요. 우선 어째서 이런 형이 되었는지를 조사해 둡시다. 1도 백1에 흑2로 붙였을 때, 백3으로 갈라넣기 위해서 이렇게 된 것입니다. 백은 흐름이 나쁘면 7로 당기지 말고 이하 흑12의 걸치기······

太郎 백9의 젖혀 올리기에 흑10의 뛰기가 맥이지요?

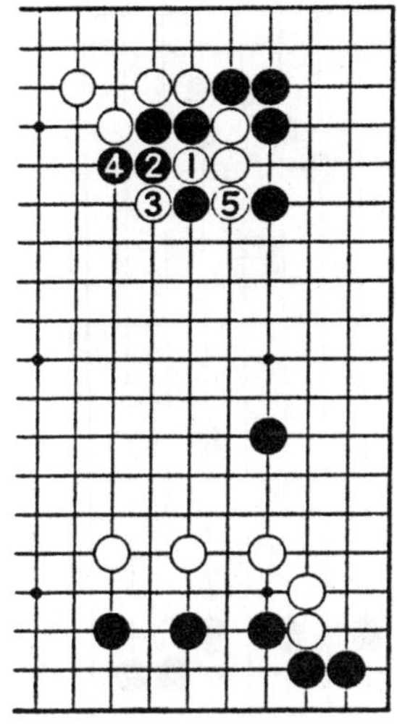

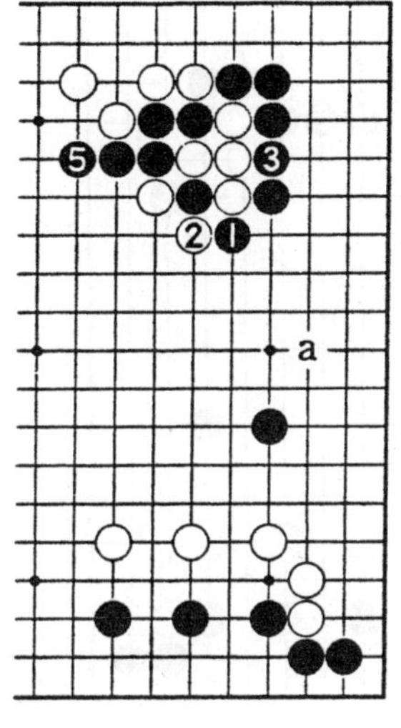

大竹 그렇읍니다. 혹a는 문자 그대로 빈 삼각이지요.
2도 백1로 내어 3으로 자르는 것이 勇씨류……

勇 그래도 백5로 내는 길밖에 없는 것 같은데요.

大竹 그렇읍니다. 이렇게 되면 그 길밖에 없지요. 자,
지금부터는 勇씨도 어떻게 놓을 것인지 아시겠지요?

勇 물론입니다. 3도 혹1로 누르는 수이지요. 백2라
면 혹3으로 댈 때까지입니다.

太郎 백4 다음 勇씨는 어떻게 놓겠읍니까?

勇 혹5로 뻗어 끊을 수 있지 않을까요?

大竹 백을 경단으로 하여 혹의 대성공이라고 할 수 있
읍니다. 그러므로 우상은 움직이지 말고 백a 등으로 뛰어
드는 방법이 좋읍니다.

太郎 선생님 1도 백9로 젖힌 것은 무엇입니까?

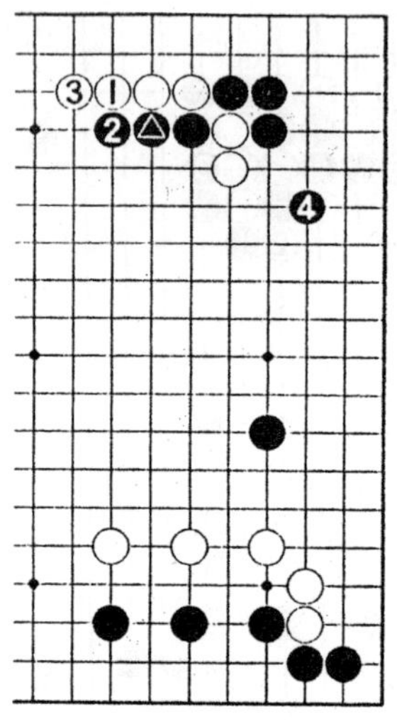 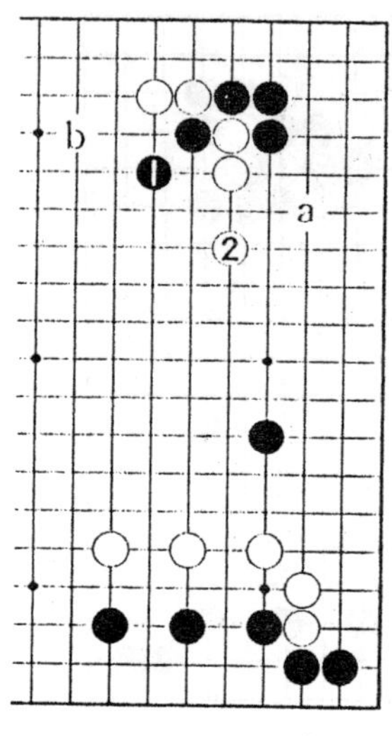

大竹 으음, 좋은 질문입니다. 그때는 두 칸의 머리이므로 젖혀 갔읍니다만 4도 백1로 당기는 수도 있읍니다. 그리고 흑2로 밀어주면 백3. 그래서 흑4와 대각선으로 놓아 중원의 싸움이 되는 것입니다. 조금 거슬러 올라가 ●의 밀기로 5도 흑1로 대각선이 되는 일은 자주 없읍니다. 요컨대 '능숙한 뻗음, 서툰 마늘모'에 꼭 맞는 경우이지요.

勇 '서툰 마늘모'라니, 왜 안된다는 것이지요?

太郎 勇씨 5도 마늘모가 좌우의 백에 아무런 영향도 주지 못합니다.

勇 그렇읍니까?

大竹 백2 뻗기로 a와 b를 균형이 되게 합니다.

太郎 그림이 바뀌었군요. 6도, ●의 끊기에는 백1이

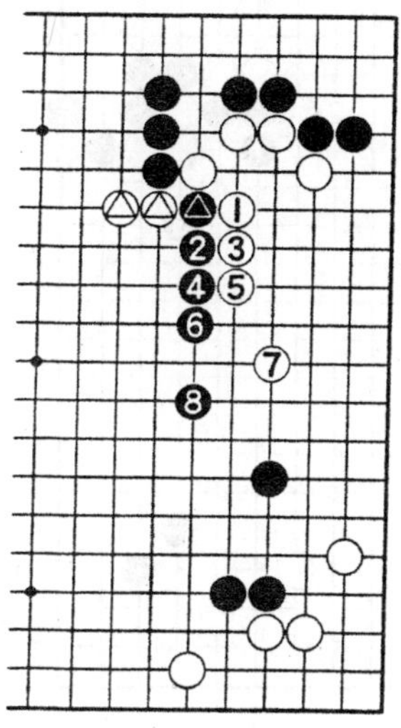

6도

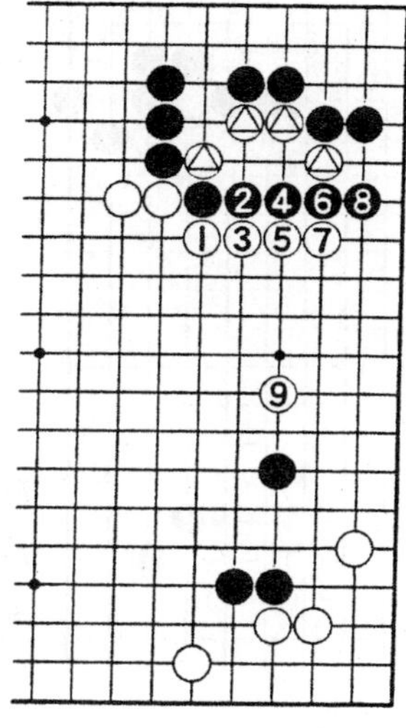

7도

하 7로 쫓으면 되는 것입니까?

大竹 소목 한 칸 높이 걸기가 정석입니다만 ●로 잘라 가면 어떨까 하는 것이군요. 太郎씨의 백 놓는 방법은 소위 무거운 돌을 돕는 것이 되는 것입니다.

太郎 버리는 방법이 잘못된 것인가요…… 7도 백1로 버리는 것인가요!

勇 네? 그런 것입니까?

大竹 상식입니다, 이것은. 백1 이하 7로 △ 네 점을 버리고 백9로 아랫쪽 흑으로 다가가는 것이 현명하다는 것입니다. 혹은 △ 네 점을 취하여 어느 정도 땅이 넓어 집니까?

太郎 12, 13집 정도일까요……

大竹 백의 두꺼운 맛에 당할 수 없을 것입니다.

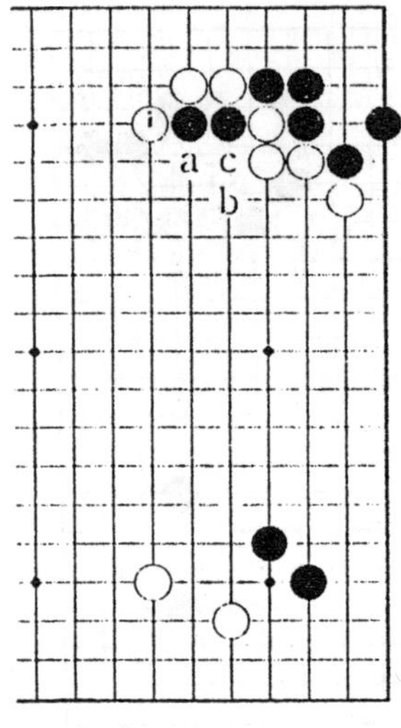

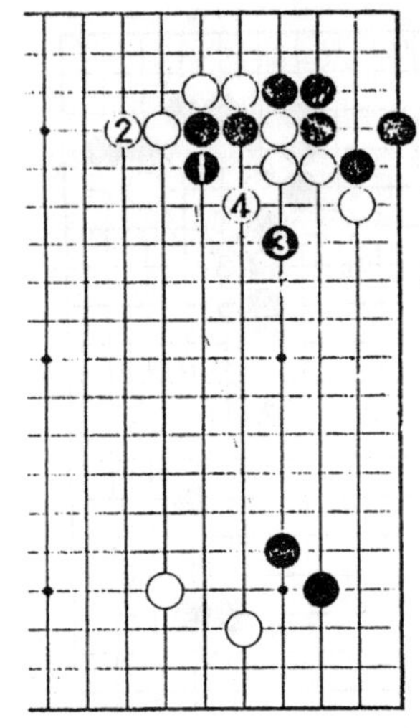

제5형 흑선

1도

아름답게 도망치자

大竹 버릴 수 없는 돌이 됐으면 거미줄에서 도망치지 않으면 안됩니다. 이 때도 가능한 멋지게 도망쳐야 하는 것입니다.

勇 제5형은 백1로 젖힌 참이군요. 그러면 흑은 a, b c 세 곳밖에 놓을 곳이 없읍니다.

太郎 저는 흑b로 뻗겠읍니다.

勇 그러면 저는 흑a입니다.

大竹 太郎씨의 b가 정해입니다. 우선 1도의 흑1 구부리기는 알고 계시는 바와 같이 우형이지요. 백2에 자리잡고 흑3으로 다가가 백4. 흑쪽이 어렵게 싸우고 있읍니다.

勇 역시 안됩니까.

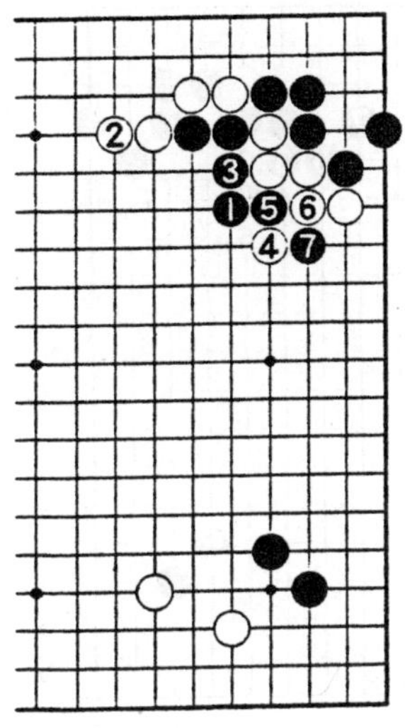

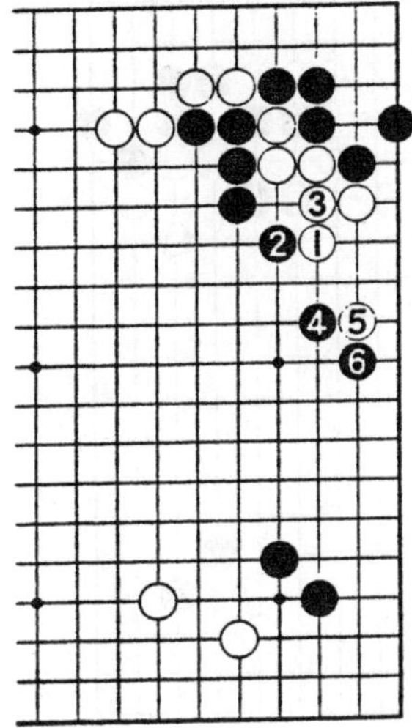

太郎 2도 혹1 뛰기는 자신이 없었읍니다만.

大竹 백의 뛰기를 두려워 했던 것이지요? 그것은 다음 페이지에서 다루겠읍니다만, 우선 혹1에는 백2의 준비가 필요하겠지요. 혹3으로 이어 백4 뛰기에 혹5 내기. 백6 잇기에 혹7 끊기로 백이 무너집니다.

太郎 여기까지 읽지 못했읍니다. 백3으로 내어 끊으면 곤란하지 않을까 하고 생각했읍니다.

大竹 백은 2의 준비가 빠져있는 것입니다. 그럼 혹3. 어떻읍니까?

太郎 2도 백4 뻗기로 3도 백1 걸치기 아닐까요?

大竹 혹2 마늘모 붙이기를 살려 4. 백5 붙이기에도 혹6 누르기로 아웃. 도저히 도망칠 수가 없군요.

太郎 선생님, 4도 백2의 세우기였더라면 혹3으로 좋

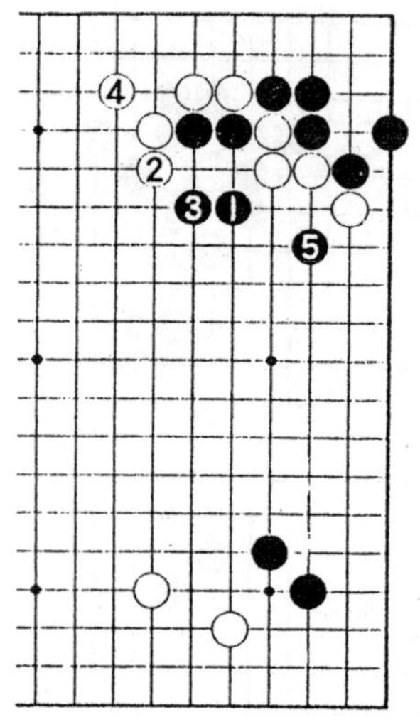 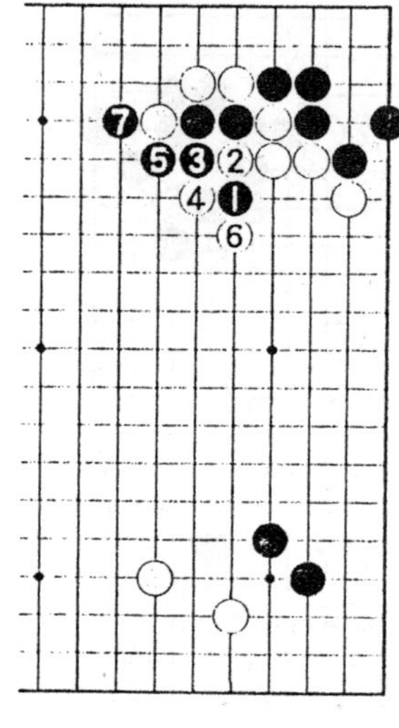

4
도

5
도

읍니까?

大竹 백4로 걸어붙이면 혹5로 급소에 일발. 백2 세우기는 형을 갖출 수 없어 미스입니다.

太郞 그러면 **5도** 백2 내어 끊기에 대해 부탁드립니다.

大竹 太郞씨의 걱정은 무리도 아닙니다. 뒤를 잘 읽어두지 않으면 일을 망칠 테니까요. 그럼 백2에 혹3부터 7로 나누어 바꾸지요. 이것이 쌍방 최선의 나누기입니다.

太郞 과연 쌍방 안전한 나누기가 되었군요. 그러나 혹2점이 무거운 모습이 되는데 이것도 어쩔 수 없는 것입니까?

大竹 그렇읍니다.

勇 선생님 6도는 화점 바둑이지요?

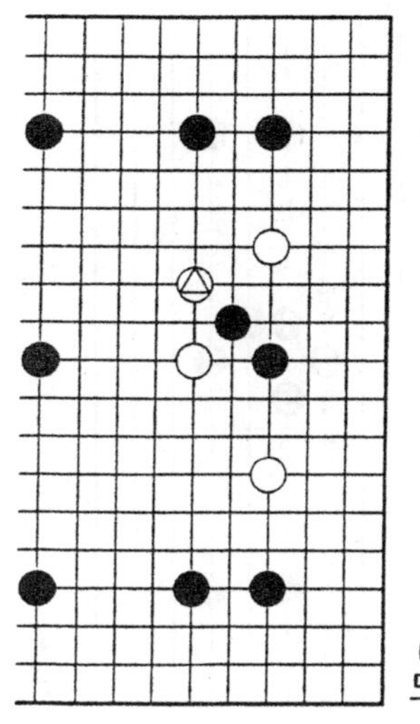

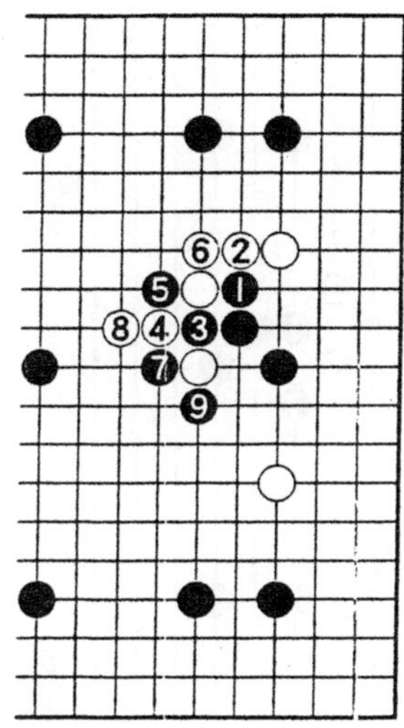

6
도　　　　　7
도

大竹 勇씨에게 맞는 실례(実例)입니다. 지금 △으로 걸쳐진 참입니다.

勇 하하, 그러면 흑은 어떻게 탈출하느냐 하는 것이죠.

大竹 그렇읍니다. 도망치는 수는 많지만 어떻게 아름답게 탈출하느냐가 문제입니다.

勇 아름답게 하라. 형에 상관없이 도망치는 것이라면 모르지만……

太郎 勇씨에게 맡겨보지요.

勇 그러면 7도 흑1로 우선 내고 3에서 5·7로 끊고 9로 안겠읍니다.

大竹 네 물론 그렇게 탈출할 수 있지요. 그러나 그것은 아름답다고 할 수 없지요.

勇 모처럼 애써 탈출했는데……

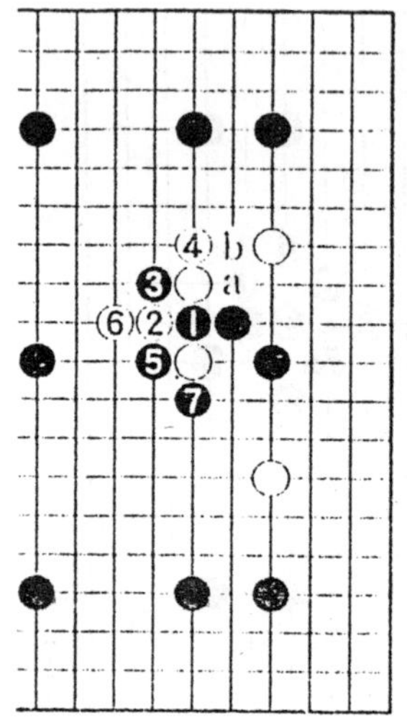

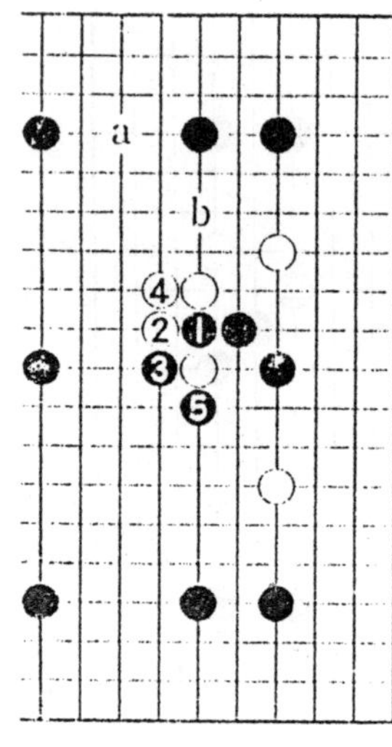

大竹 무조건 도망치면 좋은 것이 아닙니다.

勇 음, 8도 혹1부터 3의 끊기……

太郎 백4에서 7도와 다름이 없잖아.

大竹 太郎씨의 말대로 7도와 다름이 없군요.

勇 그러면 더 줄여야 합니까?

太郎 응, 알았다. 9도 혹1에서 3 끊기가 아닐까……

大竹 겨우 정해입니다. 다만 백의 형도 불안하기 때문에 이어서 백a 뛰어들면 혹b에서 백은 상처 투성이가 됩니다.

太郎 10도 백2 뻗기로 가면 어떻읍니까?

大竹 그렇다면 혹3으로 나가는 것까지입니다. 백4 누르기라면 혹5로 끊읍니다.

勇 음, 양쪽 단수입니다……

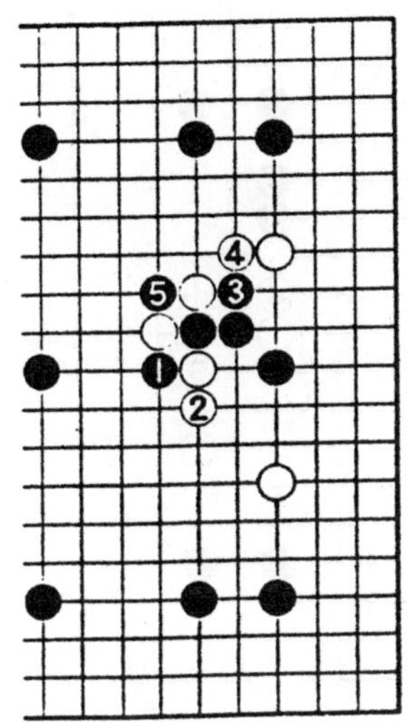

10
도

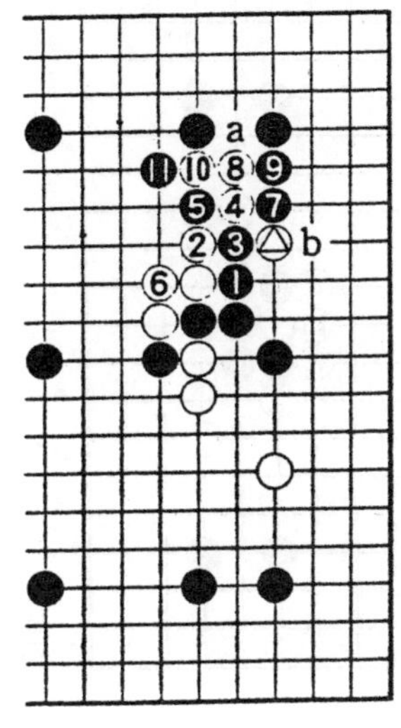

11
도

太郎 백도 비명을 지르겠군요. 그때 백 4 로…… 아, 11 도 백 2 로 당기는 수가 있나요?

大竹 그렇읍니다. 太郎씨, 흑 차례로 해 보십시오.

太郎 그러니까, 흑 3 에서 5 로 끊고 백 6 에 흑 7 로 댑니다. 백 8 에 흑 9, 백 10 이라면 흑 11 로 조이는 수가 있읍니다. 이것으로 좋겠지요, 선생님?

大竹 그것으로 좋읍니다. 흑 a 로 조이고, b 로 △을 알아 만전을 기합니다.

勇 실로 간단하다고 생각하고 있던 화점 바둑의 놓는 방법도 하기에 따라 아름답게 되기도 하고 지저분해지기도 하는군요. 그러면 이어서 가장 아름답지 않은 놓기를 보여 드리지요.

太郎 어떤 식이 되는지 보기로 하지요.

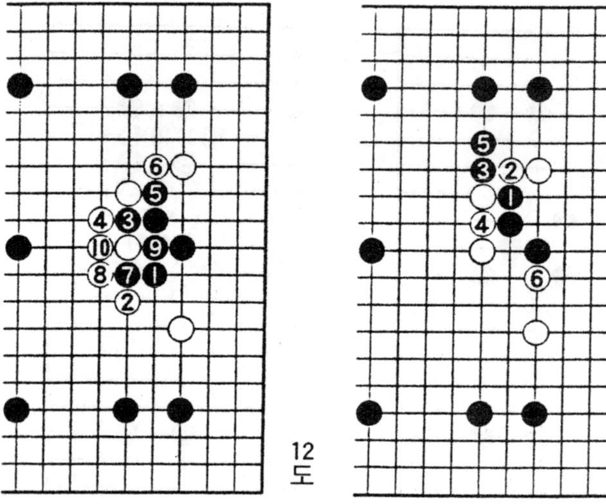

勇 우선 12도 혹1부터 가는 것입니다. 백2에 혹3부터 5·7로 하나씩 내어 갑니까? 최후의 마무리가 혹9 대기. 이런 것입니까?

大竹 훌륭하다고 할지, 뭐라 해야 할지. 더할 나위 없는 악형이군요.

太郎 13도 혹1부터 3으로 끊는 것은……

大竹 백4에 혹5 뻗기, 백6으로 붙혀지는데 이 싸움에서 혹이 유리하게 놓을 수 있으면 화점의 핸디캡이 아닌 것입니다.

太郎 선생님, 14도, 진행부터 이야기가 '아름다운 도망'이 되는 것이군요.

大竹 네. 여섯 점 이상의 백에 상당하는 수단입니다만 백5의 칼끝은 자주 볼 수 있읍니다. 그리고 혹6으로 대

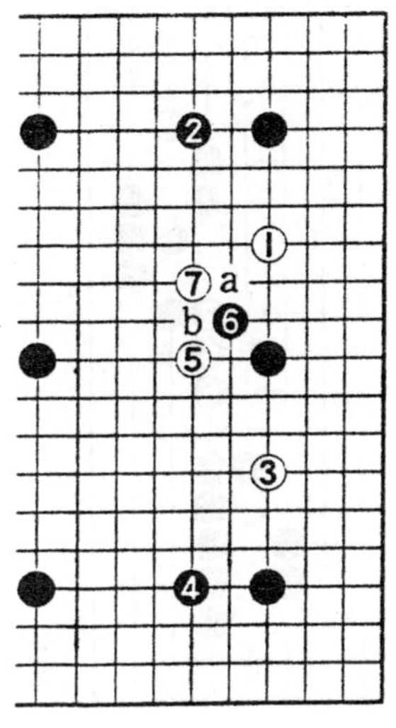

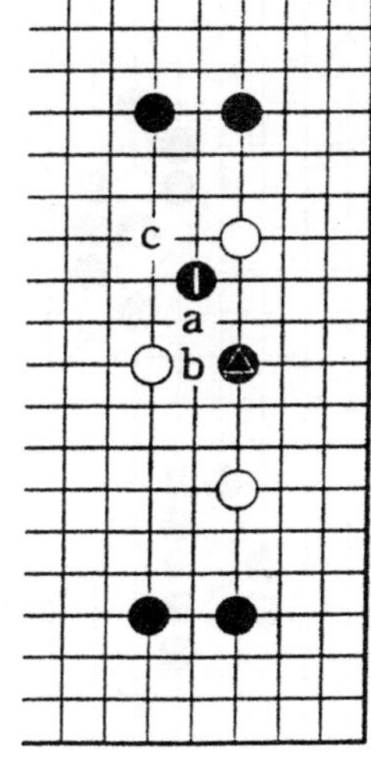

각선 때 백7로 건 것이 6도라는 뜻입니다. 혹은 a나 b의 결점을 잘 보아 9도의 진행을 가져가야 합니다. ' 탈출할 때는 상대의 결점에 주의한다' 라는 테마입니다.

太郎 14도의 마늘모로 좋읍니까?

大竹 그렇읍니다. 혹이 아름답게 탈출하기에는 15도 혹 1 날일자쪽이 좋겠지요. 그러나 혹a나 b도 있읍니다. 경우에 따라서는 일부러 혹c로 칼끝을 젖혀 ●을 버리고 놓는 방법도 없지는 않읍니다.

太郎 勇씨도 할 수 있는 대상이 아니군요.

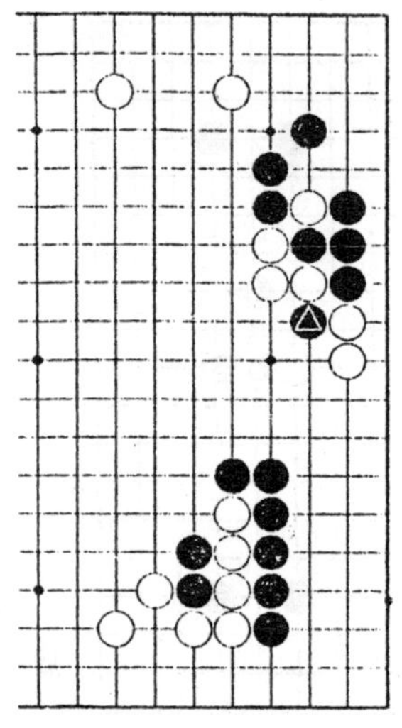 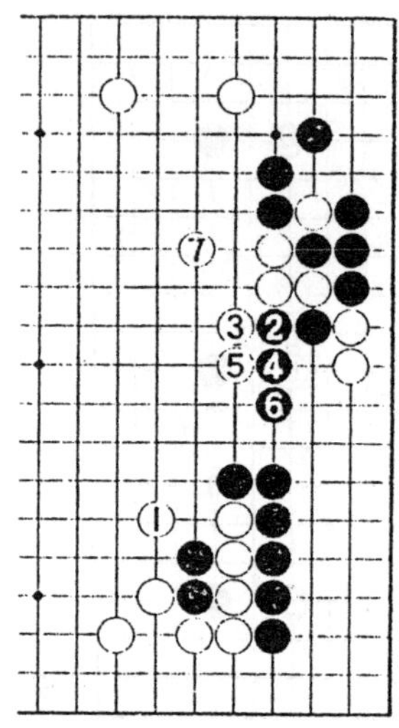

〈휴게실〉필요한 돌과 쓸모없는 돌을 분간하자

大竹 돌을 버릴 때에 주의해야 할 것은 그것이 버리기에 적당한 것인가 어떤가를 아는 일입니다. 버려야할 돌이라면 주저없이 버리는 것이 좋을 것입니다. 이 점을 이미 두 분은 충분히 인식하고 계시겠지요.

勇 돌의 수에 눈이 어두워 곤란합니다.

大竹 우선 하지 않으면 안될 일은 돌의 수에 얽매이지 않는 것입니다. 1도, 어느 돌이 필요한 돌인지……

勇 우변 ● 한 점이 중요한 돌입니다.

大竹 그렇읍니다. 2도 백1로 두 점을 보였을 때 우변을 도망시키는 것은 불리합니다.

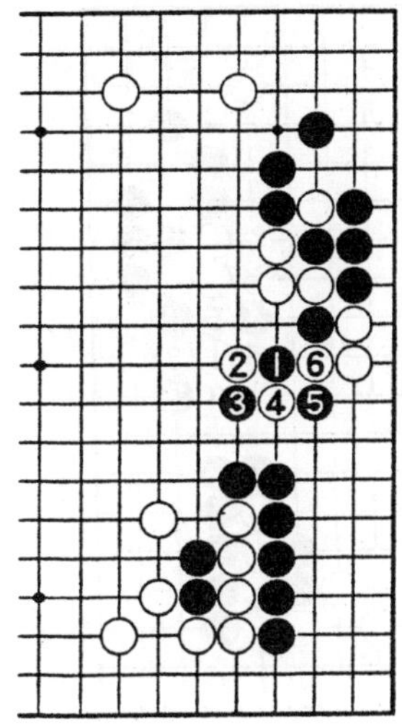

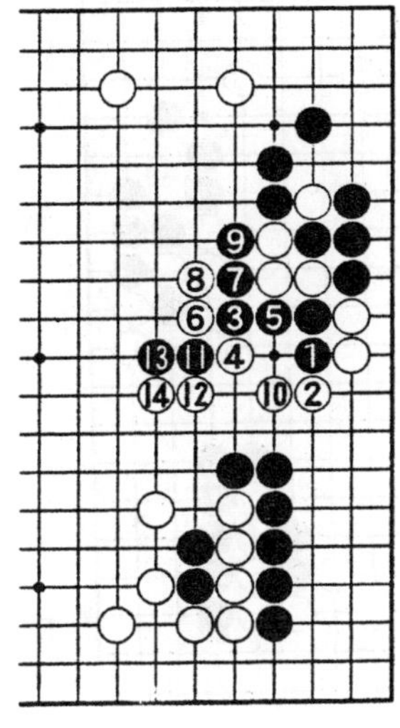

太郞 혹2에서 6으로 도울 수 있겠지요? 백7로 지키면 어떻읍니까.

大竹 백은 필요없는 돌을 취하고 혹은 필요한 돌을 도와 우변은 일기 통관(一氣通貫).

勇 3도 혹1 등은 혼동되지요?

太郞 백2로 붙이고 혹3이라면 백4로 끊어 혹5, 그리고 백6으로 연락 O·K입니다.

大竹 하하하, 혹3 따위는 터무니 없읍니다. 그 전에 혹1 마늘모에 틈이 있었지요. 역시 2도의 순서로 좋겠지요. 2도는 혹 우형이지만 이런 것이지요.

太郞 4도 혹1은 막히지 않나요?

大竹 백2 이하 14 정도가 되어도 혹은 생기지 않읍니다. 백4·6·8로 세 점은 버려지니까요.

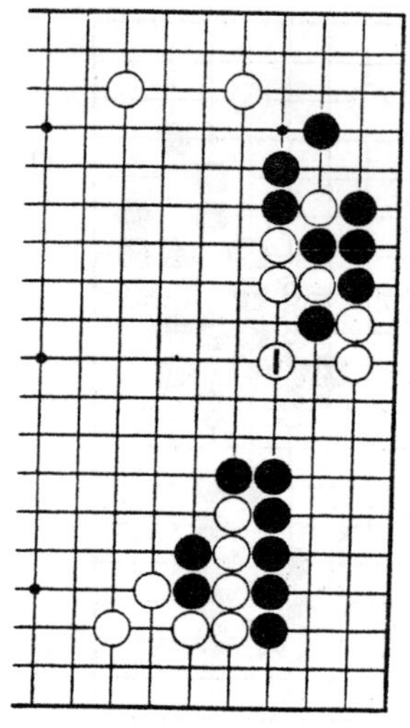

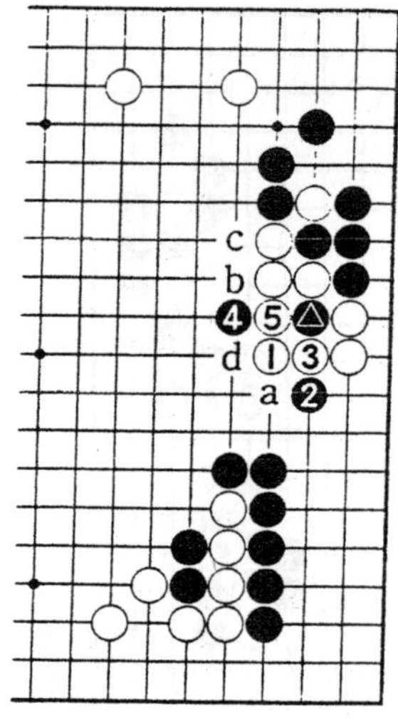

太郎 역시 2도 흑2의 우형으로 귀결되는군요.

大竹 그렇읍니다. 돌을 취할 때는 제일 먼저 단단히 취해 두는 것이 좋겠지요. 5도 백1이라면 흑 한 점의 책동은 불가능합니다.

太郎 예를 들면, 6도 흑2에서 4를 놓아도 상관 없읍니까?

大竹 그렇게 놓는 것은 상관 없읍니다. 일단 백을 살려 두었으니까요. 그러나 이 백을 취할 생각을 하면 안됩니다. 반드시 흑은 무리가 생길 테니까요.

太郎 백1로 놓는 수에서 a의 날일자는 안됩니까?

大竹 흑5, 백4, 흑b, 백c, 흑d로 탈출시킬 위험이 남아 있읍니다. 책동의 여지는 조금도 남기지 않는 것이 안전합니다.

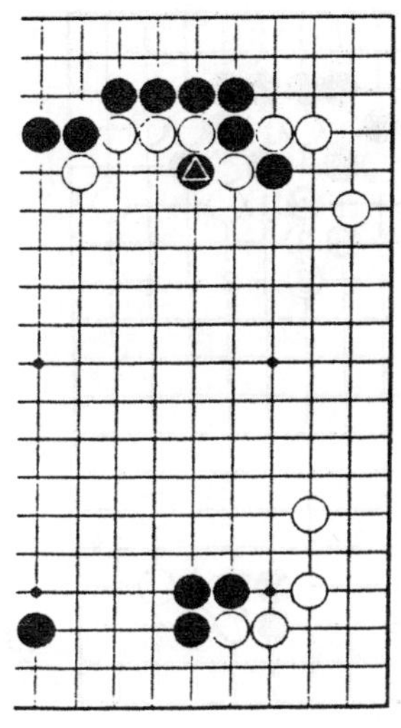

7도

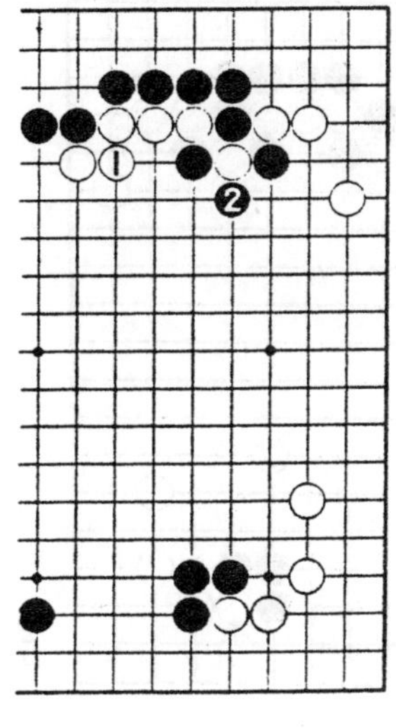

8도

勇 7도도 필요한 돌과 필요없는 돌의 예제입니까?

大竹 네. ●으로 끊어졌읍니다. 백의 차례로 어디를 도 와 어디를 버리는 것이 좋은가 하는 문제입니다.

勇 이것은 이미 알고 있읍니다. 저도 영리해졌으니까 요. 그러나 조금 헷갈리는군요.

太郎 정해를 맞추어 보십시오, 勇씨.

勇 …… 역시 8도 백1로 잇는 것인가? 혹2의 빼기 는 어쩔 수 없는 것이고……

大竹 아직 영리해지지 못하셨군요. 혹2의 '빼기 허락 지 말라'입니다. 왼쪽의 백 다섯 점은 근거는 없고 앞서 가도 불안하지 않읍니다. 요컨대 수에 얽매여 필요없는 돌 을 이은 것입니다. 필요한 돌을 빼어서는 안됩니다.

勇 太郎씨가 옆에서 참견하는 바람에……

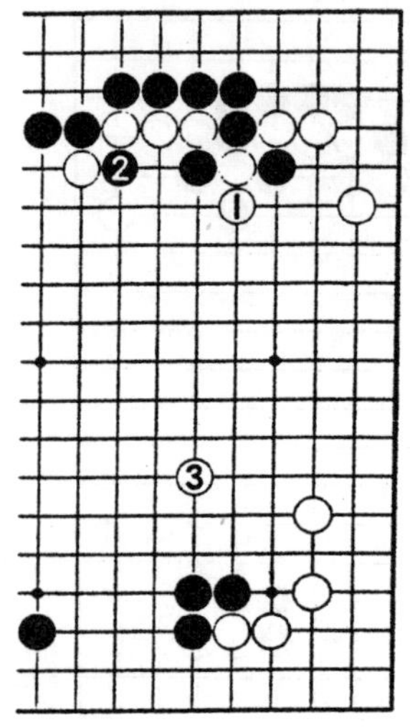

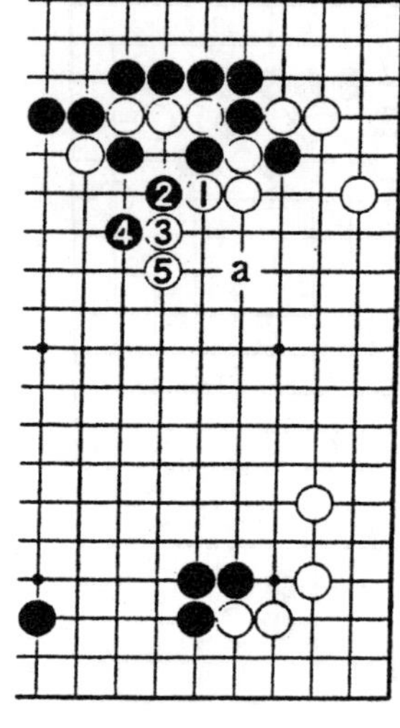

太郎 아니, 나는 관계 없읍니다.

大竹 9도 백1로 한 점쪽을 뻗어야 합니다. 혹2로 세 점은 취해집니다만 양쪽을 도울 수는 없으므로 어쩔 수 없읍니다. 여기에서 백3 눈목자에 준비하는 것에 불만은 없겠지요?

太郎 9도 백3에서 10도 백1로 가는 것은 안됩니까?

大竹 그런 식으로 두는 것도 좋지 않읍니다. 백5까지 놓을 수 있읍니까?

太郎 조금이라도 커가면……

大竹 맛이 나빠질 뿐입니다. 혹a의 틈을 남기고. 어려운 문제를 푸느라고 지치셨지요. 맛있는 것이라고 들며 피로를 풀어 주십시오.

제 3 장

우형(愚形)이
좋을 것 같으면

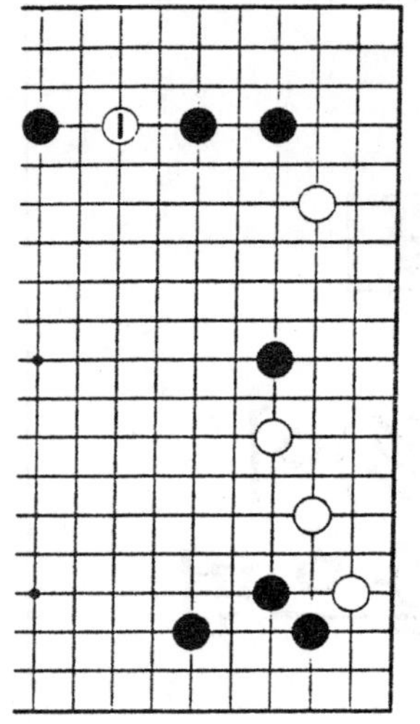

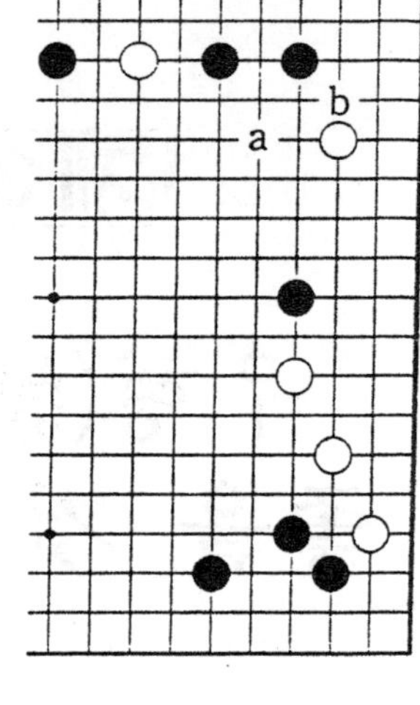

뛰어들기에 당황하지 말라

大竹 여러분 안녕하십시까. 두 분 모두 그리 밝지 않은 표정이시군요.

勇 테마 때문이지요.

大竹 아, 약해지실 것 없읍니다. 오늘 공부로 여러분은 형에 대해 잘 알게 되실 것입니다. 그것은 제가 보증하겠읍니다.

太郎 정말이십니까? 大竹 선생님이 그렇게 말씀하시니 마음이 든든해지는군요.

大竹 그러면 여러분 **제 1 형**처럼 백 1 로 양쪽이 걸렸다면 어떻게 하시겠읍니까?

太郎 저라면 1 도 흑a의 중앙으로 일찍 도망치겠읍니다만……

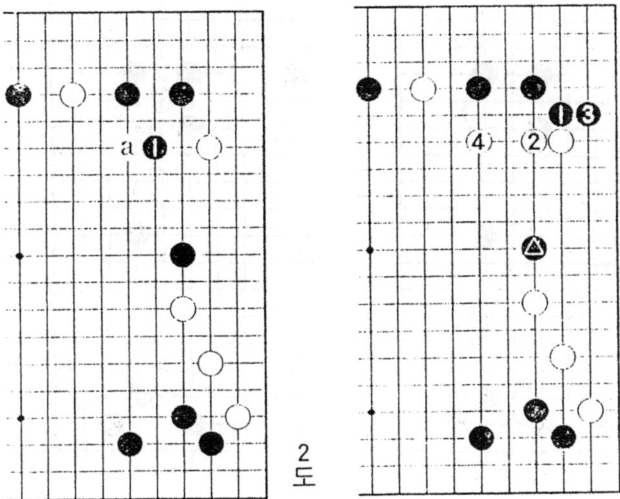

勇 저는 흑b로 대각선으로 붙여 구석을 안정시키고 싶은데요.

大竹 과연 예상대로의 해답이군요. 두 분 모두 실패입니다.

勇 네?

大竹 첫째, 2도 흑1은 '술병 형' 또는 '개의 얼굴'이라고 불리우지 않읍니까? 굳은 형의 대표적인 것이라고 할 수 있지요.

太郎 개의 얼굴이나 말의 얼굴이라는 말을 들은 적이 있읍니다. 이것이 그것이군요.

大竹 그렇읍니다. 우선 놓아서는 안될 수로 기억해 주십시오. 좌우 어느쪽의 백에게도 영향이 없는 박력 없는 수입니다. 다만 한길 왼쪽 a로 놓으면 이것은 바른 수가

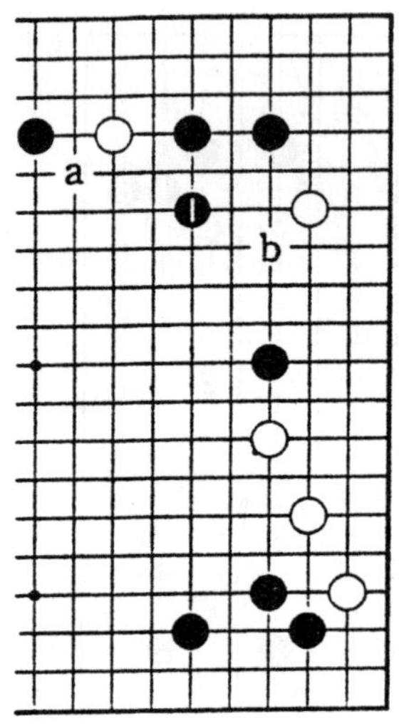

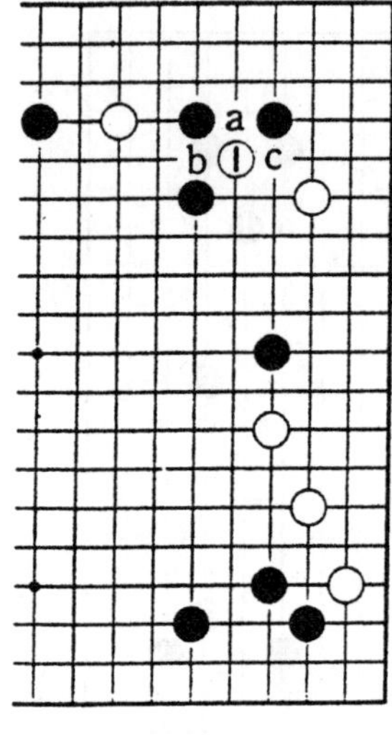

되어 아름다운 놓기가 됩니다. 이 한길의 차가 큰 것입니다.

　　勇　저는 3도 흑1부터 3까지입니다만.

　　大竹　백2·4로 굳혀서는 안됩니다만, 흑3에서는 4로 뛰면 좋읍니다.

　　勇　그 말을 듣고 보니 그렇겠다는 생각이 드는군요.

　　大竹　절대로 좋지 않은 놓기입니다. 백4로 ● 한 점이 외톨이, 쓸쓸하기만 하지는 않나요?

　　勇　음, 그것도 안됩니까?

　　大竹　정해는 4도 흑1 한 칸 뛰기가 아름답기도 하고 경쾌하기도 합니다.

　　太郎　한길 차라는 것이 의심스럽군요.

　　大竹　흑1을 太郎씨는 '빨리 피하기'라고 하셨읍니다

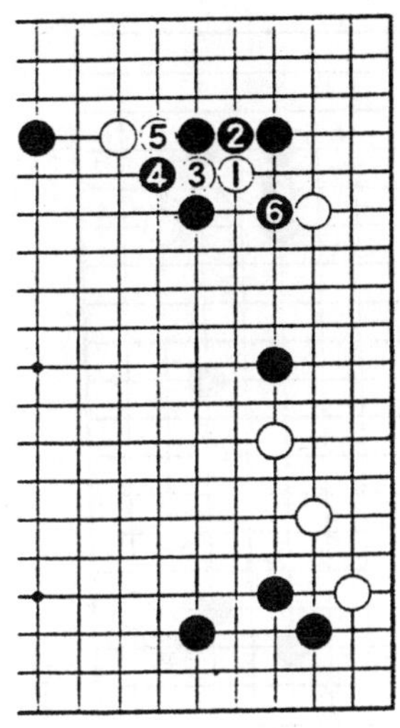

6
도

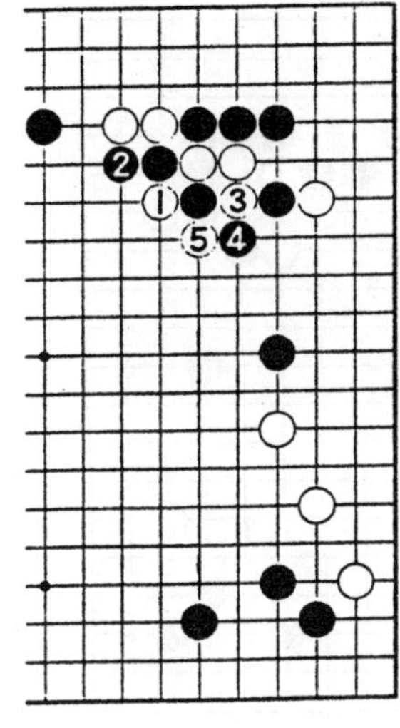

7
도

만, 혹은 a나 b로 백을 압박하는 수단이지 결코 도망치는 수가 아니라는 것을 잘 기억해 두십시오.

　勇　네. 그러나 大竹 선생님. 5도 백1로 빼어가지 않읍니까? 웬지 기분이 좋지 않군요, 옆구리에 비수를 맞을 것 같아서……

　大竹　혹a, b, c 어디로 받아도 괜찮읍니다.

　勇　그러면 우선 6도 혹2 잇기부터 부탁드립니다.

　大竹　백3부터 5로 끊어 갑니다. 이렇게 끊겼다고 혹은 당황해서는 안됩니다. 太郎씨 어떻게 놓으시겠읍니까?

　太郎　혹6으로 걸치는 한 수?

　大竹　좋읍니다. 걸치는 한 수입니다. 이것을 놓을 수 있으면 太郎씨도 이제 보통이 아닌 것입니다. 그런데 이 다음이 문제로 맥과 속맥의 갈림길입니다……

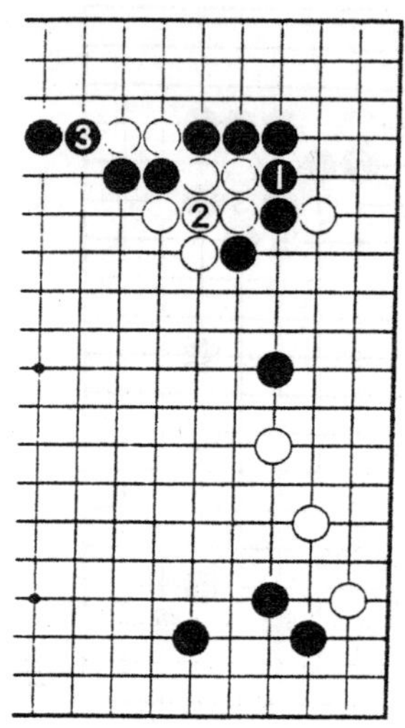

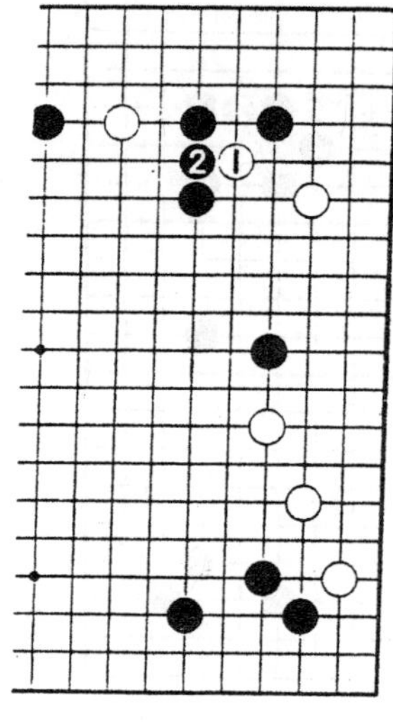

勇 잠시 기다려 주십시오. 이번에는 제 차례이니까요.
7도 백1로 대어 3으로 탈출하는 것이 아닐까요.

太郎 저도 그 길밖에 없다고 생각합니다.

大竹 흑2에 백3으로 나가는 것입니다. 흑4로 눌러지면 어떻게 할 생각입니까?

勇 백5로 뺍니다.

大竹 하하하, 빼기에 눈이 현혹되었군요.

太郎 勇씨가 7도에서 백1·3으로 끊어 갔기 때문에 백은 경단이 되어 버린 것입니다.

勇 음, 할 말이 없습니다.

大竹 太郎씨의 말씀 그대로입니다. 7도의 백1 끊기에서 5로 빼었읍니다만, 이것은 먹을 수 없는 것입니다.

勇 그렇읍니까? 그러면 9도 백1에 흑2로 잇는 변화

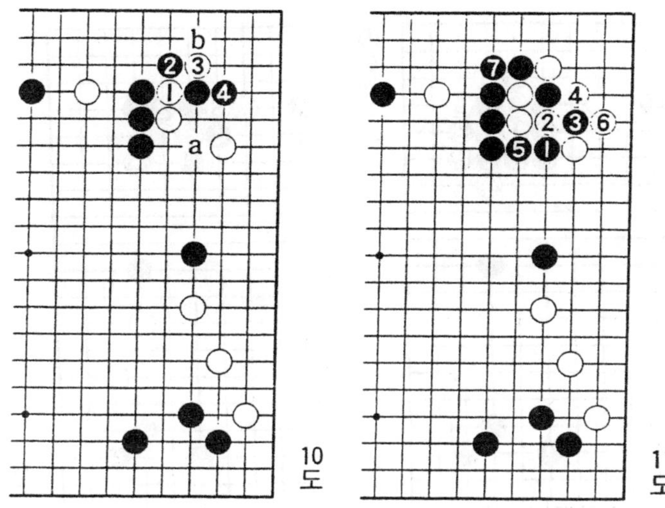

는 어떻읍니까?

大竹 경단 만들기입니다. 프로의 바둑에는 거의 경단을 만드는 일이 없읍니다만 여러분은 일상적으로 만들겠지요.

太郎 자주 있지요. 그럼 10도 백1에서 3으로 내어 이어 가는 방법을 생각할 수 있는데 흑4로 좋읍니까?

大竹 좋읍니다. 그리고 다음에 흑a와 b의 안기를 균형이 되게 합니다. 이것도 일종의 '끊기를 달리하여 한쪽으로 뻗어라' 이지요.

太郎 아아. 그러면 선생님, 이런 조이는 맥은 어떻읍니까? 10도 흑4 뻗기로 11도 1의 장문입니다.

大竹 그것은 백4·6으로 빼어져 땅의 손해가 너무 많읍니다. 조이기라는 것은 상대에게 잇기를 많이 놓게 하는

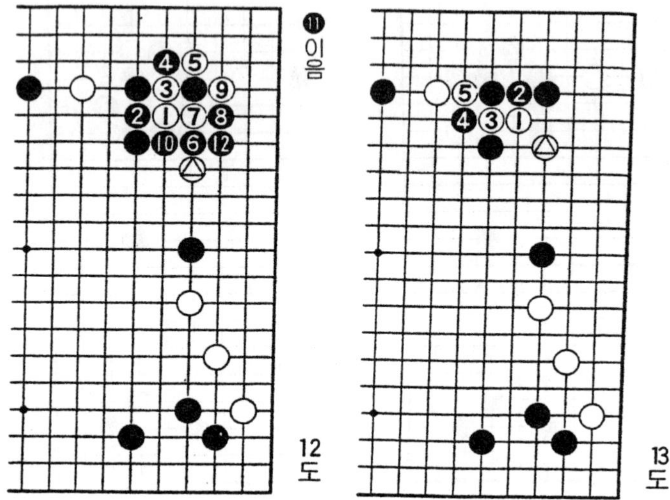

것입니다. 그것에 주의하셔야 합니다.

太郎 선생님, 12도는 백이 △의 두 칸 높이 걸치기가 되어 있읍니다만……

大竹 잘 알아 차리셨군요. 이번에는 조이기가 효과를 보이는 형입니다. △의 한 점이 기운이 없다는 것을 놓치지 마십시오.

太郎 아, 백3·5의 내끊기에 대하여 역시 흑6인가요. 백7이라면 흑8에서 10으로 조이겠읍니다. 아, 백11 잇기라면 흑12에……

勇 선생님, 이어서 13도와 같은 백의 한 칸 높이 걸치기도 해보십시오.

大竹 한 칸 높이 걸치기와 백1의 빼기는 강렬한 것이지만 백5 끊기까지는 마늘모 걸침과 같습니다.

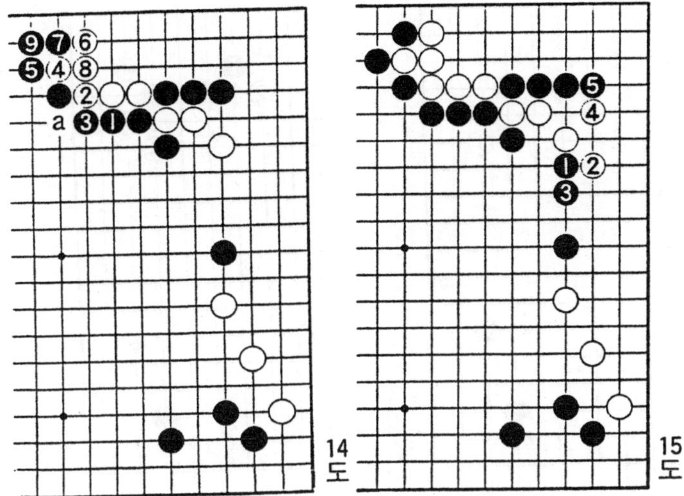

太郎 혹은 뻗어 붙이기를 놓아 조이기 태세로 들어갈 수가 없을 텐데……

大竹 괜찮읍니다. 14도 흑1로 상변의 백을 밀어가는 것이 강하게 놓는 방법입니다. 백3으로 젖혀 올릴 수 없으므로 2로 이어 붙이면 흑3에서 5로 2단 젖혀 백을 상변에 밀어 붙이면 되는 것입니다.

太郎 혹9로 붙이는 것입니까?

大竹 그것이 가장 강렬하여 아마 백은 죽을 것입니다.

太郎 네!!

大竹 혹9에서 a로 이어도 충분하고, 놓인 바둑이라면 이것으로 안심입니다. 15도 흑1로 붙여가 백2 젖히기라면 흑3으로 당겨 두면 오른쪽의 백도 꼼짝할 수 없읍니다.

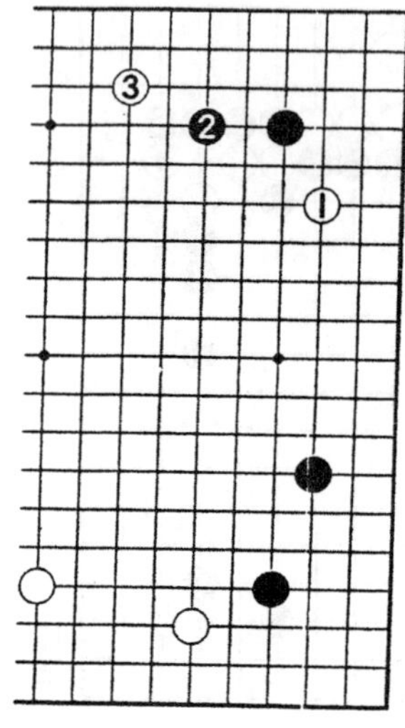

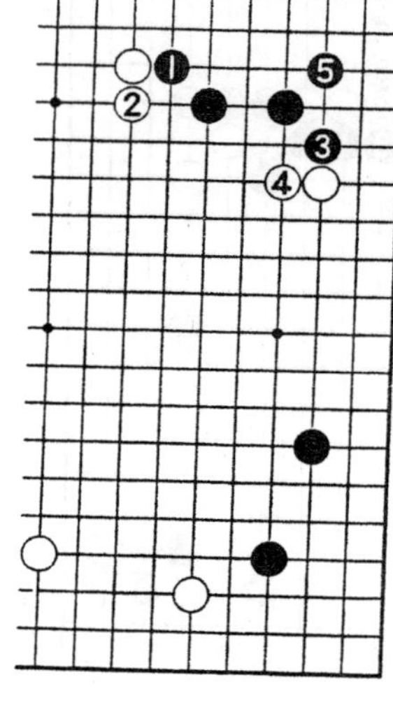

양 걸침을 두려워 말라

大竹 이어서 또 한가지 양 걸침에 대한 대책입니다. 아마 두 분 모두 양 걸치기에는 상당히 골치를 썩고 계시겠지요.

勇 정말 그렇읍니다. 한번 몰아 세우고 싶읍니다만.

太郎 네, 저도 그렇읍니다.

大竹 그럼 勇씨도 **제2형** 백 1·3의 양 걸침에, 1도 흑 1에서 3으로 위축된 수를 놓은 적은 없지요?

勇 네.

太郎 역시 2도 흑a 뛰기로 좋읍니까?

大竹 아 좋지요. 흑a나 b의 수는 옛날 바둑 책에는 모두 간명하게 나와 있읍니다. 즉 이 방법은 다음에 우변과 상변의 끼우기를 균형이 되게 하니까요. 물론 이것은 현대

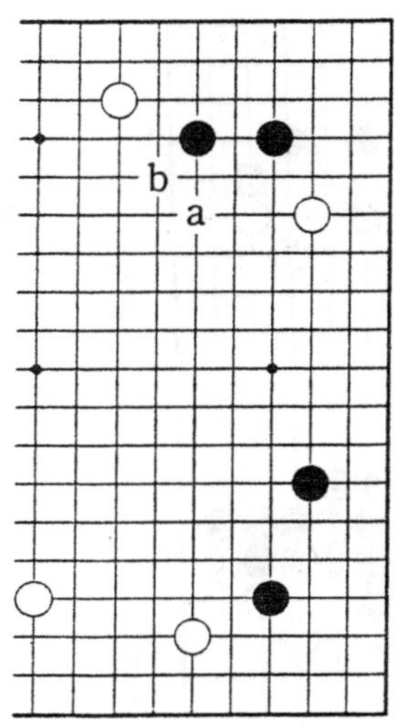

2도

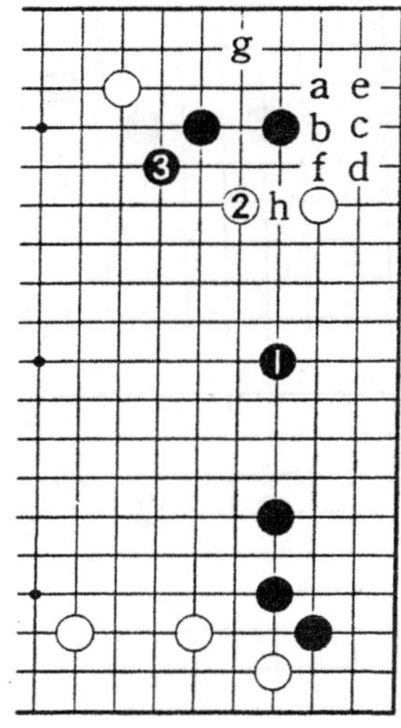

3도

에도 훌륭하게 통용됩니다만, 이것 보다도 더욱 강렬한 수가 있는 것입니다.

太郎 네? 어떤 수입니까?

大竹 3도 우상 구석이, 이런 배석의 국면은 놓인 돌에서는 아주 많습니다만 흑1로 끼워 백을 공격합니다. 만일 백2로 솔직하게 뻗어내면 흑3의 마늘모가 좋은 상태가 되는 것입니다.

太郎 백2에서 a의 3·3에 갈 것 같은데요.

大竹 백a라면 구석을 주고 이하 부호대로 흑h의 젖히기로 돈 충분한 형세가 되겠지요.

太郎 4도 왼쪽 구석에 흑이 있을 때는 백1에 대해서는 흑2로 끼우는 것입니까?

大竹 그렇읍니다. ●을 활용하지 않는 수는 없읍니다.

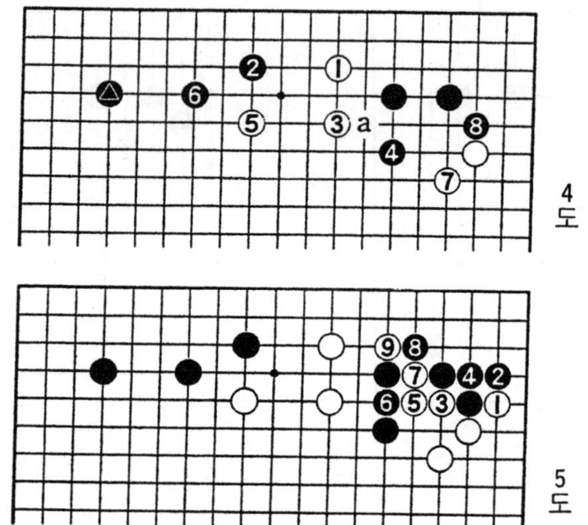

혹a로는 미지근한 느낌입니다. 백 3 으로 뛰어 내면 이번
에는 혹 4 가 호수가 되지요. 제 1 형의 뻗기와 같읍니다.
그리고 백 5 ……

　勇 혹 6 으로 날일자지요? 칼끝에 날일자는 좋으니까.

　大竹 그렇읍니다. 그리고 백 7 로 대각선으로 놓았읍니
다만, 이번에는 혹은 어디입니까?

　勇 그러니까, 혹 8 마늘모 붙이기?

　大竹 좋읍니다. 그 수입니다. 이것을 알았으니 勇씨 대
단합니다.

　勇 어쩌다 맞춘 것이지요.

　大竹 그래도 날카롭습니다. 남은 것은 **5 도** 백 9 까지의
진행입니다.

　太郎 **5 도**의 뒤는 모르겠읍니다.

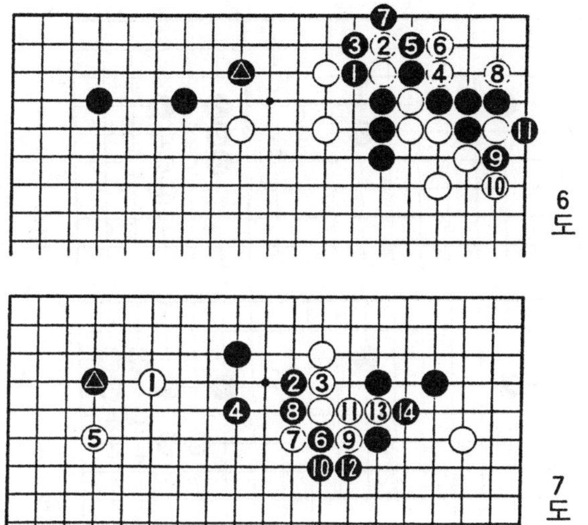

大竹　6도 흑1로 대면 좋겠지요. 백8의 붙이기에 흑 9·11로 빼는 것입니다.

太郎　네? 이것으로 흑이 좋은 것입니까?

大竹　의심스러우면 해 보십시오. 가능하면 머릿속에서 수를 잘 읽으면 좋지요. 그 다음 바둑판에 놓아 확인해 보십시오. ●의 끼우기에서의 변화를 그릴 수 있으면 이미 5단의 실력입니다.

太郎　7도의 백1 등으로 혼동을 기할 지도 모릅니다.

大竹　그러나 흑2로 빼기를 살려 4로 뛰어 내고, 백5의 양 걸침에 흑6이 좋은 수. 백7 이하 13에서도 흑14로 백 아웃.

太郎　좌상 구석의 ● 한 점이 있으니 아직 완전히 봉쇄된 것이 아니지 않습니까?

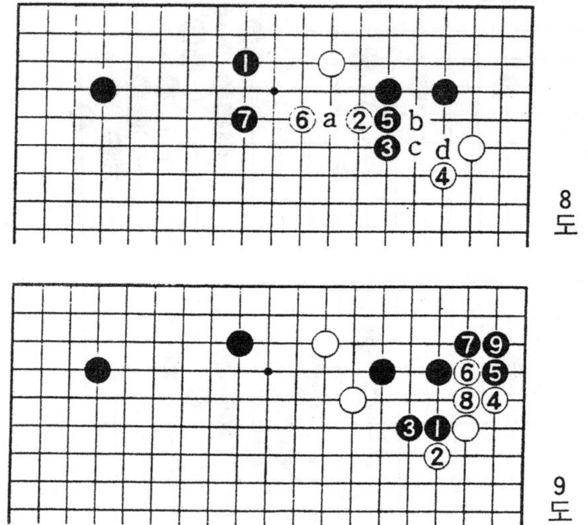

大竹 그러나 8도 흑1 끼우기에 대해서 백은 반드시 a 로 뛸 것이라고는 할 수 없고, 백2 등으로 걸쳐오는 경우도 있읍니다. 이런쪽의 대책이 필요합니다. 그래서 진가를 발휘하는 것이 흑3으로 뛰는 맥인 것입니다. 백5로 내면 흑b, 백c, 흑d로 상대할 수 없읍니다. 그러므로 백4로 대각선으로 들어가는 것이겠지요. 그렇다면 흑5로 단단히 이으면 완전합니다. 훌륭한 돌의 모습이 되었지요?

太郎 그리고 백6의 날일자라면 흑7로 뛰어 호조가 된다는 것입니까?

大竹 훌륭합니다. 이런 돌의 움직임이 가능하다면 두려울 것이 없겠지요. 흑의 형은 안정되어 있고 허술한 점도 없읍니다. 또 8도 흑3 뻗기에서 9도 흑1로 붙이는 수도 있읍니다. 이하 흑9까지 구석을 굳혀 백을 쫓아냅

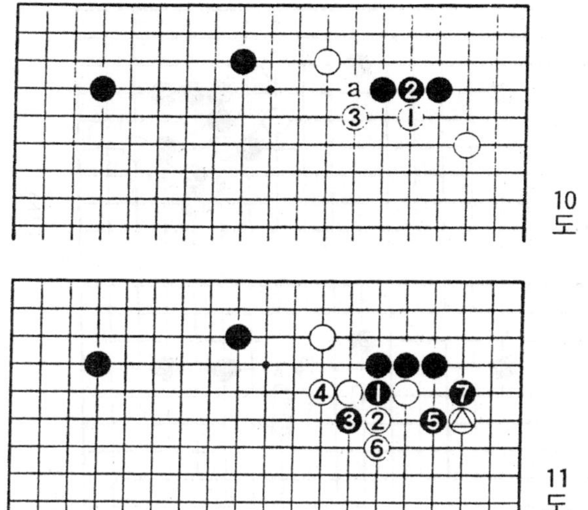

니다.

　太郎 선생님, 자주 10도의 백1로 빼어가는 일이　있읍
니다만.

　大竹 혹2 잇기에 백3으로 걸치는 것이군요. 서툴게 하
면　끼워지는데, 太郎씨도 그랬읍니까?

　太郎 그렇읍니다.　혹a에서 내어가는 것입니까?

　大竹 그보다 오히려 11도의 1로 나가 백2라면 혹3
으로　가십시오.　백4 뻗기라면 혹5, 백　6　뻗기라면 혹
7로 눌러 △의 행동을 막는 것입니다.

　太郎 웬지 그런 것 같았읍니다.　다만 혹5・7의 붙여
누르기 등은 좀처럼 잘 놓아지지 않지 않읍니까?

　大竹 아니 지금은 놓으십시오.　우물쭈물하다가는 끼움
수에 걸립니다.　그리고 11도 백6으로는 12도 백1로 젖

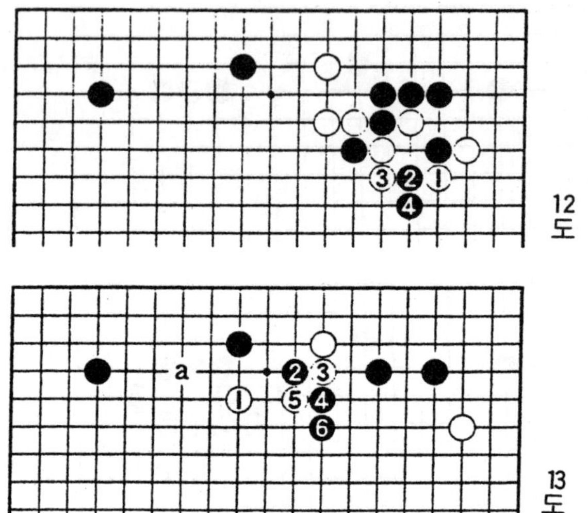

12
도

13
도

혀갈지도 모릅니다. 그렇다면 흑2로 2단 젖히는 것이 강수입니다.

太郎 이어서 백3 이어붙이기라면……

大竹 흑4로 뻗어갑니다. 백도 곤란하지 않읍니다, 이것은.

太郎 음, 흑은 단단하군요. 그런데 13도 백1로 갑자기 칼끝이 되지 않을까요……

大竹 흑a로 받는 것은 온화합니다만 흑2로 놓고 백3이라면 흑4로 젖히는 것이 강력한 놓기입니다. 백5 끊기에 흑6으로 뻗어갑니다.

勇 이 다음이 자신이 없읍니다. 두렵읍니다.

大竹 그럴까요. 해 보겠읍니까, 勇씨?

勇 14도 백1·3으로 대어갑니다.

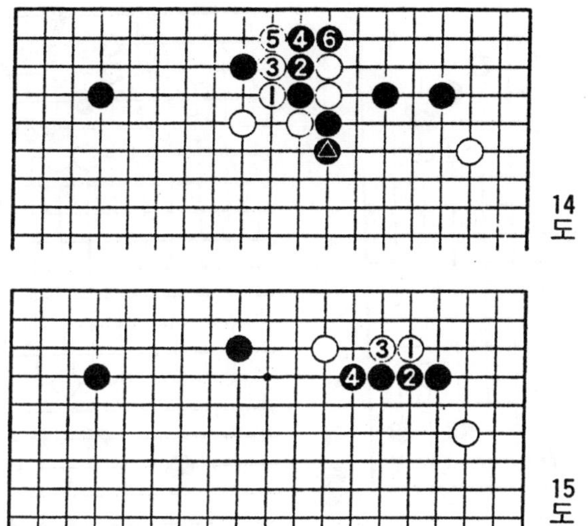

太郎 이것은 혹4·6으로 취할 수 없군요. 다만 백5로 내려진 형이 되어도 좋을까요?

大竹 이 경우는 허락됩니다. 실리가 크고 상변의 혹 한 점은 가벼운 돌입니다. 그리고 ●으로 뻗어간 모습이 바람직합니다.

太郎 그렇읍니까? 좌상 화점의 혹에도 그다지 영향이 없다는 뜻이군요?

大竹 거기까지 생각하셨다니 놀랐읍니다. 대진보입니다, 太郎씨는. 勇씨도 아셨지요?

勇 예, 알 것 같읍니다.

大竹 그럼 마지막으로 또 한가지. 15도 백1로 잠행해 가는 수도 있읍니다. 혹2·4로 놓는 것이 중요합니다.

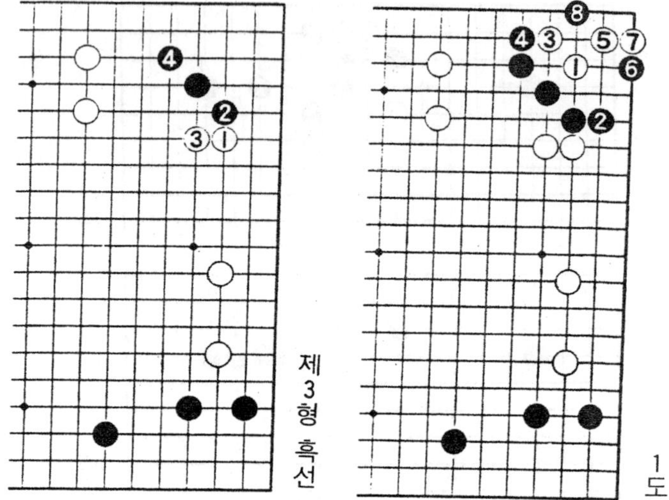

삼총사의 대책은 만전으로

大竹 양 걸치기에 관련된 '삼총사' 놓는 방법도 보도록 합시다.

太郎 부탁드립니다. 일반적으로 '삼총사는 안전' 이라고 합니다만 어떻게 해서 안전한 지는 잘 이해하지 못하고 있읍니다.

勇 그런 놓기가 있었읍니까? 삼총사라는 것은 무슨 말입니까?

太郎 勇씨, 제3형의 흑2 · 4로 3개 비스듬히 늘어놓는 것입니다. 백1로 추격당해도 흑2의 마늘모로 붙이고 흑4로 철벽의 수비를 하는 것이지요.

大竹 太郎씨의 설명 그대로입니다. 그럼 1도 백1로 넣어 들어가면?

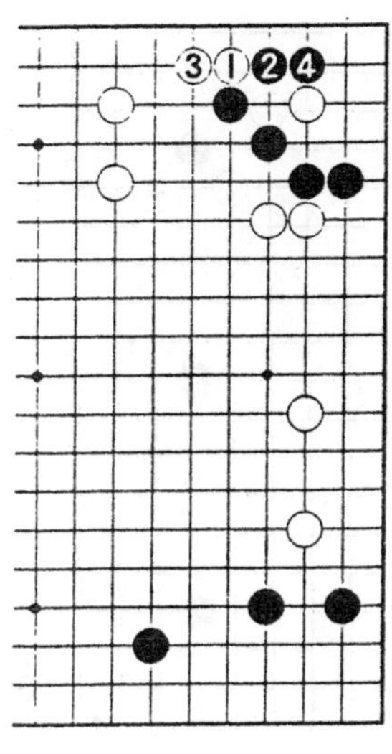

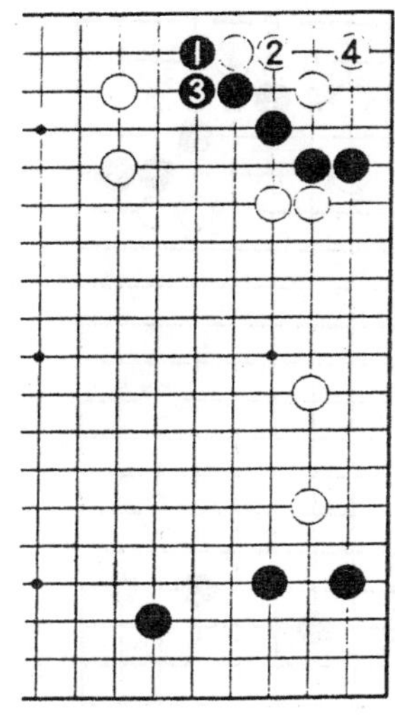

太郎 그것은 잘 모르겠읍니다.

大竹 하하하, 혹2 이하 8이 됩니다.

勇 太郎씨는 예상 외로 의지할 수가 없군요.

太郎 ……

大竹 勇씨,너무 놀리다가는 바둑판에서 적을 만나게 됩니다. 2도 백1로 붙여가는 수밖에 없읍니다. 혹2 누르기에 백3으로 바싹 대는 것입니다. 혹도 4로 구석을 확보하는 참입니다.

勇 선생님, 3도 혹1로 바깥을 누르는 것은 무리일까요?

大竹 무고한 비난은 피할 수가 없겠군요. 백은 2에서 4로 구석에서 살아 있읍니다. 그것은 혹에 눈이 없기 때문에 비극적인 결말이 되는 것입니다.

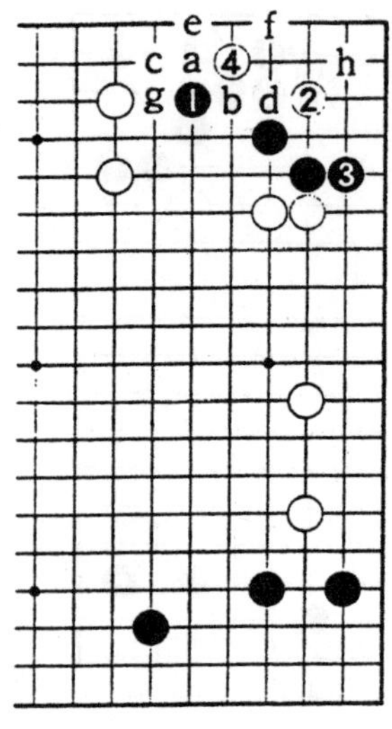

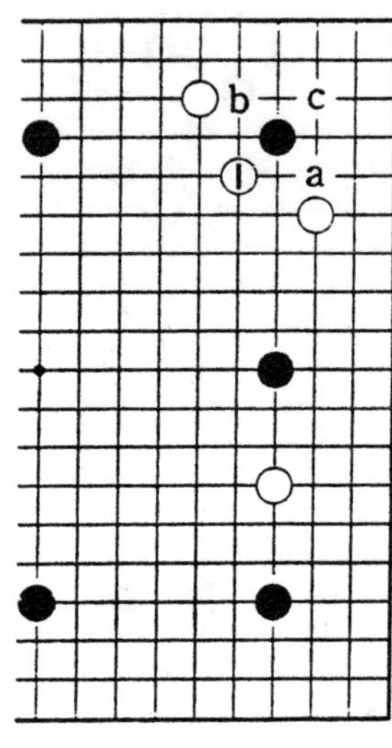

4
도

5
도

勇 그럼 **4도** 혹1로 한길 전진하면 좋을 것 같은데요 ……

大竹 그러나 그것은 위험합니다. 이어서 백2에서 4로 미끄러져 갑니다. 혹은 어떻읍니까?

勇 음, 혹a의 누르기에 백b로 나왔으니까, 혹b일까요?

大竹 혹b 이하 백h까지 진행됩니다. 한 수라도 소홀히 하지 않기를 바랍니다.

太郎 질문이 있읍니다. **5도**를 '3수 뺌' 이라고 하는데 이것도 잘 모르겠읍니다.

大竹 과연 3수 빼기도 양 걸치기인가. 그러나 백1에 혹이 수빼기로, 처음의 것을 '2수 빼기' 라고 합니다. 백1의 봉쇄에 혹a나 b로 마늘모로 붙여 c에 지키는 지는 잘 모릅니다. 백1에 자신이 없으면 처음부터 1의 점에 머

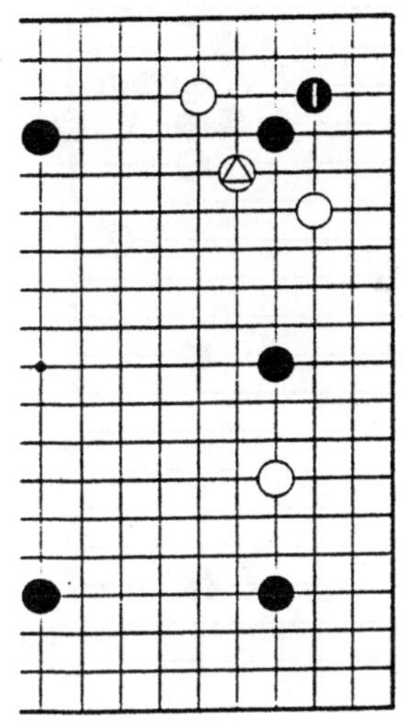
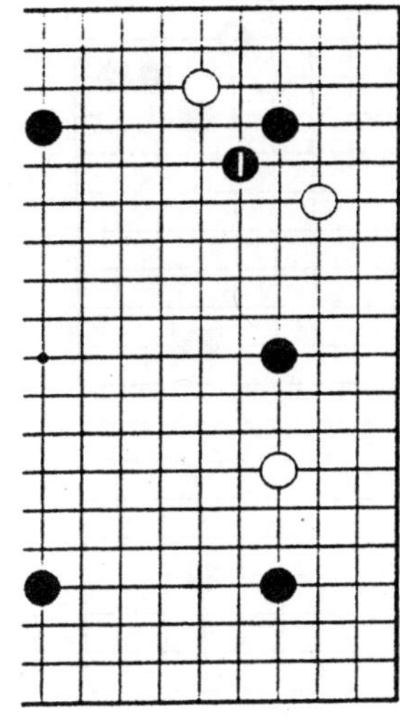

리를 내어야 할 것입니다.

　太郎　勇씨에게 구석의 중요성을 가르쳐 드리고 있었던 것입니다.

　大竹　太郎씨, 매우 좋은 생각이십니다.　흑a · b에서는 분명히 勇씨류라고 할 수 있읍니다.　악수는 아무 것도 없으니까요.

　勇　내가 곧 공격의 대상이 되는 거야?

　大竹　화내지 마십시오.　오히려 감사해야 합니다.　그러면 흑은 6도 1로 3 · 3에 대각선으로 놓는 수밖에 없군요.

　勇　어? 좌우 동형이예요.

　大竹　간명하지요?　勇류는 나쁜 발버둥의 본보기라고 할 수 있읍니다.　△으로 봉쇄된 이상은 생존의 여지는 3

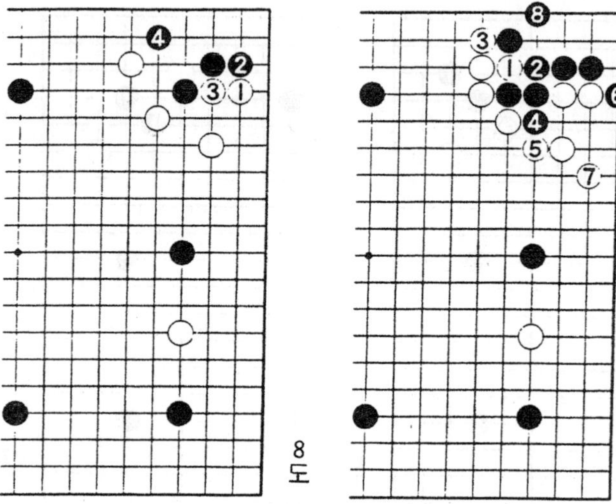

· 3 뿐입니다. 6도에서 자신이 없으면 그 전에 7도 혹
1로 머리를 내어 두면 좋았을 것입니다.

　太郎　그러면 6도에 이어서 어떤 방법이 있읍니까?

　大竹　우선 8도 백1 주위부터 공격해 가는 것입니다.
혹2 받기는 필연. 그리고 백3으로 붙여대면 혹4로 사이
를 벌릴 필요가 있겠지요.

　太郎　혹은 사는 것입니까?

　大竹　네, 이것으로 혹은 살 수 있읍니다. 그러나 뒤를
잘 놓지 않으면 완벽을 기할 수가 없지요.

　太郎　그것은 9도 백1부터 3으로 가는 것입니까?

　大竹　그렇읍니다. 백1·3에는 혹4의 내어 놓기를 한
다음 6으로 제1선을 젖히는 것이 중요합니다. 백7로 받
을 수 있으면 혹3 걸쳐 잇기로 죽지는 않읍니다. 그러나

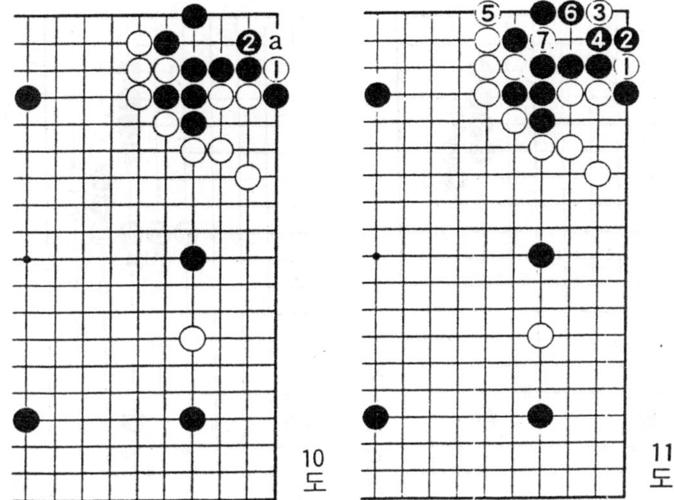

이 뒤도 틀리기 쉬우므로 주의를 요합니다.

　太郎　그것 무엇입니까?

　大竹　10도 백1로 가는 경우입니다. 이것을 흑a로 취하면 죽읍니다. 그것은 다음 그림입니다간, 백1에는 흑2로 구부리기를 놓는 것이 호수로 죽지 않읍니다. 이 ‘2·2’에 흑돌이 없으면 구석은 살 수 없읍니다.

　太郎　상당히 난해하군요. 이 3수 빼기라는 것은.

　大竹　어떻게 해서 죽지 않는가는 각자 늘어놓아 보십시오. 그리고 숙제였던 11도 백1에 흑2로 취하는 것은, 백3 두기 이하 7로 아웃입니다. 10도 구부리기를 명기해 두었으면 합니다.

　太郎　여러 가지로 폐를 끼쳤읍니다. 이것으로 구석의 사활은 완벽합니다.

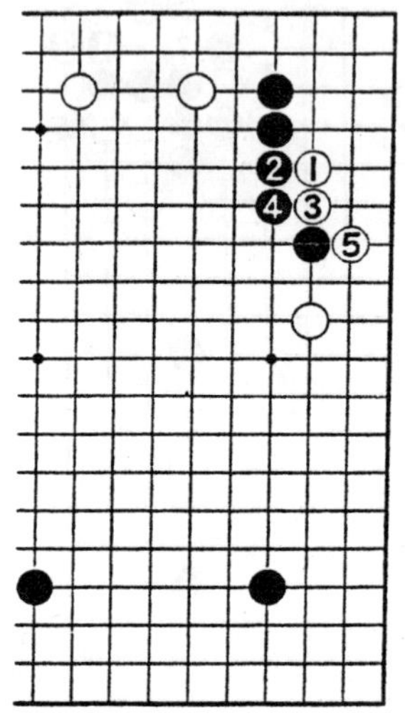

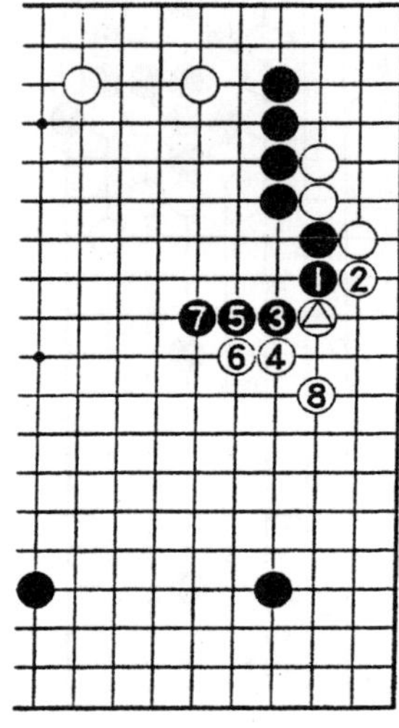

머리 찌르기는 자살 행위다

大竹 여러분의 바둑에서 속맥을 찾기에는 실례가 결여되어 있읍니다. 예를 들면 **제 4 형**은 놓인 바둑에서 자주 볼 수 있는 형입니다만, 우상에 백 1 로 뛰어들었읍니다. 흑 2 · 4 는 勇씨라도 그렇게 놓을 것입니다만……

勇 백을 우변에 압박하는 느낌으로 백 5 젖히기도 주위를 보아 당연하다고 생각합니다.

太郎 그렇읍니다. 저도 그렇게 놓는 수밖에는 없을 것 같은데요.

大竹 다음의 한 수로 두 분의 맥이 좋은지, 나쁜지 알 수 있읍니다.

太郎 勇씨, 어떤 것일까요?

勇 1 도 흑 1 로 부딪쳐 보지요. 백 2 라면 흑 3 에서 7

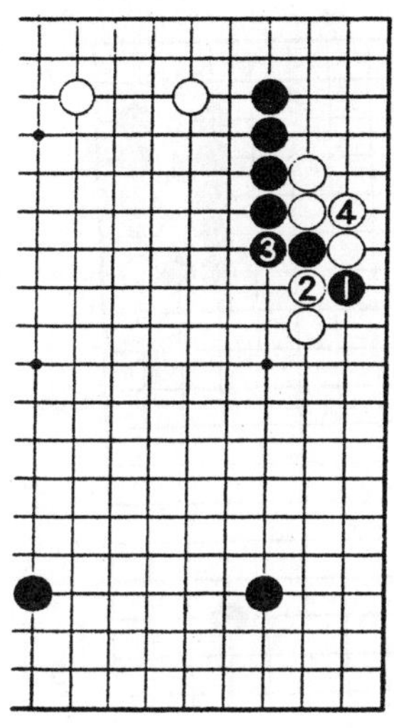

2
도

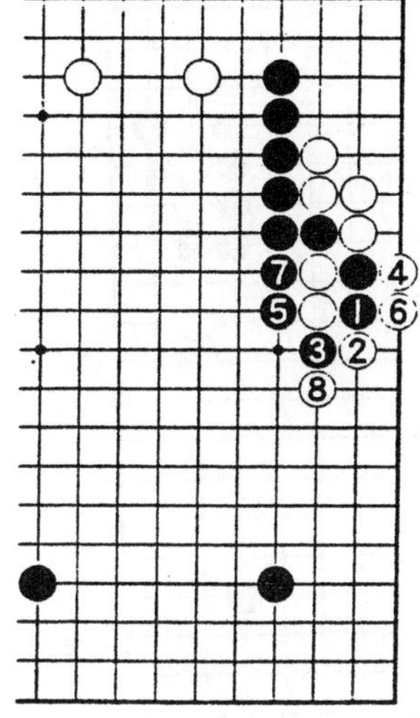

3
도

로 올려갑니다.

　太郎　勇씨의 놓기는 저항감이 드는데요.

　大竹　太郎씨의 의문은 당연합니다. 흑1의 부딪침은 최악입니다. 자살 행위입니다. 게다가 흑3의 젖히기를 결정한 것도 좋지 않습니다.

　太郎　흑1은 스스로 '두 점의 머리'를 맞은 것과도 같군요.

　大竹　太郎씨의 말 그대로입니다. 그러면 太郎씨는 어떻게 놓겠읍니까?

　太郎　2도 흑1로 젖혀내어 백2에 흑3으로 잇는 것은 좋지 않습니까?

　大竹　맛을 없애는 것입니다. 이 다음, 3도 흑1의 위에서 3으로 대어 7까지 조여도 백8로 젖혀져서는 흑의 두

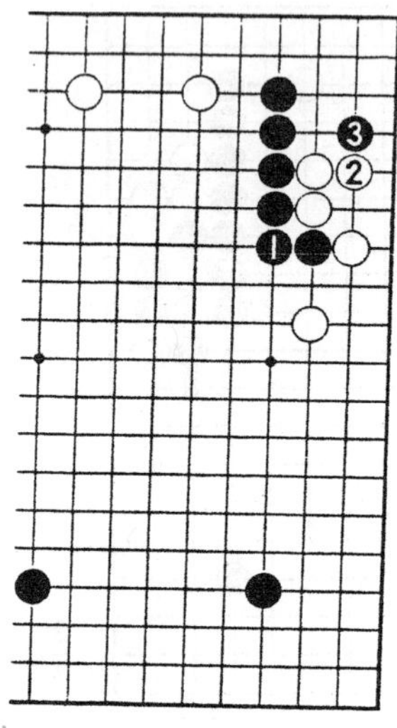

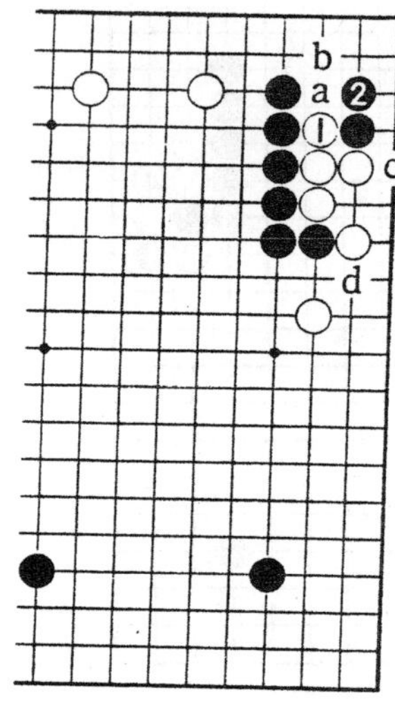

께가 작용하고 있다고 할 수 없읍니다.

　太郎　그럼, 정해는 어떻게 됩니까?

　大竹　조금도 어려운 것은 없읍니다.　4도 흑1의 잇기가 낙착된 수이지요?

　勇　이런 수로 좋은 것입니까?

　大竹　그렇읍니다.　만일 백2 구부리기라면 흑3.　백2도, 흑3도 본 적이 없겠지요?

　太郎, 勇　전혀 처음입니다.　이런 수는.

　大竹　놀랄 정도의 것은 아닙니다.　고단자에게　있어서는 늘상 보는 것입니다.

　太郎　선생님, 5도 백1로 내어 가는 것입니까?　흑에 위험은 없읍니까?

　大竹　걱정 없읍니다.　흑2로 당기면 끝나는 것입니다.

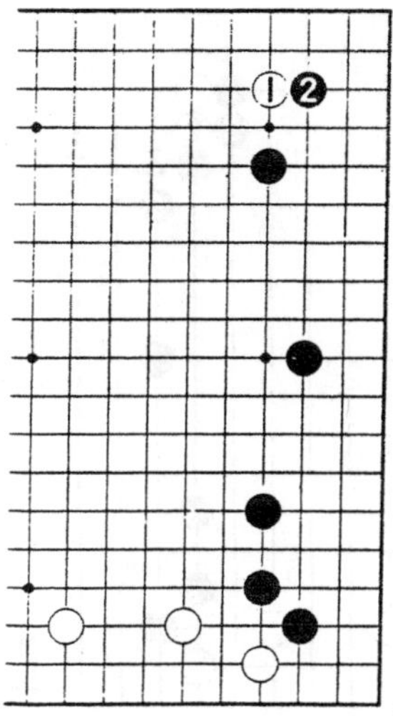

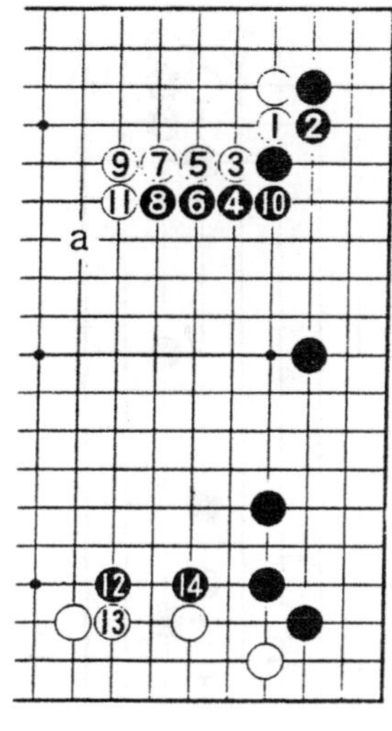

그리고 백a, 흑b를 정해버리면 반대로 흑c의 대기나 흑d
의 젖혀내기가 정해지게 되는 것입니다.

勇 하하하, 4도의 놓는 방법을 시험해 보지요.

大竹 이런 좋은 수는 자주 시험해 보십시오. 자, 6도
는 예제입니다. 백1로 소목에 걸쳐갔을 때 흑2로 아래
붙이기를 하였읍니다. 백의 차례에 어떻게 놓겠읍니까?

太郎 7도 백1로 놓는 것은 어떨까요?

大竹 흑2에서 4·6·8로 밀어 올려집니다. 본래는
흑4에서 10으로 뻗는 것이 안전하고 유리하지만요. 그저
흑12로 어깨를 붙이고 14로 붙여 모양을 크게 정할 수가
있읍니다. 백11에서 수를 빼면 흑a 날일자가 절호점입니
다,

太郎 그렇게 하면 8도 백1로 젖히는 정석이 좋지 않

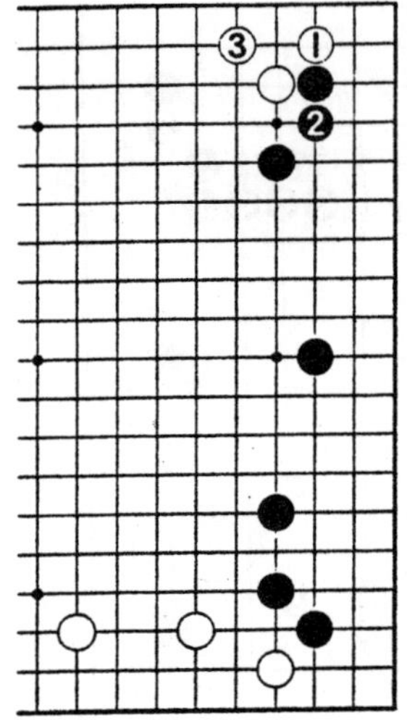

8
도

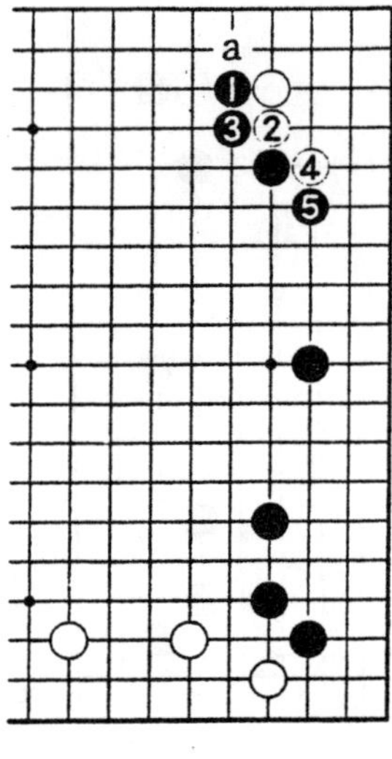

9
도

을까요?

大竹 물론입니다. 흑2 당기기에 백3으로 걸어 잇는 것이 좋고, 7도와 같은 붙여 대기는 실수로라도 놓아서는 안됩니다.

太郎 하지만 8도의 정석은 백이 낮은 위치에서도 좋읍니까?

大竹 낮은 위치는 낮은 위치입니다만, 이것으로 백은 상당히 단단해져 있는 것이지요. 소위 눈모양에 불안은 없으니까요.

勇 선생님, 9도의 흑1 밖 붙이기에 대해서도 백2의 붙여 대기에서 4로 젖히는 것은 좋지 않다는 것이군요?

大竹 이제 이런 수는 놓지 않겠지요, 두 분 모두. 흑5로 2단 젖혀져 백은 구석에서 살 정도의 모습입니다. 단

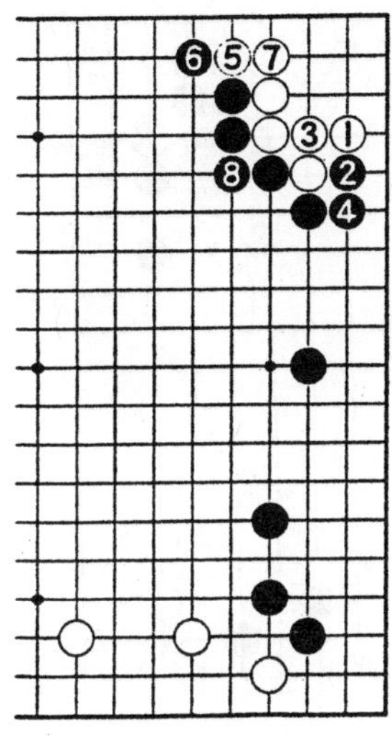

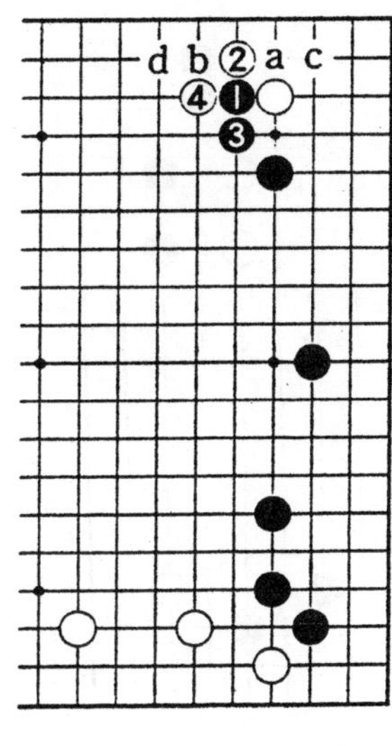

순히 백a로 젖혀 혹의 두꺼운 맛에 지장없도록 가져가 주십시오.

勇 선생님, 9도 다음 백은 어떻게 살까요?

大竹 이렇게 되면 살지 않으면 안되니까요. 10도 백1의 걸어 잇기 이하 혹8의 잇기까지가 될까요. 이 결과는 혹이 압도적으로 바람직하다고 생각하겠지요?

太郎, 勇 네, 물론. 이 후는 이런 수는 죽어도 놓지 않겠읍니다.

大竹 그러면 혹의 밖 붙이기에 대해서는 11도 백2로 젖히는 것이 상식입니다. 혹3의 당기기에 백4로 젖혀 올립니다만, 이것은 혹이 a나 b에 대어져 오면 '오는 쪽을 취하라'의 식으로 혹a라면 백c, 혹b라면 백d로 처리하는 것입니다.

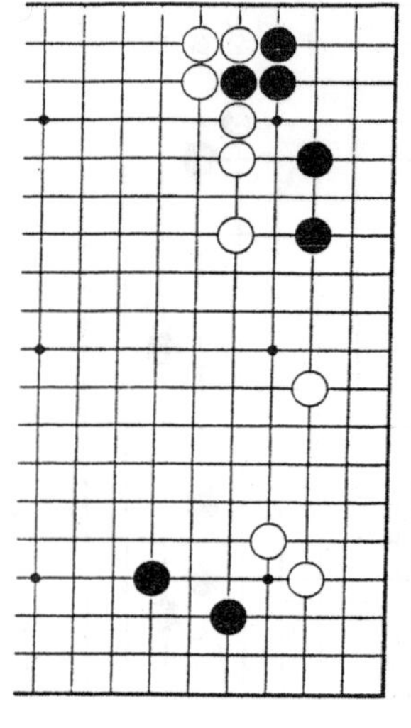

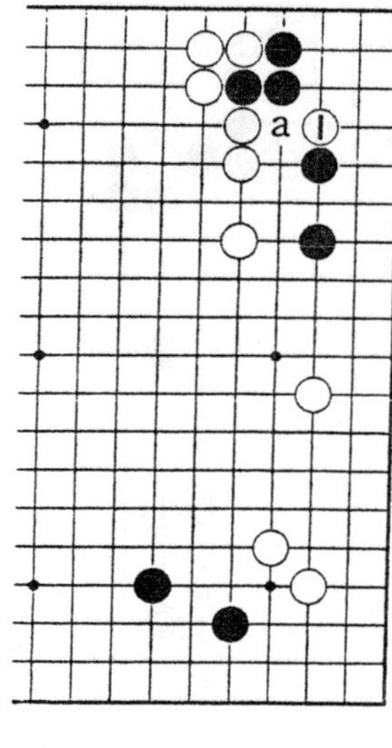

돌을 나누지 말라

大竹 여기에서 여러분을 골치 아프게 하는 돌 나누기에 대한 화제로 들어가지요. **제5형** 우상 구석에서 백의 차례라면 흑 세 점과 두 점을 분단하는 수단이 있습니다. 우선 勇씨의 의견을 묻겠읍니다.

勇 저는 오늘은 매우 회의적이 되어서…… 大竹 선생님께도 책임이 있읍니다.

大竹 우하하하. 勇씨, 사랑의 매라고 생각해 주십시오. 이것을 바르게 해답할 수 있으면 당신은 일대 비약을 할 수 있는 것이니까요. 자, 해답은 무엇입니까?

勇 1도 백1로 붙여 보겠읍니다……

太郎 저도 그 맥입니다.

大竹 두 분 모두 훌륭, 훌륭합니다. 1도 a의 점으로

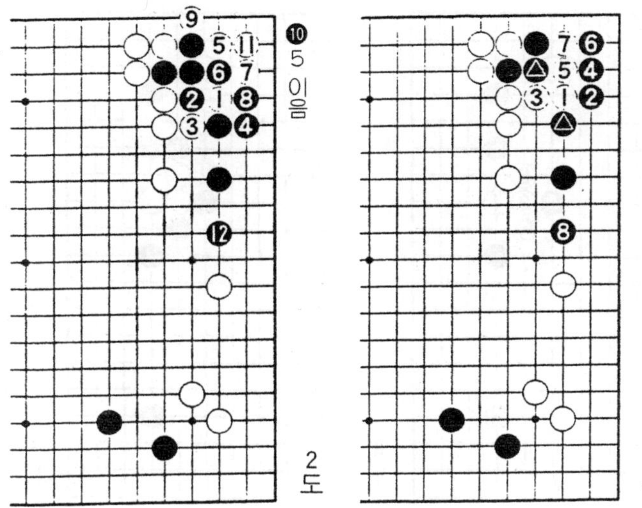

내지 않을까 하여 조마조마하고 있었는데 안심입니다. 그 것을 놓으면 끝장이기 때문입니다. 그러면 다음 수로 맥 이 좋은지 나쁜지 판단할 수 있읍니다.

　勇　**2 도** 흑 2 로 끊는 수밖에 없읍니다. 이 수이지요?

　大竹　백 3 끊기.

　勇　흑 4 로 내립니다. 백 1 의 한 점은 도울 수 있을 것 같지 않읍니다.

　大竹　그런 돌은 필요없읍니다. 백 5 에서 9 로 조입시 다. 그리고 11 로 이으면 흑 12 로 벌리는 수밖에 없으나, 이것은 흑이 단연 불리합니다. 그러나 **3 도** 흑 2 로 눌러 6 까지, 구석의 세 점을 버리고 8 로 벌릴 수도 있읍니다. **1 도**나 **2 도** 보다는 낫다고 할 수 있고 ●은 붙이기에는 약하다는 것을 알 수 있읍니다.

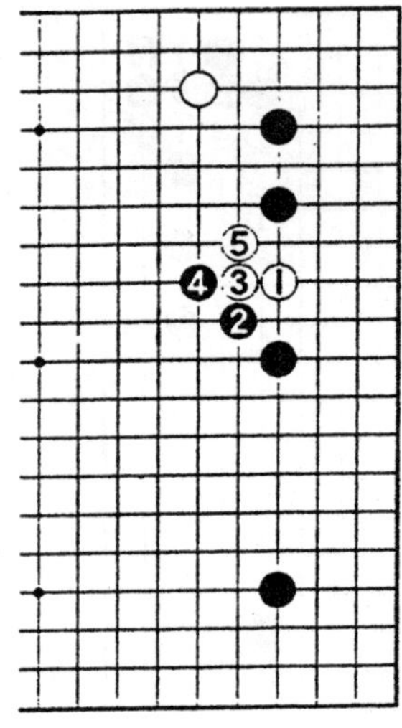

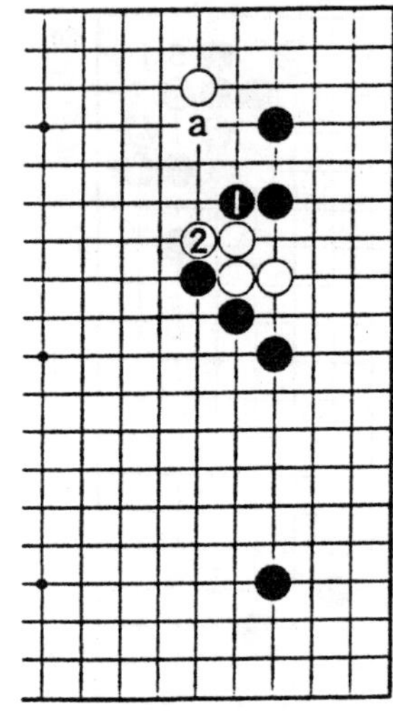

4
도

5
도

勇　선생님, 4도는 몇 번이나 나온 놓인 바둑의 형입니다만……

大竹　말씀 그대로입니다만 이번에는 테마가 다르므로 이해해 주십시오. 백1 뛰어들기에 흑2로 걸치는 것이 강한 수이지요?

太郎　백3이라면 흑4로 젖혀가는 방법도 알고 있읍니다.

大竹　太郎씨는 놓인 바둑에 상당히 괴로움을 당하고 있는 것 같군요. 그러면 백5로 우형에 구부러지면?

太郎　그것은 5도 흑a로 붙이는 것이라고 생각합니다. 설마 흑1은 아니겠지요.

大竹　흑1은 절대 놓아서는 안될 수입니다. 백2로도 망갈 수 있고 흑이 나누어진 형입니다. 여기에서는 이것

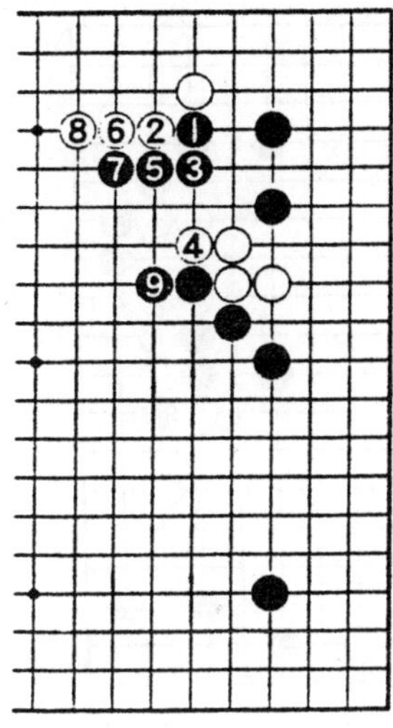 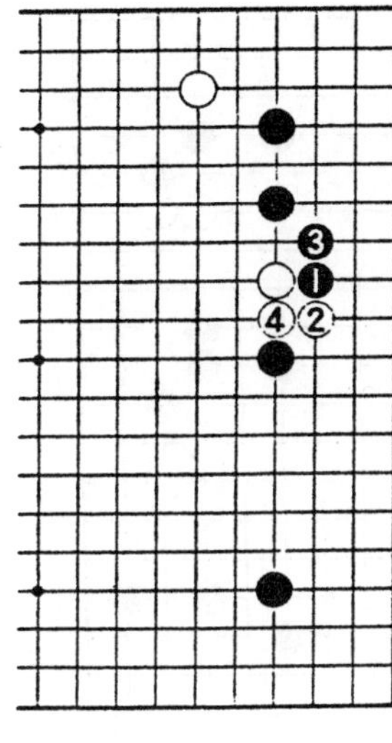

을 말씀드리고 싶었읍니다. 勇씨도 알고 계셨읍니까?

　勇 물론 이런 수는 놓지 않읍니다.

　太郎 선생님, 4도 다음을 해 보겠읍니다. 6도 흑1 붙이기 이하 9로 백을 봉쇄하는 것이라고 생각합니다.

　大竹 太郎씨로서는 잘한 것입니다. 나눔 형만은 피해야 하니까요. 그러나 상대의 돌은 가능한 나누도록 노력해야 합니다.

　太郎 또 한가지 해 보겠읍니다.

　大竹 허어, 무엇입니까?

　太郎 7도 흑1로 아래 붙이기를 하는 것입니다. 백2에 흑3으로 당기면 백4로 이어져, 이것은 훌륭한 나눔 형이 되겠지요?

　大竹 아, 훌륭합니다. 太郎씨의 식견에 감탄했읍니다.

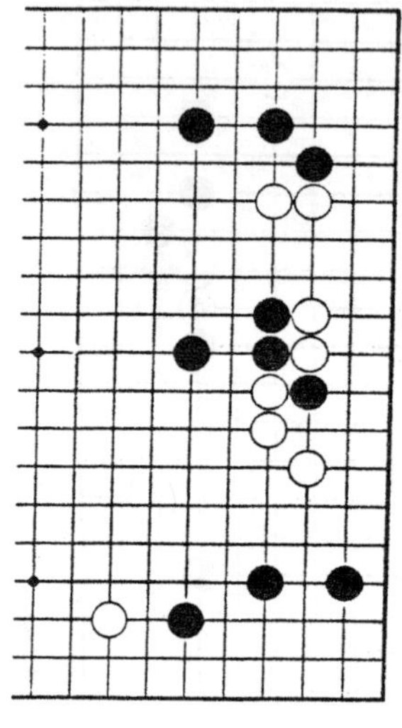

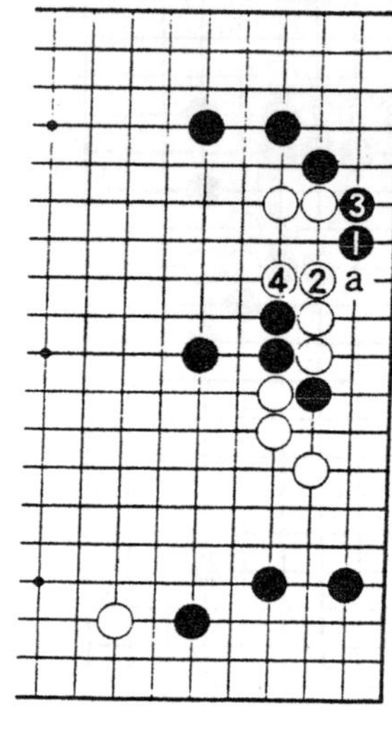

勇 8 도는 흑의 차례입니까?

大竹 그렇읍니다. 우변의 백을 어떻게 공격할까요?

勇 음, 어려운 것 같군요.

大竹 勇씨, 한 번 해 보십시오.

勇 그러면 **9 도** 혹1일까…… 아니 a인가…… 역시 1의 점입니다. 그리고 백2 뻗기라면 혹3으로 건너는 것 아닐까요?

大竹 훌륭합니다. 이 정도 놓을 수 있으니까요.

太郎 勇씨도 해냈군요. 저라면 우선 혹4로 뻗고, 백2에 혹1로 눌러 보았을 것입니다……

大竹 둘 모두 미지근한 수입니다. 백2 · 4로 중앙의 혹 세 점이 약해지는 것이 혹의 불만입니다. 훨씬 강력한 것이 다음 그림입니다.

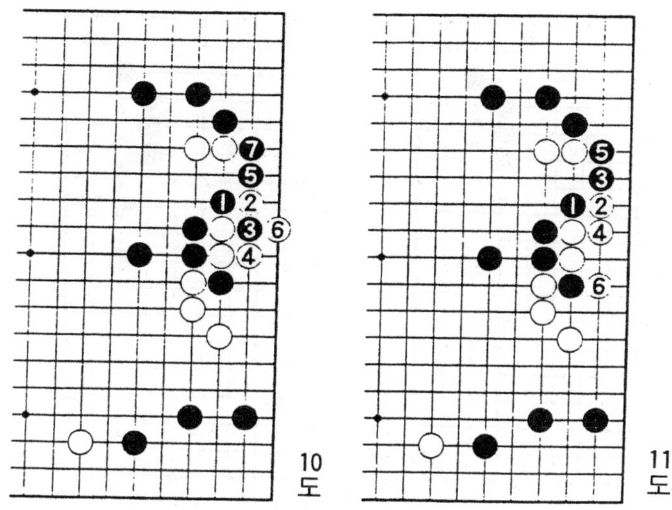

太郎 네? 두 사람 모두 정해가 아니었읍니까?

勇 모처럼 기분이 좋아졌는데……

大竹 미안, 미안. 하지만 두 분 모두 전혀 다른 것은 아니었읍니다. 정해는 10도입니다만 혹1로 젖히면 최고입니다. 백2의 받기에 혹3의 끊기는 조금 손해. 백4·6으로 빼게 하여 혹5·7로 분단에 성공은 합니다만…

勇 선생님, 어째서 혹3의 끊기는 안되는 것입니까?

大竹 우선 정해 수단은 11도의 혹3으로 2단 젖히는 것이 강한 수입니다. 백4에 혹5로 당겨 둡니다. 그리고 10도의 혹3 끊기가 안되는 이유는 그것이 아무런 맛이 없기 때문입니다. 게다가 혹은 후수입니다. 11도에서 혹은 선수가 되어 있지요? 알았읍니까?

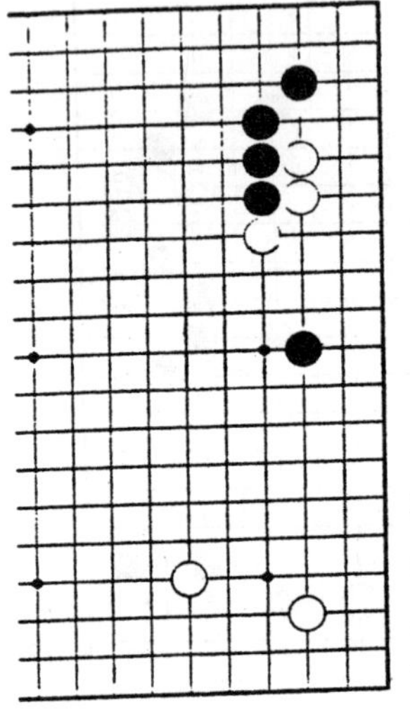

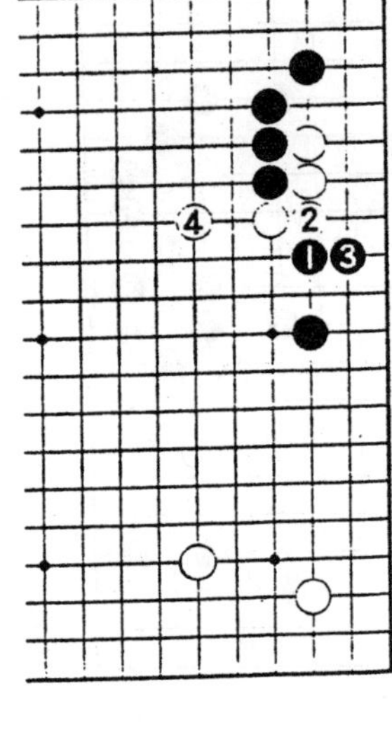

생 들여다보기는 악수이다

大竹 이번의 테마는 '생 들여다보기' 입니다. 들여다보기에도 타이밍이나 테크닉에 주의해야 한다는 것입니다.

勇 제6형은 흑의 차례입니다만. 여기는 한가지 **1도** 흑1로 들여다보는 방법밖에 없는 것처럼 보입니다만.

大竹 그것이 '생 들여다보기'인 것입니다. 테크닉을 느낄 수 없읍니다. 백2로 이어지면 흑3 내리기가 당연하지요.

勇 네, 그것은 당연합니다. 백의 근거를 빼앗고 있다고 생각합니다.

大竹 그럼 백4로 뜁니다. 백은 조금도 이상이 없읍니다. 흑의 생 들여다보기에 도움을 받고 있다고 할 수 있겠지요.

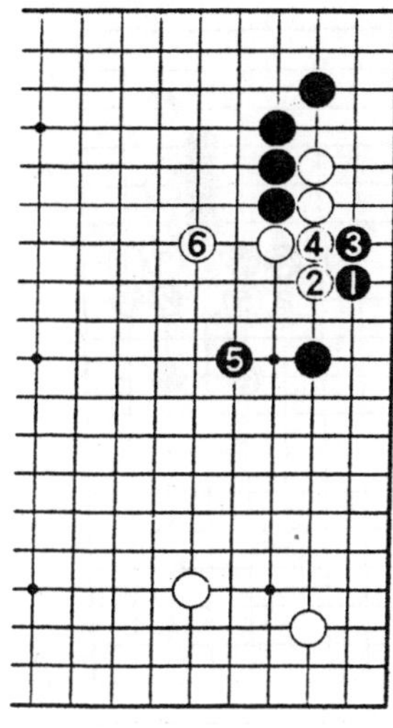

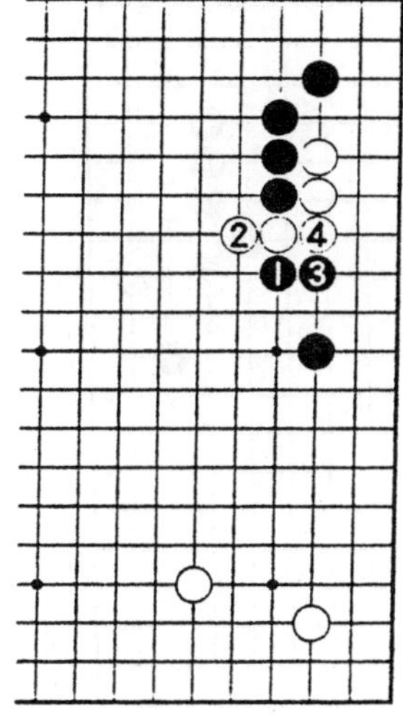

太郎 역시 勇씨는 생각이 부족하군요. 저라면 2 도 혹 1 로 제 2 선을 날일자에 뻗텐데요. 백 2 라면 혹 3 으로 다시 한번 들여다볼 것이고, 백 4 잇기에 혹 5 뛰기. 이렇게 되는 것 아닙니까?

大竹 勇씨 보다 얼마간 낫기는 낫읍니다만 백 6 으로 중앙에 뛰어내면 불안은 생각할 수 없읍니다.

太郎 그러나 보통은 날일자의 들여다보기가 틀림없다고 ……

大竹 그것은 그렇읍니다만 형을 잘 보면 勇씨나 太郎씨의 들여다보기는 혹이 불만입니다.

太郎 그러면 조금 맥을 당겨 3 도 혹 1 로 끼워 붙이는 것입니까?

大竹 역시 안됩니다. 백 2 뛰어 끊기, 혹 3 에 백 4 에서

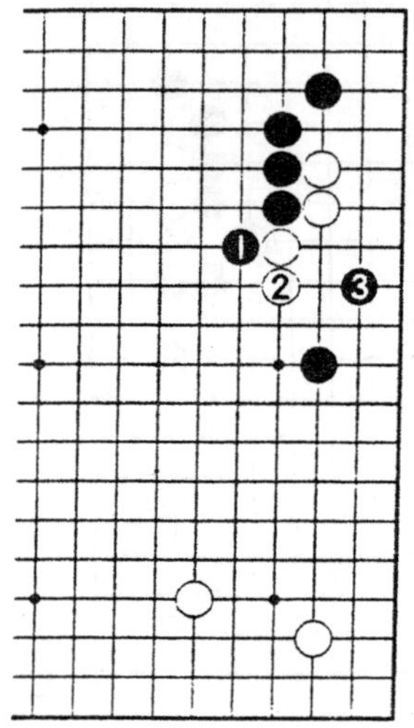

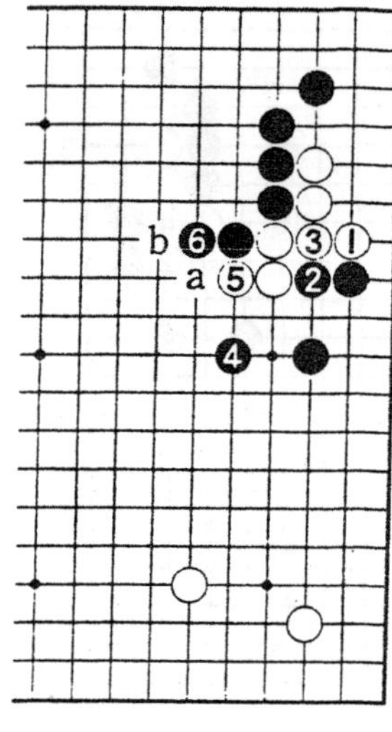

혹이 전형적인 나뉨형이 되지요.

太郎 그렇다면?

大竹 이유가 없읍니다. 우선 처음에 **4도** 흑1로 젖히는 것입니다. 백2 뻗기는 필연입니다. 흑3의 날일자가 강렬합니다. 백으로써는 흑1 젖히기 한 점이 실로 거슬리는 것입니다. 고단자가 이런 것을 보면 한숨을 내쉽니다.

太郎 과연 흑1 젖히기에는 눈치를 채지 못했읍니다.

大竹 눈치를 채지 못하고의 문제가 아닙니다. 금방 번쩍하고 머리에 오지 않으면 끝입니다. 초단의 벽은 **4도**를 놓을 수 있느냐, 놓을 수 없느냐로 결정된다고 해도 과언이 아닙니다. 그 다음은 **5도**의 진행이 되리라고 생각합니다만 흑은 돌이 작용하고 있겠지요. 1도에서   3

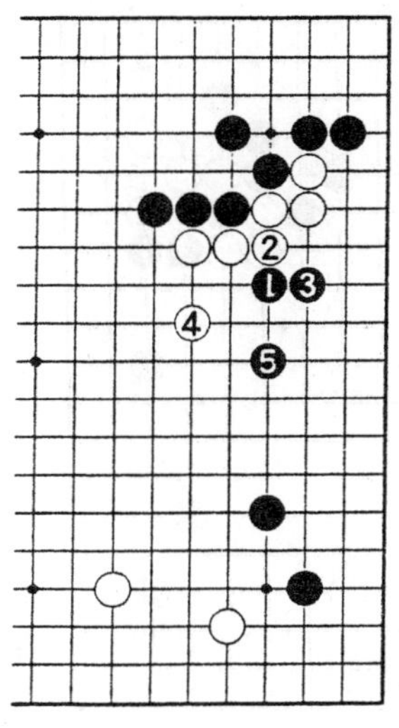 6도

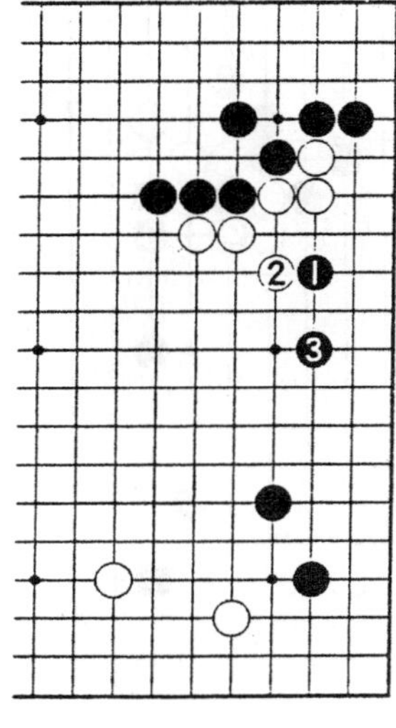 7도

도를 비교하여 봅시다. 뒤는 백a라면 흑b로 커질 뿐입니다.

勇 太郞씨, 초단의 길은 멀고 멀지요?

太郞 勇씨 마저 그런 말을. 勇씨야말로 아직 멀고 먼 주제에……

大竹 아무튼 4도의 테크닉 정도는 마스터하지 않으면 안됩니다. 6도와 같은 형은 흑1의 생 들여다보기 방법이 맥이 되므로 틀리는 일 없도록 말입니다.

勇 네? 이번에는 생 들여다보기가 정해입니까?

太郞 정말 어렵군요. 백2로 이었읍니다만.

大竹 흑3으로 내립니다. 백4로 뛰면 흑5입니다만, 이것은 백도 근거없는 돌일 뿐입니다.

太郞 7도 흑1 들여다보기는 미지근한 것입니까?

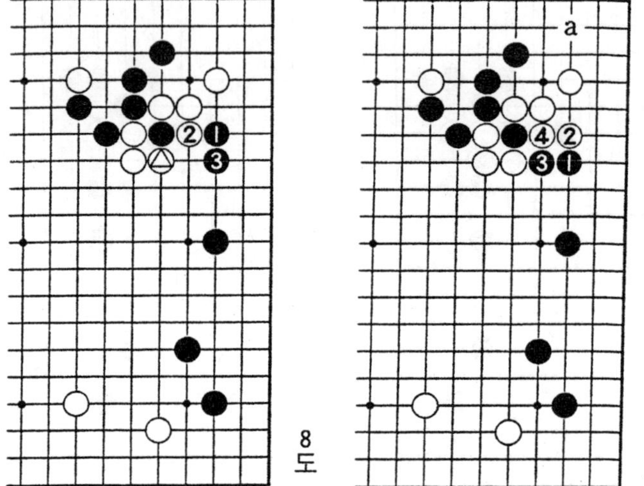

大竹 예. 백 2 에 흑 3 입니다만 백은 6 도보다 얼마간 여유가 생깁니다.

太郎 장면이나 형에 따라 달리 놓으라는 것이지요?

大竹 그렇읍니다. 8 도에서도 △의 안기가 있을 때는 흑 1 에서는 후수가 되기 때문에 권할 수 없읍니다. 백 2 취하기에 흑 3 으로 당기는 방법밖에 없읍니다만 흑의 빼기가 선수가 아니니까요.

勇 정말 그렇군요. 그러면 언제 들여다보지요?

大竹 한길만 빗기면 좋읍니다. 9 도 흑 1 이라면 선수가 되겠지요. 해 보십시오.

勇 네. 백 2 라면 흑 3, 백 4 로 빼는 수밖에……

大竹 우상에 흑 a 로 올 때는 백은 경계가 소홀하여 어쩔 수가 없다고 생각했지요?

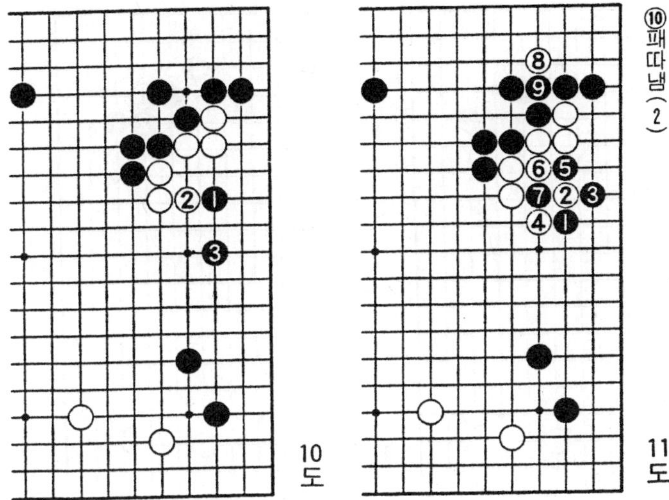

太郎 선생님, 지금까지는 좀 이상한 들여다보기라고 생각했읍니다만…… 분명히 10도와 같은 형일 때는 흑1의 들여다보기가 유효하겠군요.

太竹 이것이 가장 잘 정리된 그리고 강렬한 들여다보기입니다. 이 이외는 생각할 수 없는 때입니다.

太郎 백2라면 흑3으로 만점이겠지요?

大竹 이것도 만일 쓸데없는 생각을 하면 공포를 쏘게 되겠지요.

太郎 예를 들면, 11도 흑1 주위부터 임하면……

大竹 백2로 붙여 흑3에 백4 젖히기, 흑5라면 백6으로 이어집니다. 흑7의 종반 패라면 백8의 종반 패도 들어 상당히 탄력있는 형이 되지요. 이 장면에서는 10도 흑1로 쫓아야 합니다.

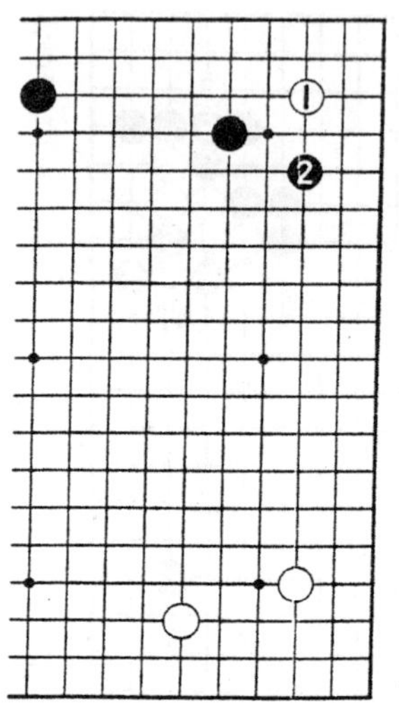

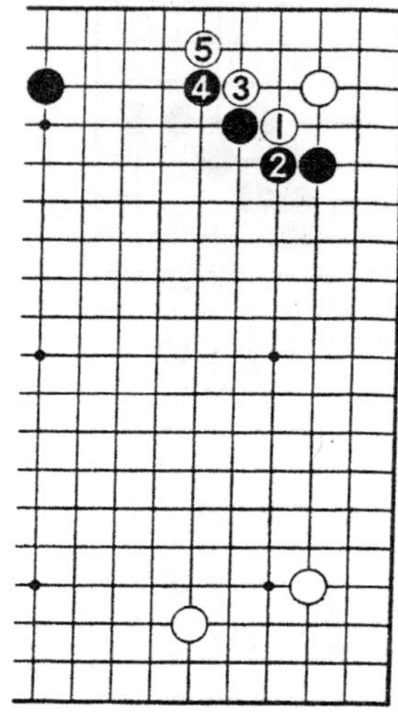

〈휴게실〉 정석은 맥과 형의 보고(宝庫)다

大竹 3일 동안에 걸쳐 실로 여러 가지를 공부하느라고 아마 두 분의 머리 속이 혼란스러울 것입니다.

勇 정말 그렇읍니다. 몇가지나 머리에 남아 있는지 전혀 자신이 없읍니다. 太郎씨는 어떻읍니까?

太郎 글쎄요, 勇씨 정도는 아닐 것이라고 생각합니다만 상당히 지쳤읍니다. 그러나 이해력이 많이 좋아졌다고 생각합니다.

大竹 그것으로 충분합니다. 그럼 1도 백1의 3·3 뛰어 들기, 흑2의 날일자에 걸친 정석입니다만 이 다음 2도 백1부터 5로 2단 젖히기입니다. 백1은 다소 속된 수입니다만 흑4, 백5는 모두 2단 젖히기의 맥이지

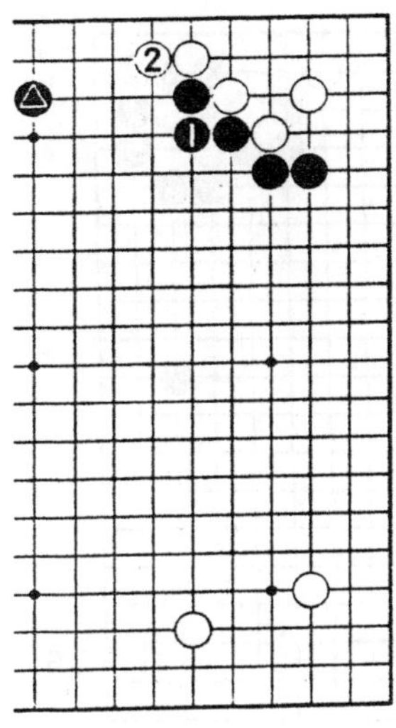 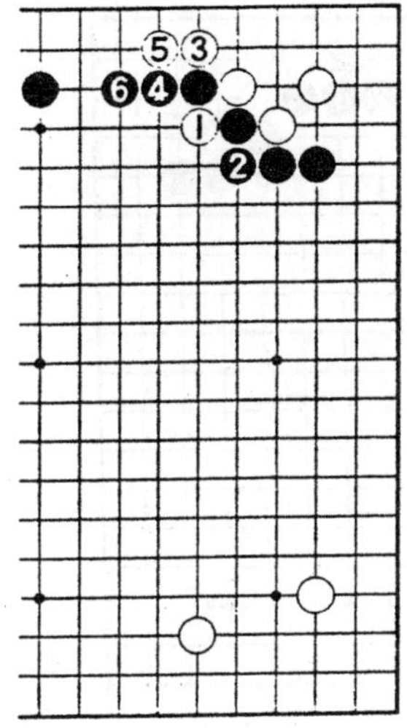

3
도 4
도

요.

勇 이것이 보고인가요……

大竹 네, 그렇읍니다. 하지만 너무 당황하지는 마십시오. 2도에 이어서 3도 혹은 1로 잇는 것입니다.

勇 그렇게 멋진 수라고는 생각하지 않았는데요.

大竹 그렇지 않읍니다. 제가 드린 말씀에 틀림은 없읍니다. 이어서 백2 뻗어 끊기입니다만 이것 또한 실로 단단한 것이라고 생각지 않으십니까?

勇 제2선이고, 그렇게 아름답읍니까?

大竹 상변에 ● 가 있는 만큼 실로 훌륭한 뻗어 끊기입니다만…… 2도로 거슬러 올라가 백5에서 4도의 1로 끊기를 넣는 것은 손해를 보는 수겠지요. 백3부터 흑6으로 되는 것 보다도 3도 쪽이 백은 훨씬 싱싱한 것

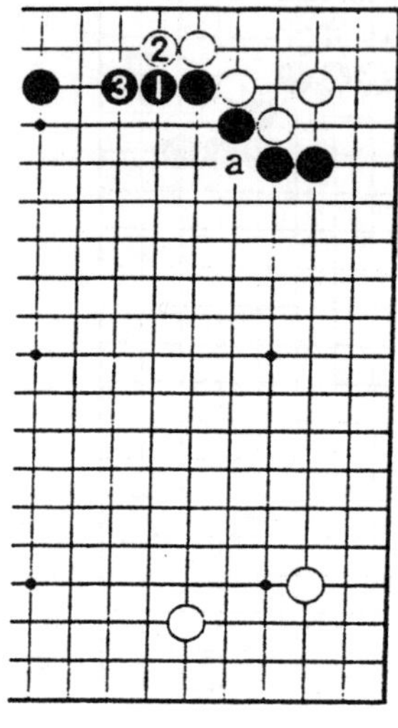

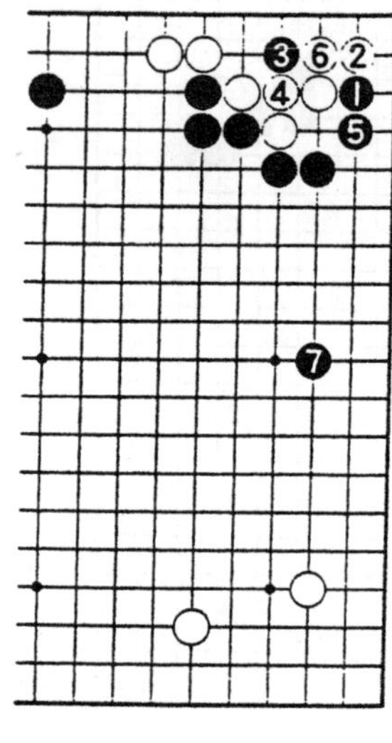

입니다. 이것은 꼭 아셨으면 좋겠는데요.

勇 3도와 4도를 비교하면 잘 알 수 있읍니다.

大竹 그것 잘 되었읍니다. 끝까지 납득하지 못하면 저는 슬퍼졌을 것입니다. 3도의 흑1 잇기가 어째서 좋은가 하면 예를 들면, 5도의 흑1·3으로 뻗어 가면 a점의 결점이 남아 언제까지나 흑은 부담이 됩니다. 알았읍니까?

勇 네. 그럼 정석은 3도처럼 되겠군요.

大竹 정석은 몇 년 몇십 년에 걸쳐 완성된 보석입니다. 그리고 5도 다음은 6도 흑1에서 5로 살려 7로 벌려 호각의 나눔이 되는 것입니다.

太郎 쌍방 모두 무리없는 놓기군요.

大竹 두 분은 '잘못 끊은 한쪽을 뻗어라'라는 말을 알

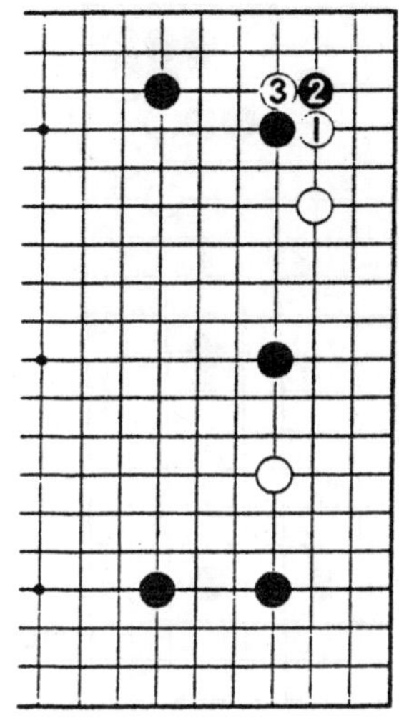

7도

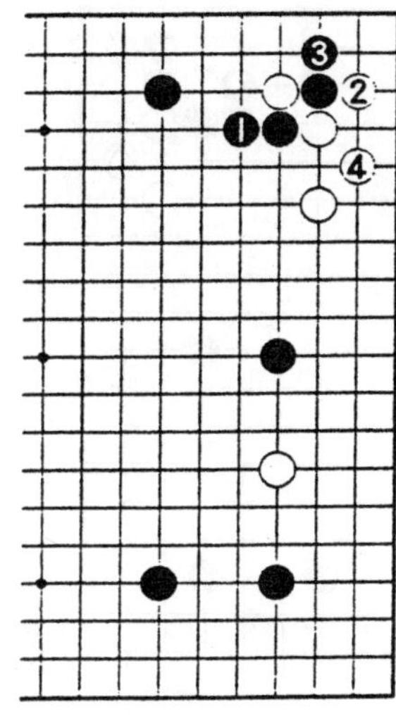

8도

고 계시는지요?

勇 초급 전기에서 배웠읍니다. 7도 백1·3이 그것
이지요?

大竹 이어서 8도 흑1 뻗어 끊기가 형입니다. 이것이
한쪽 뻗기입니다. 이때 백은 어떻게 놓을까요?

勇 백2로 대지 않을까요? 흑3 내리기 다음……

太郎 아하하, 勇씨는 무리를 하고 있군요. 그곳은 백4
의 마늘모로 결정됩니다.

勇 네? 太郎씨는 알고 계신가요?

太郎 당연하지요. 이 정도도 모르겠읍니까? 그 다음
도 알고 있는데요.

大竹 太郎씨, 뒤를 해 보십시오.

太郎 9도 흑1로 구부리고 백2에 흑3으로 안아 두

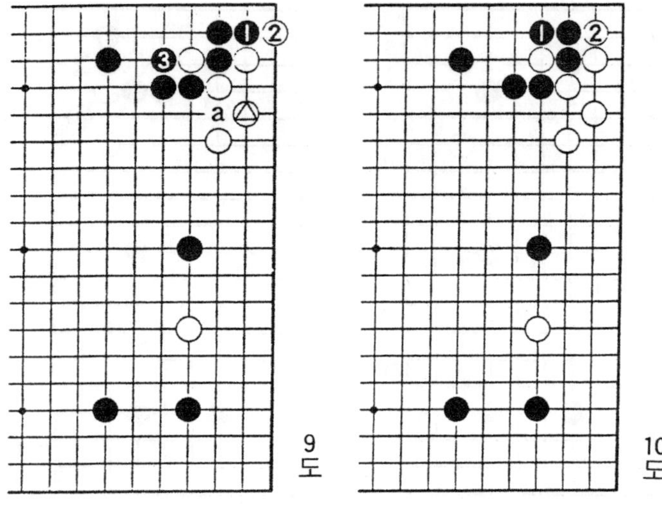

9
도

10
도

는 것이지요?

大竹 그렇읍니다. 잘 하셨읍니다. 여기에서 중요한 것은 △의 마늘모입니다. 이것은 좀처럼 보통 놓이는 수가 아닙니다. △에서 1의 밀기는 혹a로 나눈 형이 됩니다. 혹도 또 1의 구부리기를 정하고 3의 안기가 중요합니다. 이런 식으로 서로 자기쪽의 근거를 굳건히 지키는 것이 진짜 바둑인 것입니다. 9도가 아닌 10도 혹1의 안기가 좋지 않겠냐고 말하는 사람도 있겠지만 이것은 선수냐, 후수냐 하는 문제가 아니니까요.

太郎 좋은 공부가 되었읍니다.

大竹 그럼 준비된 술을 들도록 할까요.

제 4 장

아름답게 지키자

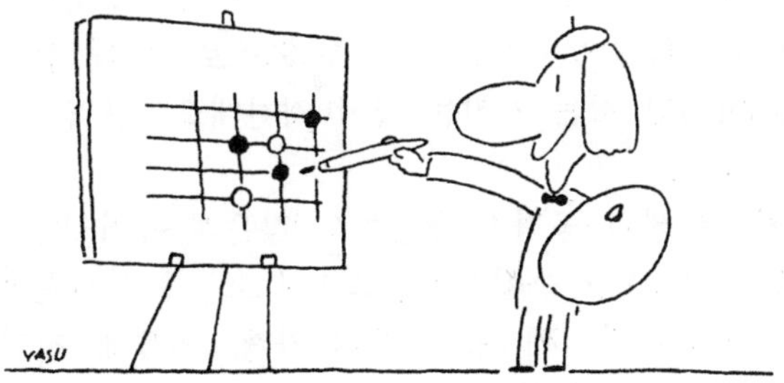

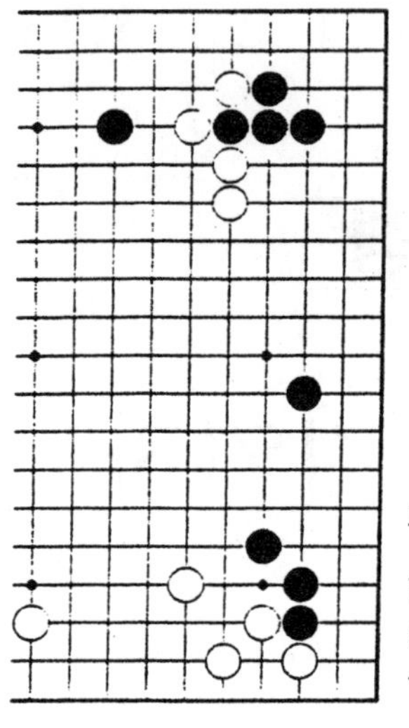

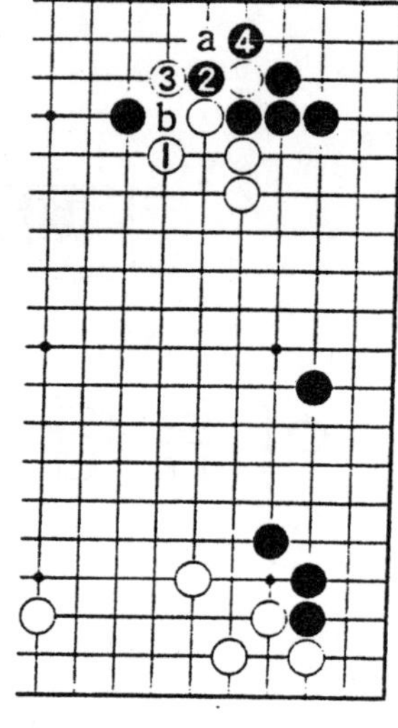

아름답게 지키자(1)

大竹 안녕하십니까, 두 분. 드디어 마지막 날이 되었읍니다. 오늘은 '아름답게 지키자'라는 테마입니다. 3일 동안 고생하셨으니 마무리는 좀 순조로웠으면 합니다.

勇 하지만, 저는 지키는 것이 약한데요. 공격이 특기인데.

太郎 勇씨의 공격은 대단치도 않은데 특기입니까?

大竹 아, 그만 두십시오. 그러면 오늘은 지키는 방법을 공부하겠읍니다. 제1형은 백의 차례. 어떻게 지키는 것이 아름답겠읍니까?

勇 우선 제가 도전해 보지요. 1도 백1의 걸쳐 잇기는 어떻읍니까?

大竹 흑2·4로 빼면 어떻게 합니까? 백a로 댈 용기

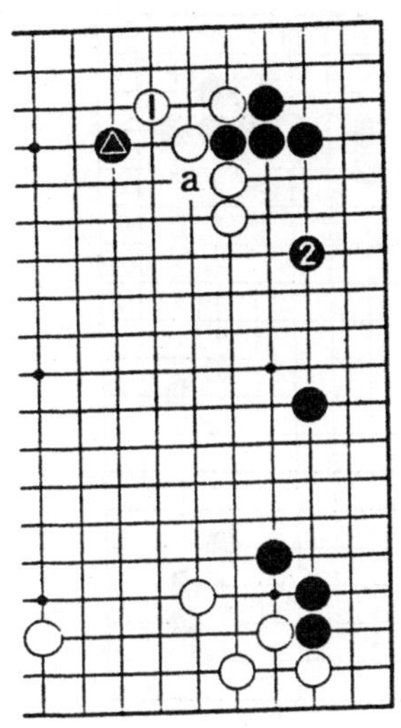

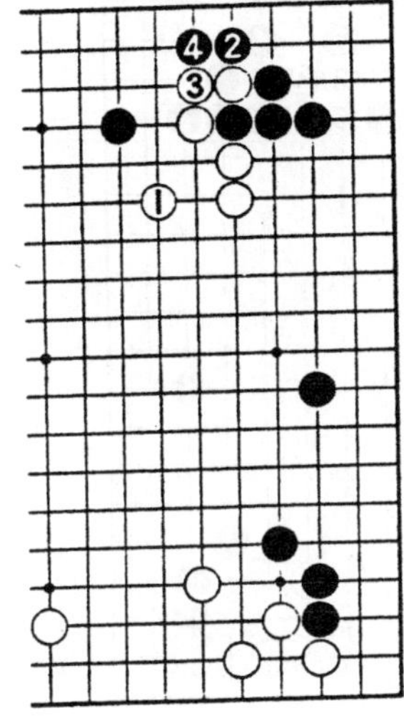

가 있을까. 혹b로 놓이면 대단한 패가 됩니다.

勇 그럼 2도의 백1 마늘모입니다.

太郎 위가 안된다고 하니까 아래인가. 勇씨는 변절자로군요……

大竹 혹2로 받읍니다. 이미 ●는 가벼운 돌입니다. 그리고 흐름 관계가 좋지 않으면 혹a의 끊기가 강해져 백은 다음 지킴수에 곤란을 겪게 됩니다.

太郎 그렇다면 3도 백1 날일자가 아름다운 지키기가 아닐까요?

大竹 좀 지나쳤군요. 그러면 혹2에서 4로 역시 디딤이 불안정해집니다.

太郎 디딤에도 주의를 기울여야 합니까?

大竹 디딤이 불안정해서야 되겠읍니까? 근거를 확실

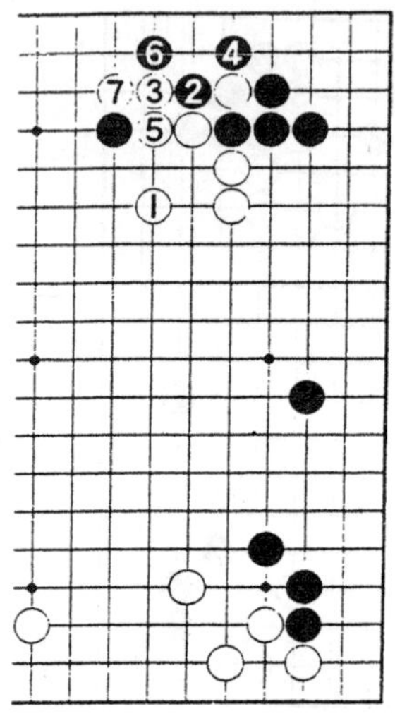

4도

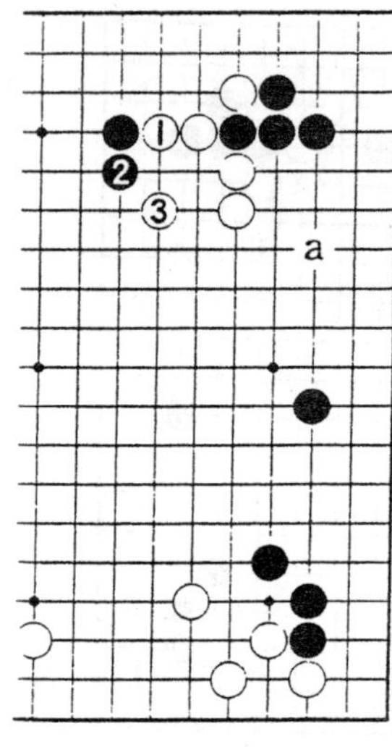

5도

하게 다지는 것이야말로 나중을 위해 중요합니다.

太郎 죄송합니다. 실은 4도 흑2로 갈 생각이었읍니다.

大竹 그것은 멋대로 놓은 수. 백3에 흑4 빼기라면 백7까지 상변에 침략합니다.

太郎 그럼 슬슬 정해를 가르쳐 주십시오.

大竹 5도 백1의 붙여대기가 효과가 있는 것입니다. 흑2로 세우면 백3의 뻗기. 이것이 아름답게 지키는 것입니다. 이어서 흑a면 백은 수를 빼어 다른 넓은 곳으로 돌아갑니다.

太郎 하지만 6도 흑2로 내려갈 지도 모르지 않읍니까.

大竹 그러면 백3으로 받읍니다. 흑4로 벌리면 백5

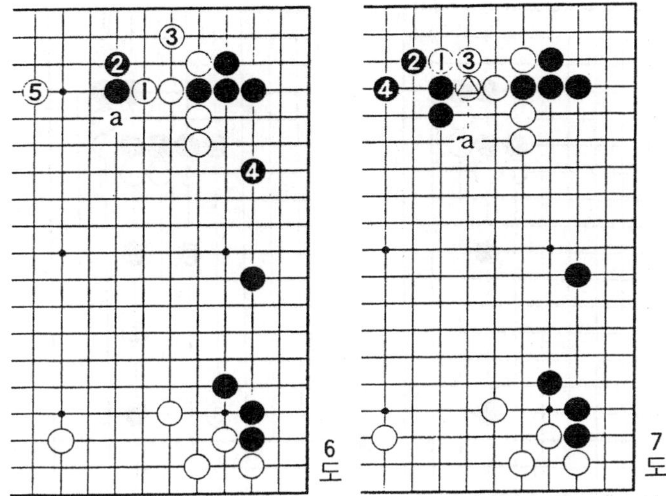

끼우기. 이 형, 백은 언제라도 a의 젖히기에서 선수 한눈이 확보되어 탄력있는 형인 것입니다.

太郎 알았읍니다. 그러나 백1은 적을 굳혀 그다지 내키지 않는데요.

大竹 그것은 말이지요, 반대로 생각하면 '상대의 돌을 버리기 어렵게 한다'가 되지 않읍니까.

太郎 아, 5도 백3에서 7도 백1로 젖혀서는 안되는 것이군요.

大竹 혹2·4로 형 좋게 지킬 수 있읍니다. a의 급소가 남고 백은 감당할 수가 없을 것입니다.

勇 선생님 △과 a의 점이 벗어나지 않는 급소에서부터 이 수로 가는 것이지요?

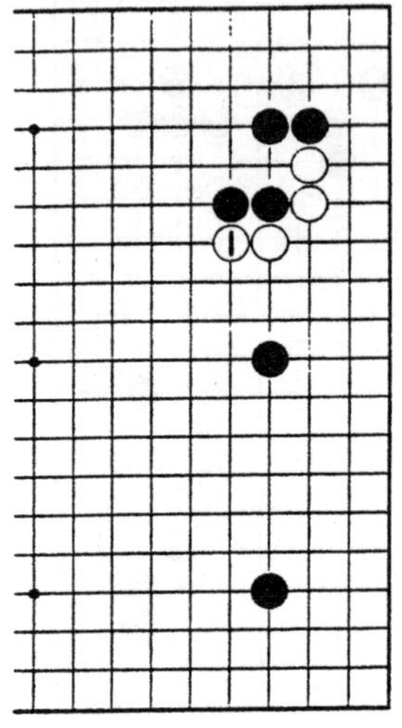

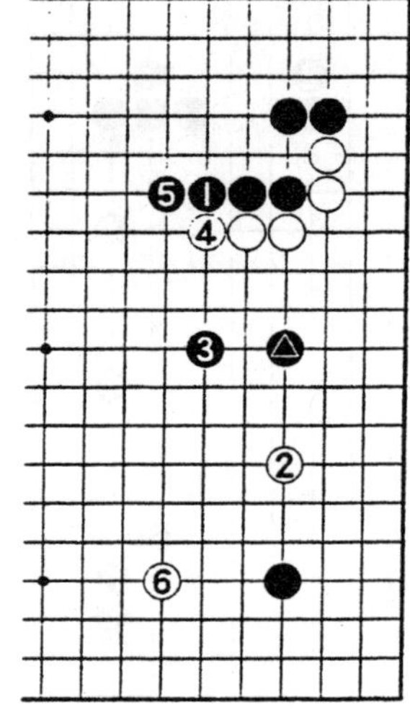

아름답게 지키자(2)

大竹 이어서 다른 형입니다. 제2형, 놓인 바둑의 붙여 뻗기 정석으로, 지금 백1로 밀어간 참입니다. 흑의 받는 방법을 묻는 장면입니다만.

勇 이것은 물을 필요도 없이 1도 흑1의 뻗기 아닙니까. ●의 끼우기가 있고, 이런 식으로 굳게 지켜 두면 문제 없겠지요.

太郎 그렇게 놓으면 분명히 백2로 뛰어들 것입니다.

大竹 太郎씨 말씀 그대로입니다. 흑3으로 뛰면 백4를 살려 6으로 뛰어들어 분규하려 할 것입니다. 북새통이 되면 백은 칼끝을 향하여 공격해 들어올 것입니다.

勇 흑1은 젖히면……

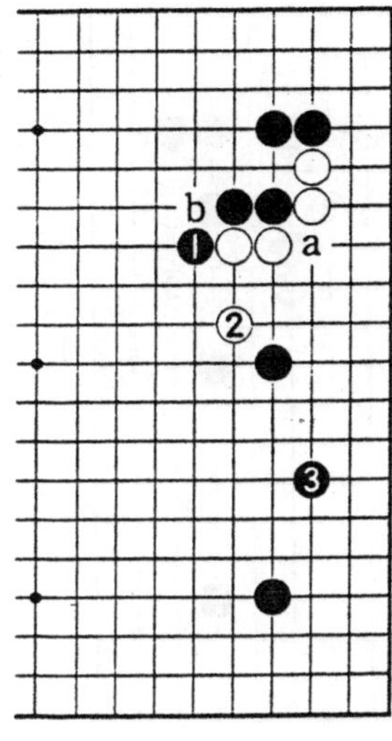

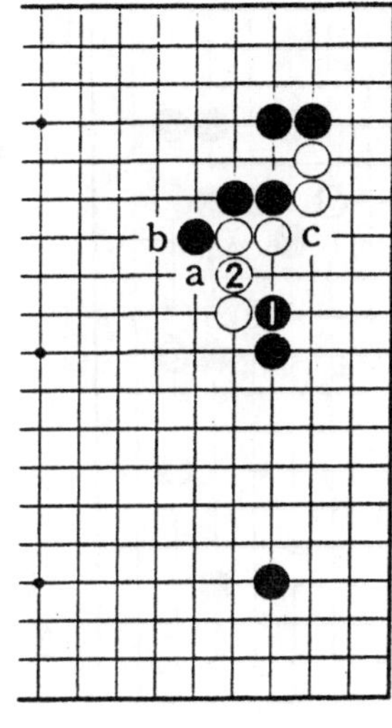

太郎 선생님, 2도 혹1로 젖히면 좋지 않을까요?

大竹 그럼 백2로 빗겨가면?

太郎 혹3으로 수비를 굳히지요.

大竹 太郎씨로써는 좋은 방법이겠지만 백b 끊기에 대한 충분한 대비를 생각한다면 훌륭하다고 할 수 없지요.

太郎 3도 혹1, 백2는 어떻읍니까?

大竹 혹1 뻗기는 예리합니다. 그것은 급소이니까요. 백2에서 만일 a라면 어떻게 하겠읍니까?

太郎 혹b 뻗기인가요?

大竹 좋읍니다. 혹b가 아닌 c로 끊어도 백은 반응이 없다는 것은 아셨지요? 太郎씨 4도 백1로 끊으면 어떻게 하겠읍니까?

太郎 음, 역시 혹2로 지키는 것인가요……

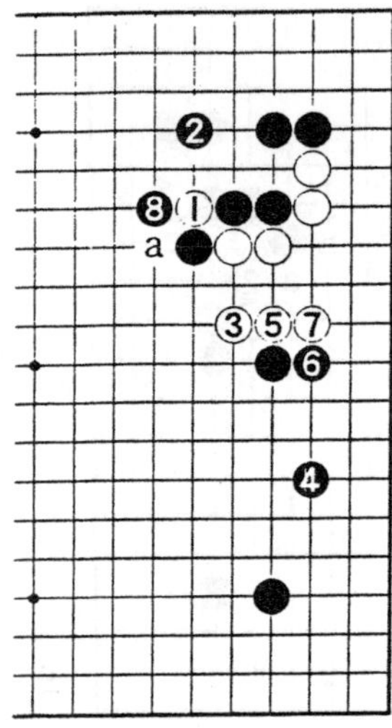

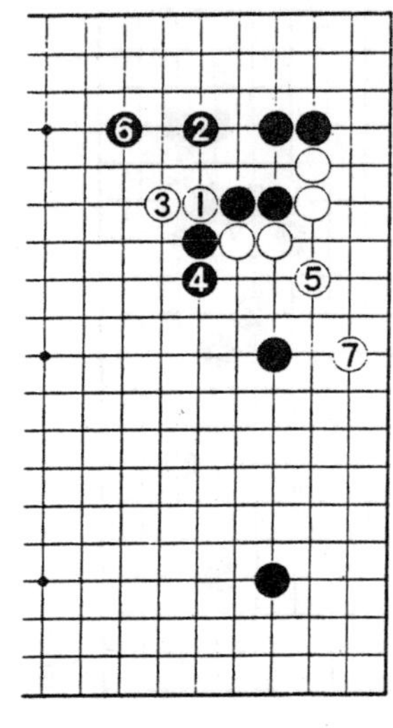

大竹 좋읍니다. 그것을 기대했읍니다. 백은 3·5로 지키기를 굳히는 정도입니다.

太郎 그러면 혹도 6으로 지킵니다.

大竹 백7로 놓으면 혹은 어떻게 놓겠읍니까?

太郎 혹a로 당깁니다.

大竹 그쪽으로 수를 되돌리는 것 보다도 8의 안기가 안전합니다. 또는 혹8을 빼어 다른 넓은 장소로 향하는 경우도 있겠지요.

太郎 5도 백3으로 뻗어 주면 혹4 뻗어도 좋읍니까?

大竹 그것도 생각해 두지 않으면 안되겠군요. 백5라 면 혹6으로 대비, 백7 미끄러지겠지요?

太郎 선생님, 이것도 어느 책에선가 본 적이 있는 것 같 읍니다만, 6도와 같은 장면에서는 혹1로 크게 벌려 놓

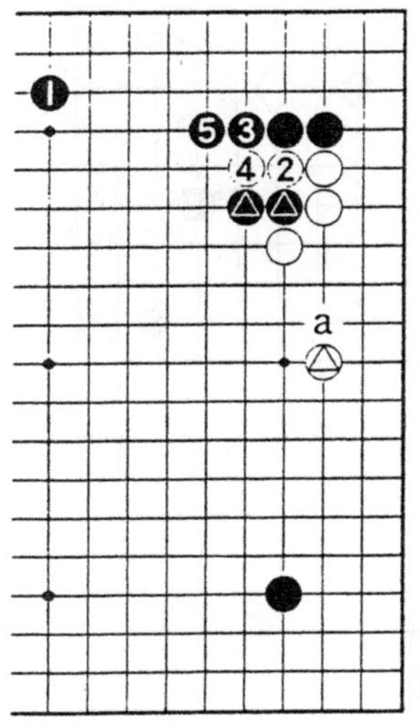

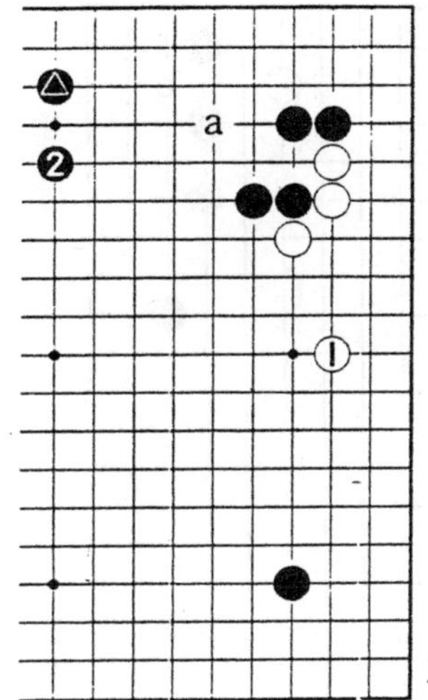

는 방법도 있는 것 같은데요……

大竹 좋은 말씀이십니다. 백이 △으로 벌어지면 흑도 상변 1의 큰 장소로. 백a에서도 흑1로 지키기를 굳혀 틀림이 없읍니다. 백2로 내어 끊기를 그려 본다면?

太郎 책에서 본 것으로는 흑3·5토 ● 두 점을 버리라로 써 있었읍니다.

勇 네? ●의 두 점을 버린다고요!

大竹 ● 두 점은 가볍기 때문에 버려도 아까울 것이 없읍니다. 흑3·5로 구석이 안정되는 쪽이 문제가 큽니다. 그런데 **7도**, 먼저 ●의 벌리기가 있으면 백1 벌리기에 흑2로 모양을 벌리는 것이 바람직한 것입니다. 흑2로 a에서는 흑 모양의 확대가 되지 않기 때문입니다. 아시 겠읍니까?

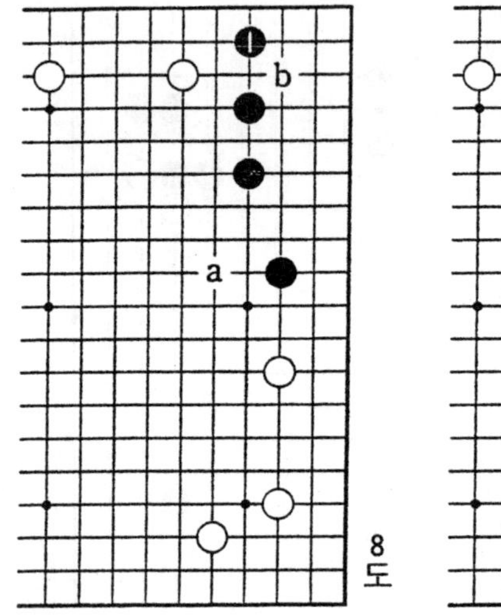 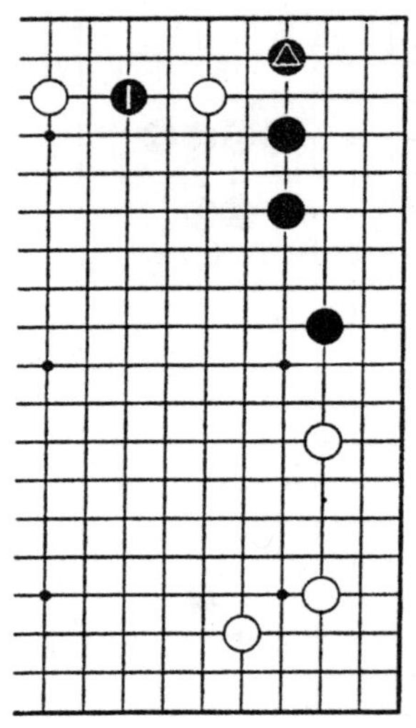

8 도

9 도

太郎, 勇 알겠읍니다.

大竹 그럼 아름답게 지키는 방법의 예제로써 **8도**를 보아 주십시오. 혹1은 색다를 것이 없는 뛰기입니다만 이것이 실로 침착한 한 수인 것입니다. 이 의미를 알 수 있을까요……

勇 낮은 돌이고 하잘 것 없는 수 같은데요.

太郎 그렇읍니다. 혹a 주위로 뛰는 편이 낫지 않을까 하는 생각입니다만.

大竹 혹a 뛰기에 백b의 뛰어들기가 있어 그다지 좋지 않읍니다. 이것은 혹1에 한합니다. **9도 ●**의 뛰기로 구석은 안정되고, 혹1의 뛰어들기도 감행할 수 있는 여지가 있기 때문입니다. 지키기만 하는 수가 아닌 것입니다.

太郎 혹1로 뛰어들면 백은 좌우 양쪽을 모두 도망칠

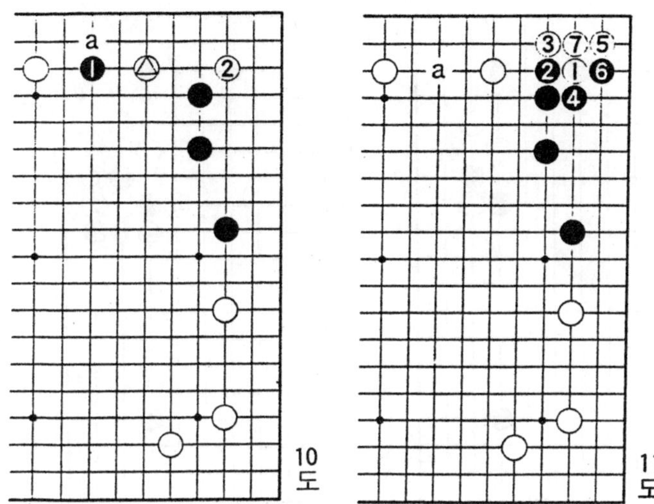

수가 없어 곤란을 겪겠지요.

大竹 혹이 구석의 대비를 줄이고 **10도** 혹1로 갑자기 뛰어드는 것은 시기 상조인 것입니다. △의 한 점이 가벼워져 있기 때문에 백2로 3·3으로 갈라져 갑니다. 9도 백은 가볍게 풀려고 해도 풀 곳이 없는 것입니다.

太郎 10도 백a로 아래 붙이기를 해도 좋겠지요?

大竹 전에 했었지요. '대비 있으면 우려 없다' 그런 까닭으로 무턱대고 뛰어들기만을 생각해서는 안되는 것입니다.

勇 선생님, 혹이 대비를 소홀히 하면 **11도** 백1의 뛰어들기가 있겠군요.

大竹 그렇읍니다. 혹2 이하 백7이 됩니다만 우상 구석은 백의 땅이 되고 혹의 땅은 거의 없어지지요.

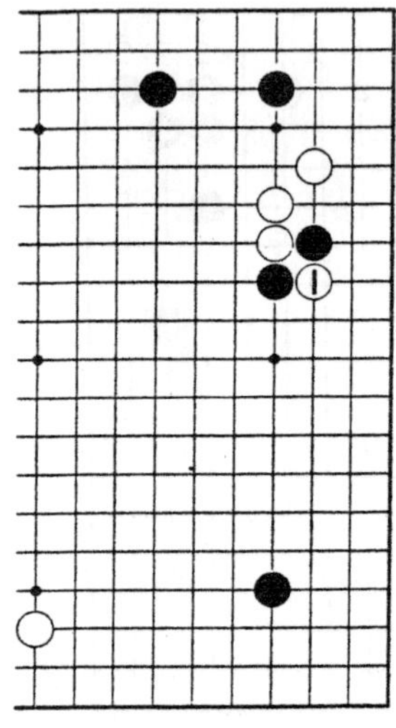

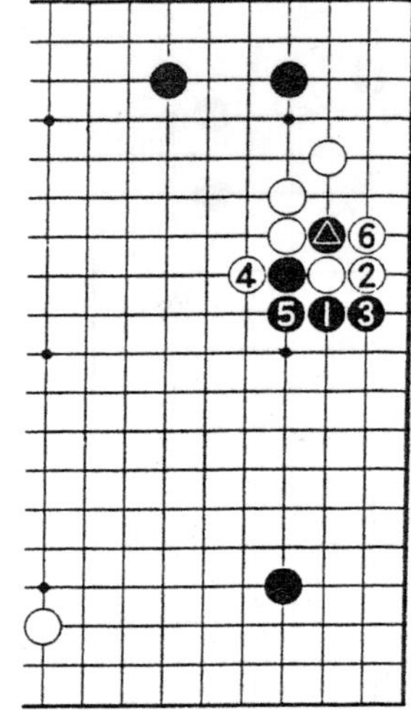

잇기를 가볍게 보지 말라

大竹 '바둑은 공격하는 것만이 아니다'라는 말이 있지요. 공격에만 열중하고 있으면 그만 수비가 소홀해지겠지요. 주의해야 할 것은 그렇다고 너무 수비에만 치중해도 안된다는 것입니다. 요는 돌을 최대한으로 움직일 수 있는 수비가 중요합니다.

勇 저는 공격은 괜찮읍니다만 수비는 약합니다.

大竹 그런 말은 하지 마시고 공방 겸비한 강력한 사람이 되어 주십시오. 기대하겠읍니다. 제3형 백1로 끊기가 들어왔읍니다만 흑의 차례에서 어떻게 놓을까요?

勇 1도 흑1·3으로 놓고 ● 한 점을 버리겠지요.

太郎 그러면 백4를 살릴 것 같은데요.

大竹 勇씨는 정직하니까요. 백4의 대기를 살리는 것

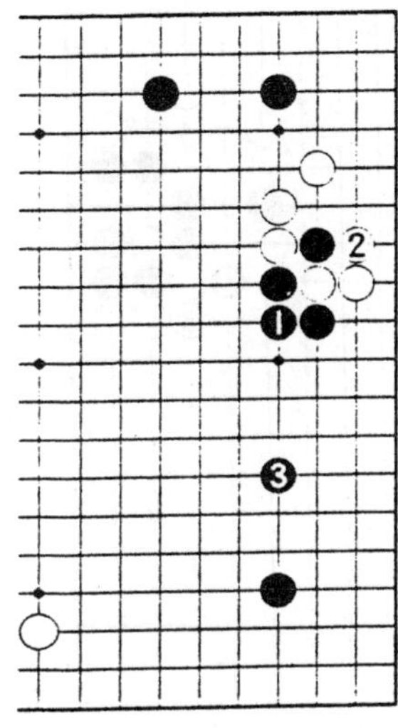

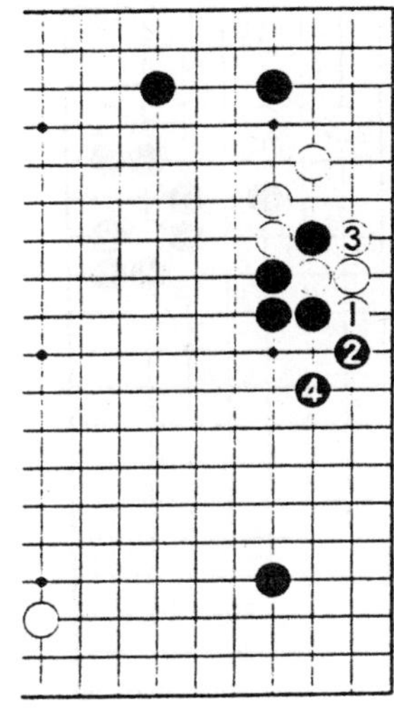

이 실로 뼈아픈 것입니다. 이 경우의 혹에게 있어서는.
이 한 수로 백은 싱싱해지지 않읍니까?

　勇　그러면 어떻게 놓는 것입니까? 혹 한 점을 버리는
길밖에는 없을 것 같은데요……

　大竹　勇씨는 좀 지나치게 놓는 것 같군요. 2도 혹1
로 단단하게 잇기를 놓는 것이 중요한 것입니다.

　勇　후수가 아닙니까? 이것이 정해입니까……

　大竹　太郎씨는 어떻게 생각하세요?

　太郎　백2로 취하는 길밖에 없겠군요.　혹3　주위로
……

　大竹　좋읍니다. 혹에게 쓸데없는 돌은 없읍니다.　2도
백2에서는　3도 백1을 살리고 3으로 수를 돌릴　수도
있을 것 같은데요.

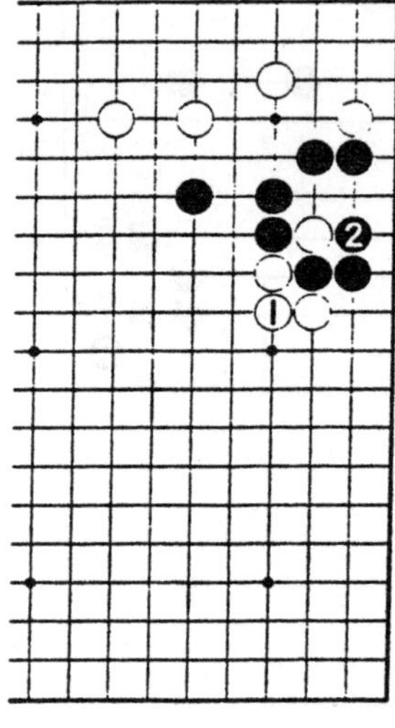

4도

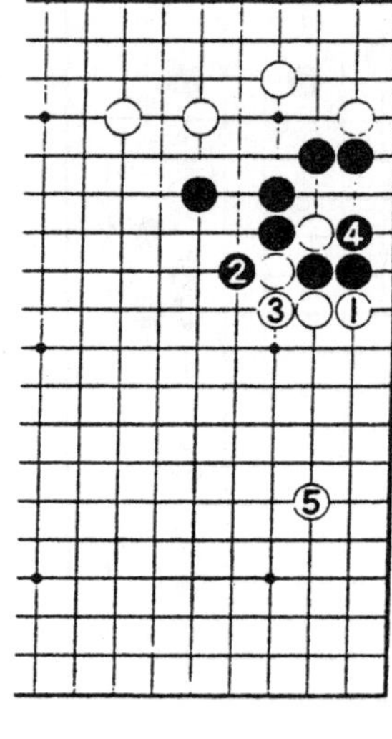

5도

太郎 1도와 2도, 또는 3도와는 다소 차가 있는데요.

大竹 다소가 아닙니다. 프로는 1도와 같은 백4 대기를 살리는 것을 극히 싫어합니다. 우선 그것을 막고 2도와 같이 잇기를 놓으면 백2가 필연적으로 반분(半分) 선수가 되는 것입니다. 이것이 고단자가 놓는 방법입니다.

勇 4도, 이것은 백의 차례면 1로 잇기를 놓는 것이지요?

太郎 같은 맥인가요.

大竹 이런 식으로 흑의 형이 굳을 때는 5도 백1로 밀고 흑2의 대기가 와도 놀라지 않읍니다. 왜냐하면 흑4에 백5로 대비하여 결코 놀라지 않는 형세이겠지요.

太郎 '경우에 의한다'라는 뜻인가요?

大竹 그런 것입니다. 돌의 배치가 달라지면 생각하는 방

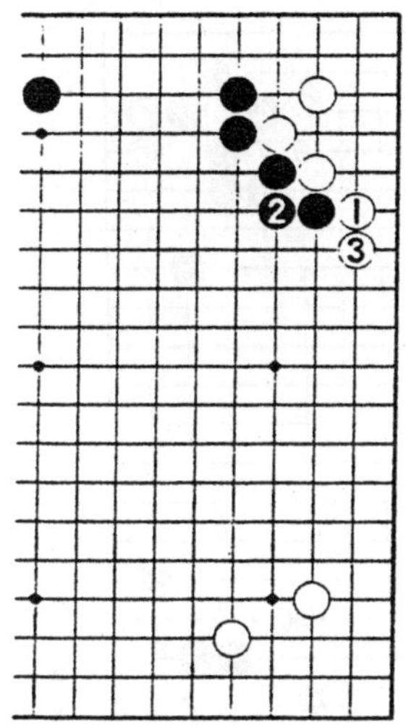

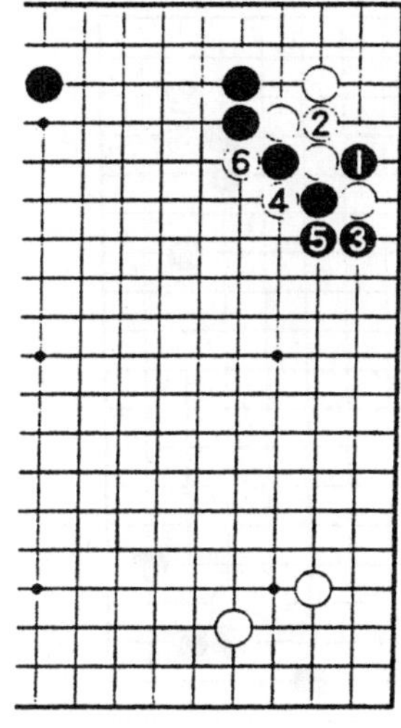

법도 바뀌지 않으면 안되겠지요. **6도** 백 1 젖히기에 혹 2 로 잇는 것이 역시 냉정한 일착이 되는 것입니다. 이 이 외에는 혹은 형을 잘 정비할 수가 없읍니다.

　勇 미지근한 것도 같지만 좋은 수로군요. 백 3 은 이 한 수입니까?

　太郎 백 3 뻗어 끊기는 어떤 책에선가 본 적이 있읍니 다. 제 2 선뿐이지만 절대 급소로 나가 있읍니다.

　大竹 혹 2, 백 3 모두 단단하게 지키는 것입니다.

　勇 알았읍니다. 백 4 · 6 으로 얼굴을 내밀어서는 안됩 니까?

　大竹 어떤 이유가 있더라도 돌이 나눔형이 되어서는 안 됩니다. 주의해 주십시오.

　太郎 선생님, 8도는 '잘못 끊은 한쪽을 뻗어라' 이지요.

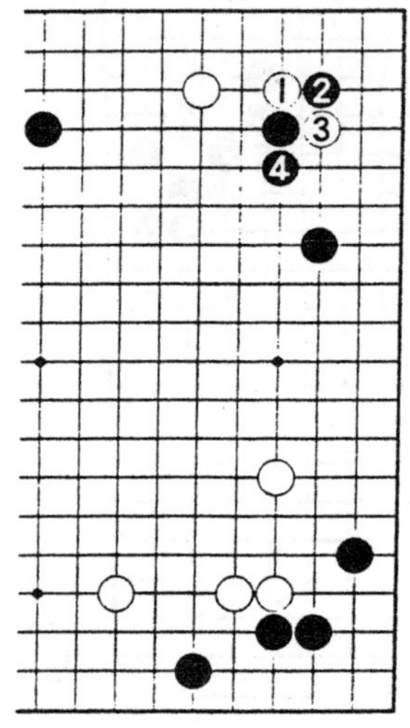

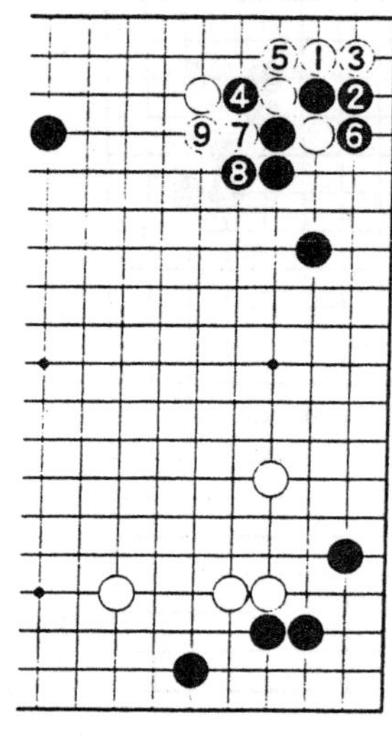

大竹 흑4로 당기는 것이 '한쪽 뻗기'이지만, 제가 말하고 싶은 것은 이 뒤의 놓는 방법입니다.

太郎 어떻게 대는가 하는?

大竹 그런 것이 아닙니다. 자, 太郎씨 해 보십시오.

太郎 이것은 긁어 부스럼이군요. 그럼 9도 백1로 댈 수 밖에 없을 것 같은데요. 흑2는 당연하고…… 이어서 백3으로 밉니다. 흑4를 살려도 백7·9로 안아 불평은 없겠지요?

大竹 밀자, 밀어 하는 무드도 시기에 따라서 하겠지요. 자신의 수비에 틈은 없는가 잘 검토해야 합니다. 9도는 그 점에서 백에 틈이 있읍니다.

太郎 어디입니까? 없는 것 같은데요.

大竹 아직 모르시겠읍니까?

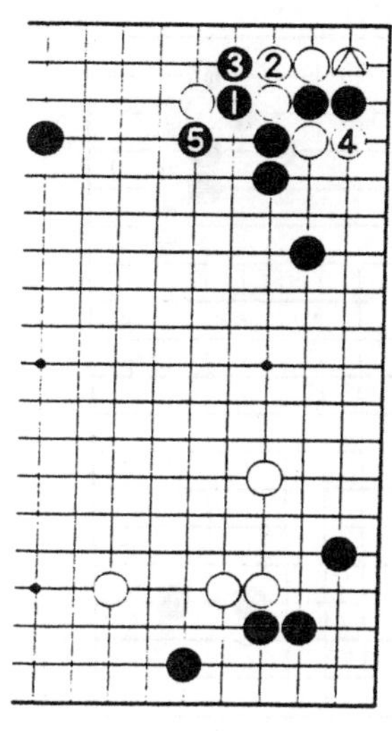

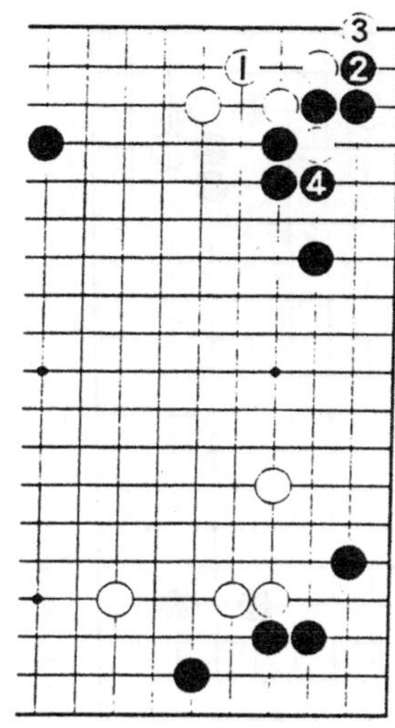

太郎 돌을 잡힐 곳은 없고, 아무런 부자유도 없읍니다.

大竹 그럼 말씀드리지요. **10도** 흑1의 대기부터 3으로 댑니다. 백4 안을 때, 흑5로 젖혀 중앙이 두꺼워집니다. △의 누르기는 수 읽기가 독선적이었던 것입니다.

太郎 알 것 같기도…… 모르는 것 같기도…… 그러고 보니 백의 형은 결코 아름답지 않은 것 같군요.

大竹 겨우 납득하셨읍니까? △의 밀기에는 **11도** 백1로 걸쳐 잇는 것이 아름다운 수비라고 할 수 있읍니다. 흑2로 구부려 백3에 흑4로 수를 돌리면 쌍방 모두 아름다운 모습이 되고 완벽한 놓기가 됩니다.

太郎, 勇 ……

大竹 불편한 표정을 짓고 계시군요.

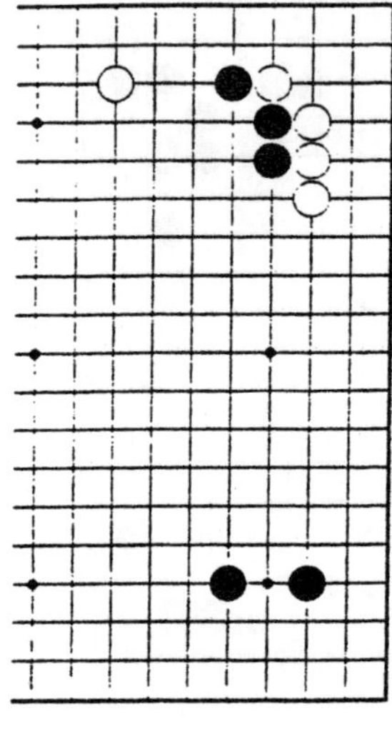

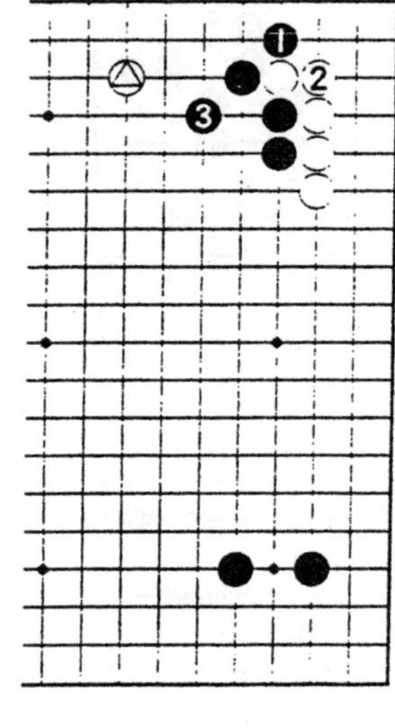

형에 얽매이지 말라

大竹 이번에는 형에 얽매이면 위험하다는 테마. 제 4 형을 보아 주십시오. 우상의 흑 세 점을 어떻게 안정시키는 것이 최선이라고 생각하십니까?

勇 안정시킨다고 해도 흑은 상당히 마음에 걸리는군요……

大竹 그러기에 잘 풀어야 하는 것입니다. 어설픈 형으로 일을 망치면 안됩니다.

勇 선생님, 분명 1 도 흑1로 젖혀 백2 잇기에 흑3으로 걸쳐 잇는 형이라고 선배에게 배운 것 같은데요……

太郎 勇씨, 그 선배를 나라고 말하고 싶으신 것이지요?

大竹 太郎씨, 정말입니까? △가 있어도?

太郎 △가 있었는지, 없었는지 알아채지 못했읍니다.

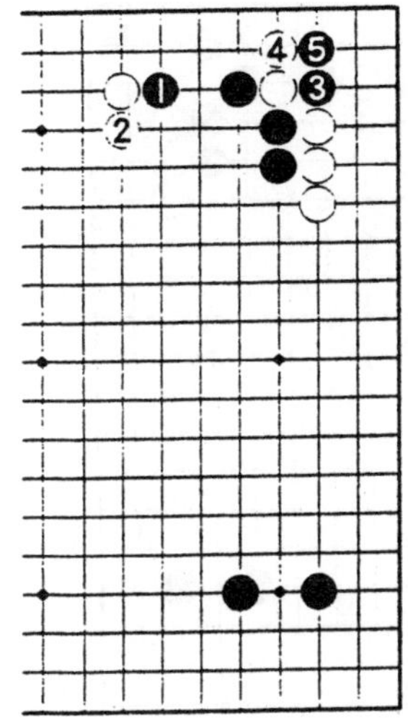

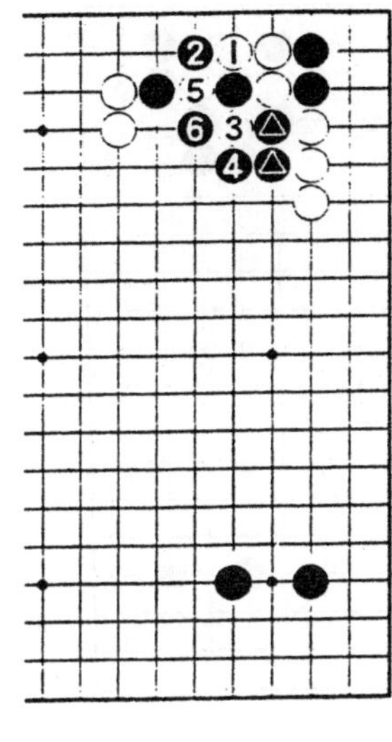

2 도

3 도

大竹 있는 것과 없는 것과는 큰 차이가 있으니까요. 우선 1도는 형의 불확실한 기억에 의한 것. 다만 단단하기는 하지만 소위 돌을 충분히 움직이고 있다고는 할 수 없읍니다.

太郎 어떻게 하면 돌을 움직일 수가 있을까요?

大竹 우선 2도 흑1로 붙여가는 것이겠지요. 단 이 형, 흑의 흐름도 얽혀져 있지만요. 백2 세우기라면 흑3으로 붙여가는 것입니다.

勇 음, 그런 곳에 붙여가도 괜찮읍니까.

大竹 괜찮읍니다. 백4에 흑5. 이어서 3도 백1 구부리기부터 3의 끊기라면 흑2·4부터 6으로 양쪽 주위로 하는 것입니다.

勇 흐름은 어떻게 되는 것입니까?

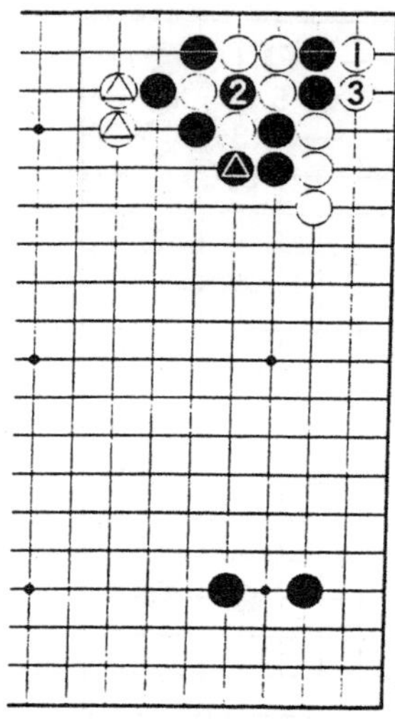 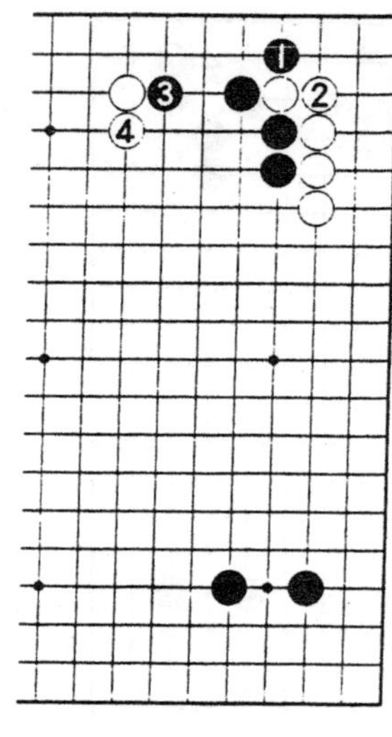

4도

5도

　　大竹　● 두 점의 흐름이 불리하다면 **3도**의 혹**4**로 대고, 유리하다면 혹**5**로 붙여갑니다.　**3도**에 이어 **4도** 백**1**로 수를 되돌리는 수밖에 없읍니다.　혹**2**로 백 두 점을 빼면 백도 **3**으로 두 점을 확보.　다만 왼쪽의 △ 두 점은 무거운 돌이 되어있는 것이 마음에 들지 않읍니다.

　　勇　어려워서 틀릴 것 같읍니다.

　　大竹　혹의 흐름이 불리할 때는 ●으로 구부리는　것이 중요합니다.

　　勇　그럼 **5도** 혹**1** 젖히기를 놓은 다음 **3**으로 붙이는 것은 안된다는 뜻이군요.

　　大竹　백**4**로 세우기가 놓여 불발입니다.　쓸데없이　좌우의 백을 굳힌 것에 지나지 않읍니다.　혹 자신이 매우약한 돌이 되어있다는 것을 알아차리셨으면 합니다.　완전히

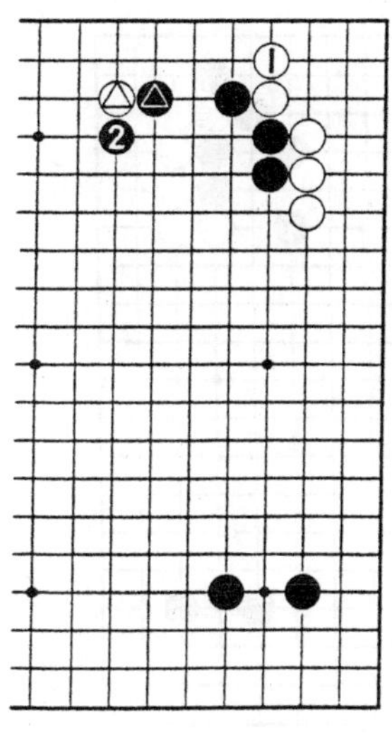

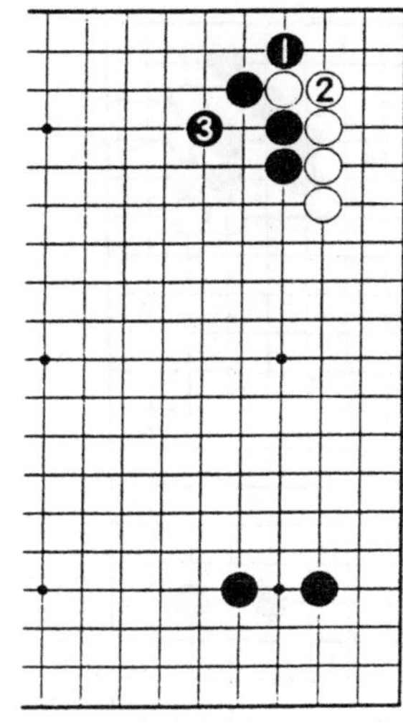

6 도   7 도

맛이 없어진 것입니다.

太郎 선생님, 2도, 3도의 진행으로 백이 좋지 않다면 백의 받는 방법이 나빴던 것입니까?

大竹 그렇읍니다. 6도 백1 내리기로 응수하는 것이 무난하겠지요. 그러면 흑2로 젖혀 △의 움직임을 봉쇄하는 것이 좋은 수입니다. 소위 돌을 놓으려면 왼쪽을 놓으라는 것으로 ●의 붙이기가 번쩍이지 않으면 안됩니다.

太郎 겨우 생각이 났읍니다. 7도와 같이 백의 끼우기가 없을 때에 흑1로 젖히고 백2 잇기에 흑3으로 걸어 이어가는 것입니다. 이것이 바른 형이라고 생각하는데요.

大竹 드디어 생각해 내셨군요. 그렇다면 흑은 불만이 없읍니다. 이 이상 훌륭한 수는 없는 것입니다.

太郎 이제 잊지 않겠읍니다. 주위의 배석에도 주의를

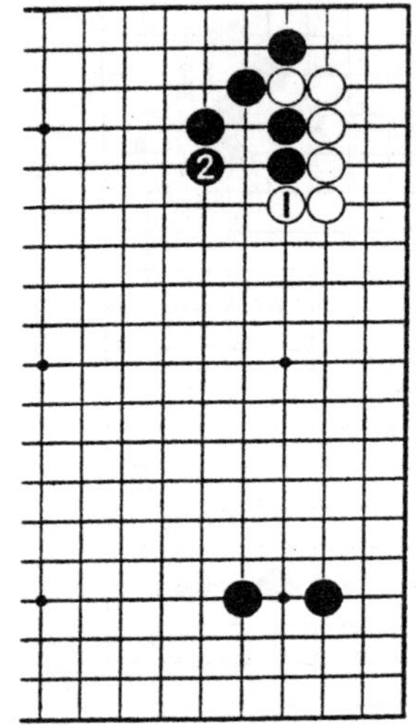

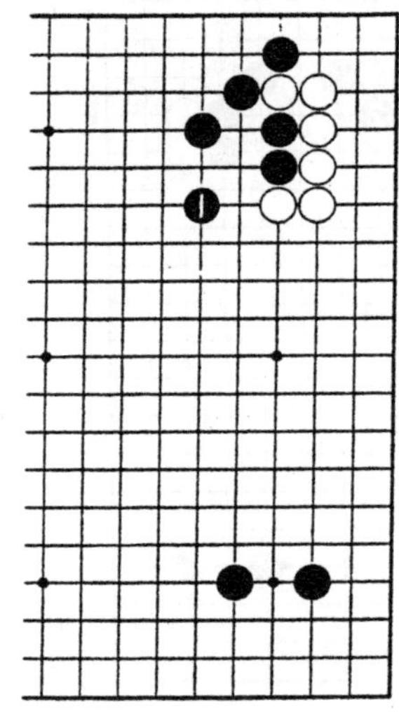

8
도

9
도

기울여 놓아야 한다는 것을요.

大竹 그렇게 해 주십시오. 그럼 **7도** 다음에 **8도** 백1로 구부려 가면 어떻겠읍니까?

勇 흑2로 지킵니다. 이 이외에는 없을 것 같은데요.

大竹 아름답지 않군요. 흑2는 돌의 움직임이 빈약하다고 할 수 있읍니다.

勇 이 이상의 철벽 수비가 있는 것입니까?

大竹 네, 분명히 철벽입니다. 백2의 급소의 맥을 막고 있으니까요. 하지만 **9도**를 보아 주십시오. 흑1로 뛰는 것이 맥이고 돌의 모습도 아름답게 움직이고 있읍니다. 이 수를 놓으면 윗수는 깜짝 놀랄 것입니다. 이번에 놓아 보십시오.

勇 네, 해 보겠읍니다.

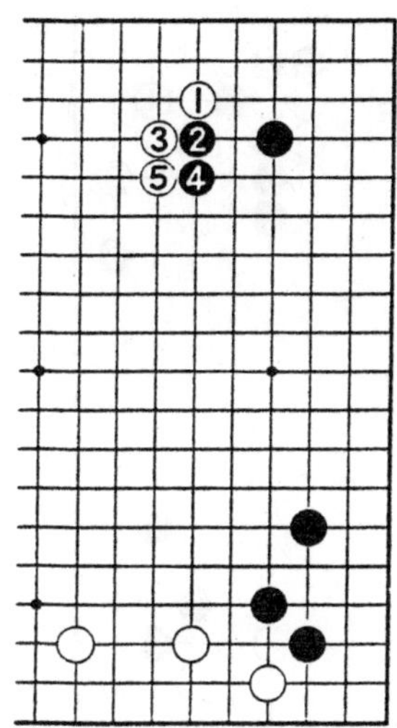

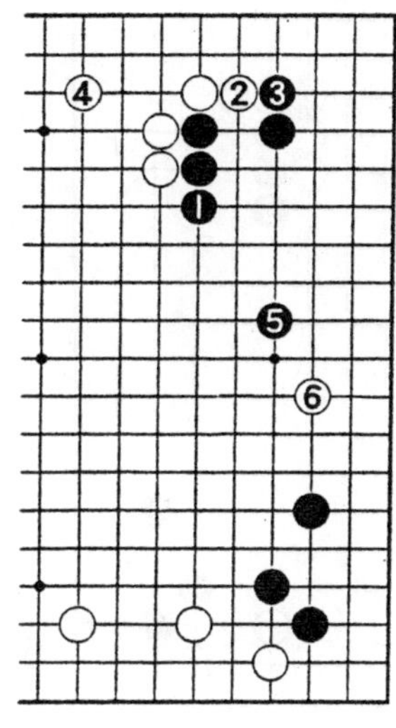

大竹 대부분 맥이 좋아졌을 때 또다른 예를 보여 드리지요. 10도 백1의 걸치기에 흑2·4로 붙여 뻗고, 백5로 밀어 갔읍니다. 실은 이 백5가 정석 밸런스입니다만 흑은 어떻게 놓겠읍니까? 백의 정석 밸런스를 무너뜨리려면 어떻게 하는 것이 좋을까요. 단 형에 구애되서는 안됩니다.

勇 제가 도전해 보겠읍니다. 11도 흑1로 뻗지요. 그리고 백2 뻗기라면 흑3. 백4 날일자라면 흑5로 벌려 두지요.

大竹 그럼 백6 뛰어들기입니다. 勇씨의 받기는 결코 나쁘지 않읍니다. 훌륭하다고 생각합니다만 초단을 겨냥하는 사람으로서는 다소 박력이 결여되어 있다고 할 수 있읍니다. 흑1 보다 좋은 수가 있기 때문입니다.

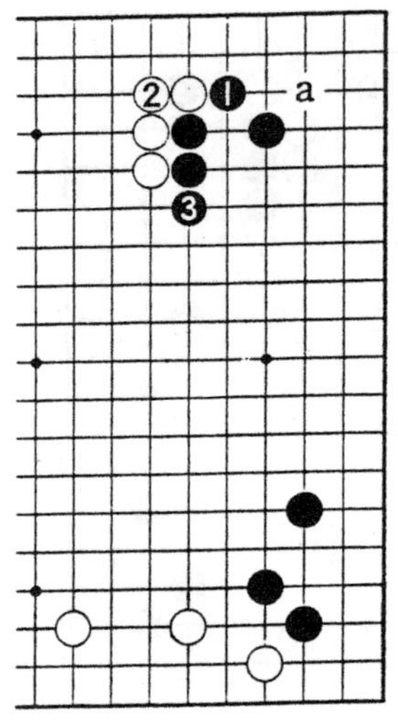

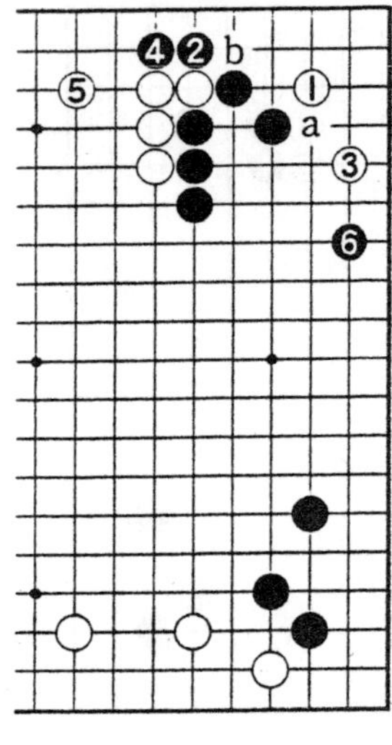

勇 선생님, 그것은 어떤 것입니까?

大竹 12도 흑1로 누르는 것입니다. 뭐니뭐니 해도 이 누르기가 급소인 것입니다. 백2로 위를 이으면 흑3으로 이어 끊어 아름답게 되겠지요. a의 3·3은 비어 있읍니다만 흑은 단단합니다. 이번이야말로 흑3의 점을 백부터 젖히게 해서는 안됩니다.

太郎 그러면 13도 백1로 3·3에 침입해 주면 어떻게 될까요?

大竹 백1에 흑2로 젖힙니다. 백3 미끄러지기에 흑4 넣기. 백5 뛰기라면 흑6으로 백의 심지를 멈추는 것이 좋은 놓기입니다.

太郎 선생님, 백1에 흑a로 넓히는 쪽을 누르는 것은 좋지 않습니까?

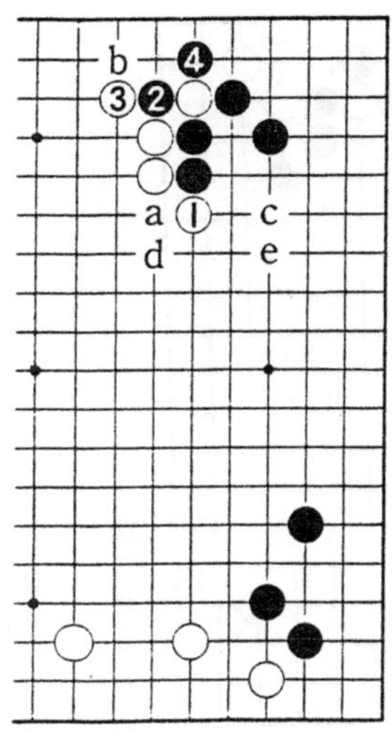

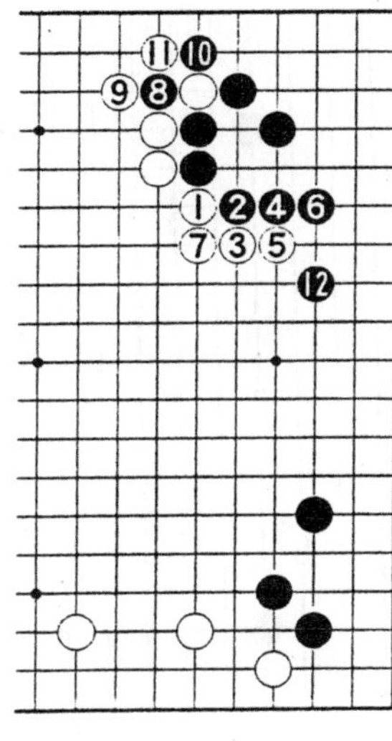

大竹 백b로 건넙니다만 **13도**쪽이 흑에게 있어서 바람직한 진행입니다. 상변의 백도 안정되어 있지 않고 우상은 작게 살리면 충분합니다. 그럼 여러분도 어서 이런 식으로 놓을 수 있게 되도록 노력하십시오. 또 **12도** 백2의 잇기가 아닌 **14도** 1로 젖혀가면 흑2로 위를 끊는 것이 좋고, 백3 누르기라면 흑4의 빼기. 맛이 좋은 빼기이고, 백에는 a의 결점이 남고 흑부터는 b의 젖히기가 기분 좋은 것이 되는 것입니다.

太郎 그 전에 위를 끊어버리는 것이군요.

大竹 아무튼 맛이 좋으니까요. **15도** 백1 젖히기에 흑2 누르기는 백이 좋고, 백3의 2단 젖히기부터 흑**12**까지의 갈림이 되면 **14도** 보다도 흑의 득이 되어 있지 않겠지요.

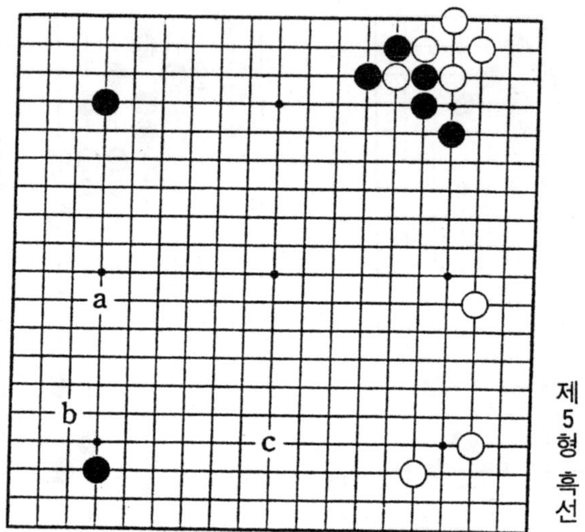

제 5 형 흑선

맛 좋게 돌을 취하라

大竹 테마인 '맛 좋게 돌을 취하라' 라는 것은 '도망쳐 곤란한 돌은 곧 취하라' 와 통하는 말입니다. 제5형 입니다만 아직 큰 곳은 여기 저기에 많이 있읍니다. 예를 들면, a부터 c 등. 그러나 '큰 곳 보다 급소'로써 흑은 맛 좋게 놓아야 하는 것입니다.

勇 그것은 그 수이지요?

太郎 그 수란 어디입니까?

勇 흑 b입니다.

大竹 太郎씨는 어디입니까? a, b, c 전부에 놓고 싶다 입니까?

太郎 가능하다면 그러고 싶읍니다만……

大竹 그렇읍니까? 저라면 예를 들면, 1도의 백2로 붙

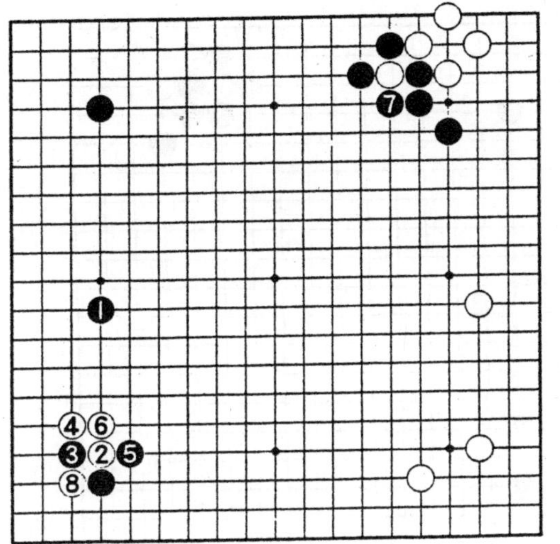

1도

이겠읍니다. 이것은 소위 흐름대기라는 것입니다.

太郎 흑3으로 젖히면,

大竹 글쎄요, 아직 흐름은 괜찮으니까요. 그러나 백4로 누르면 또 사건이 속행됩니다. 흑5에 백6 잇기, 혹은 이어서 7로 우상을 메꿉니다……

太郎 음.

大竹 흐름대기는 상대의 돌에 직접 붙이는 것이 요령인 것입니다. 그것에 대해 2, 3수 받더라도 흐름대기가 되어 받으면 받을수록 사건은 커지는 것입니다.

勇 ……

太郎 과연, 알았읍니다. 그럼 정해는 우상 빼기이군요.

大竹 2도, 우상에서 백 한 점을 빼는 것이 중요합니다. 백2로 걸면 이번에는 좌하는 흑이 주도권을 잡고 싸울 수

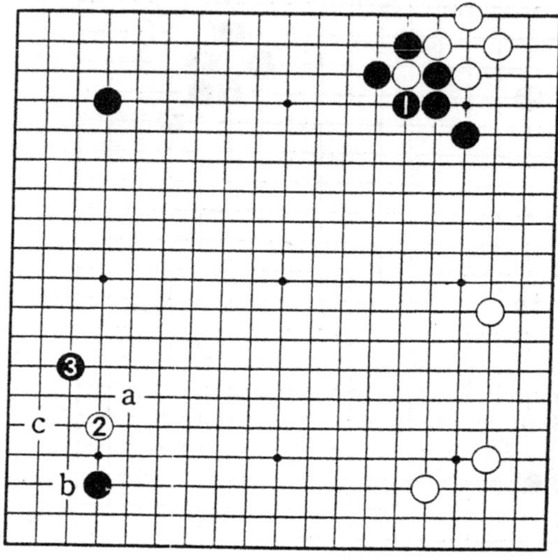

있는 것입니다. 아무튼 우상의 백이 1로 나가 흐름을 끊으면 안심하고 놓을 수 있는 것입니다.

勇 우상의 백 한 점은 마치 암세포 같은 것이군요.

大竹 그렇읍니다. 그러므로 조기 발견하여 잘라내는 것이 가장 좋은 것입니다. 흑3 다음 백은 a, b, c 등의 놓기가 있읍니다만 흑은 우상의 두꺼운 맛이 작용하여 불리하다고는 생각할 수 없읍니다.

太郎 이 그림은 암이 여기저기로 퍼지기 전에 깨끗이 제거해야 한다는 것이군요.

勇 어렵지만 알겠읍니다.

大竹 다소 난해하지요. 그럼 간단한 것을. 3도, 흐름이 흑에 유리한 것으로 1로 끊어갔읍니다. 그럼 백은 어떻게 놓으면 좋겠읍니까.

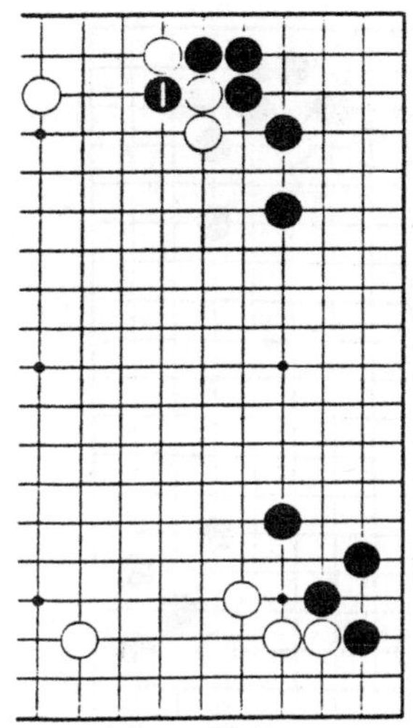

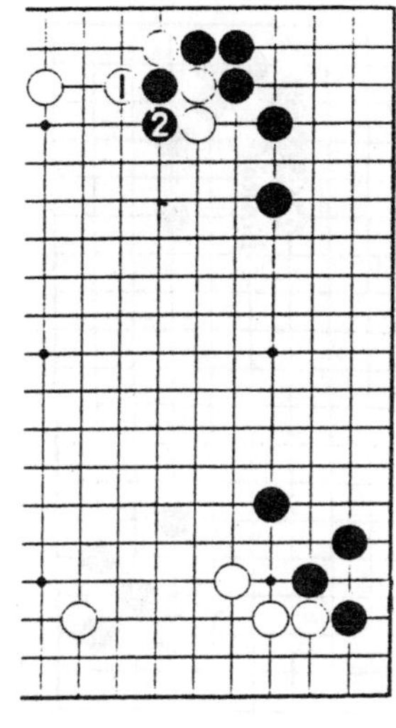

勇 이것은 이미 그 수로 한정되는군요.

太郎 勇씨, 4도 백1의 안기 말씀이겠지요?

勇 太郎씨도 잘 알고 계시는군요. 이 이외 놓는 수가 없는 것 같은데요.

大竹 자신을 갖고 하시는 말씀입니까, 勇씨?

勇 大竹 선생님. 이렇게 당연한 수를 물어 보시다니요 ……

大竹 그렇게 자신만만한데 냉수를 끼얹는 것 같아 미안합니다만, 그것은 틀렸읍니다. 흐름이 나쁘기 때문에 흑2로 나오면 어떻게 하겠읍니까?

勇 그럼 이렇게 놓읍니까? 5도 백1로 제치는 수.

太郎 勇씨, 흑2로 도망치면 어떻게 하겠읍니까?

勇 백3에서 뻗어갑니다. 안됩니까?

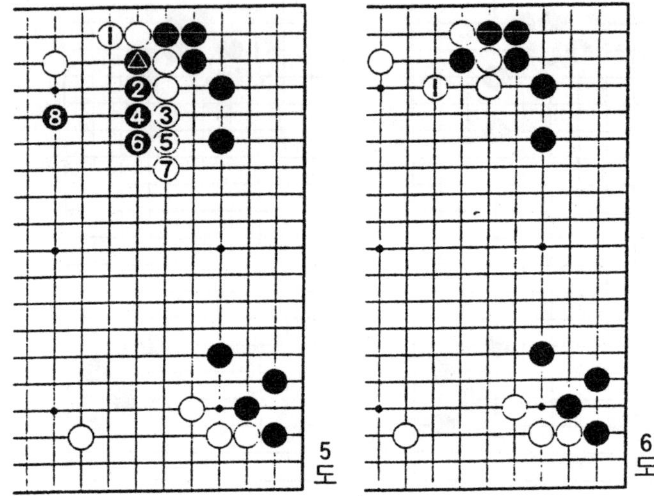

太郎 흑8로 칼끝을 만듭니다. ●의 암세포가 점점 커져 8 등으로 고쳐 앉은 느낌입니다.

勇 도저히 아름답다고는 할 수 없군요.

大竹 4도도 5도도 전혀 아름답지 않습니다. 물론 4도는 흐름이 얽혀 있지는 않습니다. 5도 백1에서 2로 대는 방법이 나을 지도.

勇 버림돌 전법입니까?

太郎 알겠읍니다. 6도 백1의 걸치기군요.

大竹 그것이 정해입니다. 간단하지요. ' 도망쳐 곤란한 돌을 빨리 취하라' 를 역용하여 '잘 잡을 수 없는 돌이라면 빨리 끊어라' 하는 것입니다. 7도 △로 걸쳐갔읍니다만 흑도 백 한 점을 안지 말고 1로 뻗어냅니다. 백도 2로 두 점으로 하여 버리는 요령입니다.

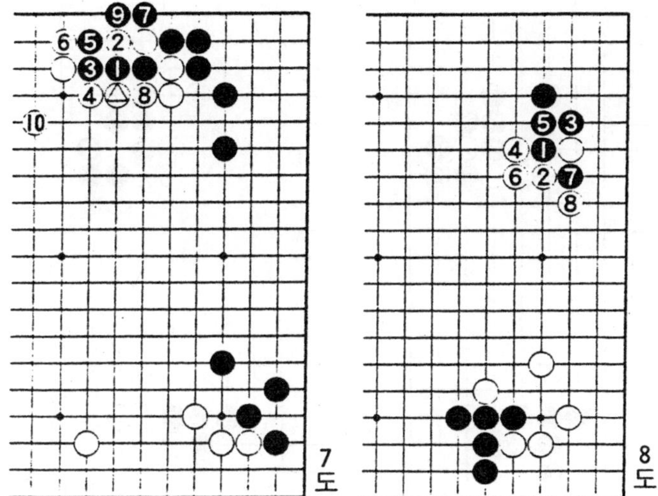

太郎   하하하, '공방 겨냥의 한 수'에서 공부한 그 요령
이군요?

大竹   그렇읍니다. 흑 3 에서 5 로 구부리는 것도 어쩔
수 없읍니다만 백은 4 에서 8 로 깨끗하게 조여 10 의 날
일자. 백 두 점 버림돌에 의해 강력한 벽을 구축하고 있읍
니다.

勇   大竹   선생님이 놓으면 어떤 돌이라도 아름답게 변
하는군요.

大竹   생활(生活)이 걸려 있기 때문이지요. 그럼   8 도
흑 1 부터 백 8 은 붙여 누르는 정석입니다.

勇   9 도, 이것은 흑 1 로 빼면 되는 것이지요, 大竹 선생
님 ?

太郎   글쎄……   그렇게 간단할 것 같지는 않은데.

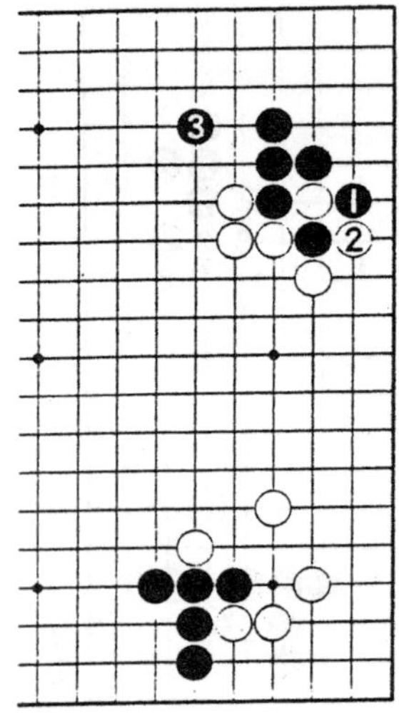

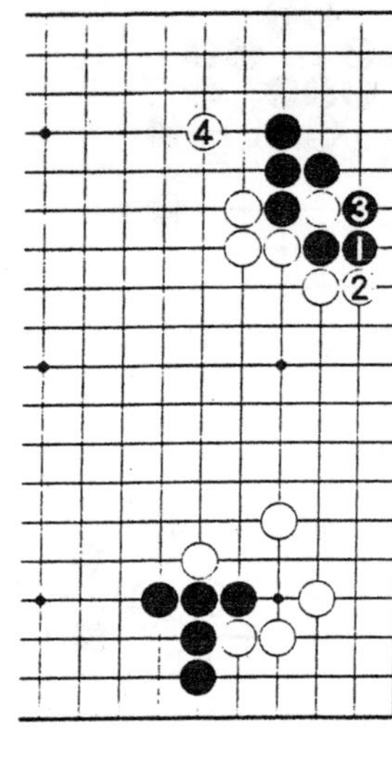

9도

10도

大竹 勇씨의 빼기가 바른 방법입니다. 백2의 대기라면 흑3으로 대비해도 충분합니다. 질문은?

太郎 네, 그래요? 흑1 따위 누구라도 놓을 수 있는 수가 아닙니까? 아무런 특색도 없읍니다. 그 수는……

大竹 특색이 없는 쪽이 좋읍니다

勇 太郎씨, 원점으로 돌아갔군요.

太郎 음, 분하다. 10도 흑1로 뻗어 백2에 흑3으로 빼는 것인가 했읍니다.

大竹 백4로 9도 보다 흑이 상당히 떨어졌읍니다.

勇 선생님, 9도의 백2 대기를 놓지 않고 11도 백1로 먼저 돌리면 어떻읍니까?

大竹 그것도 생각하여 놓지 않으면 안됩니다. 바둑에 따라서는 백1의 날일자가 좋은 수가 되기도 하니까요. 다

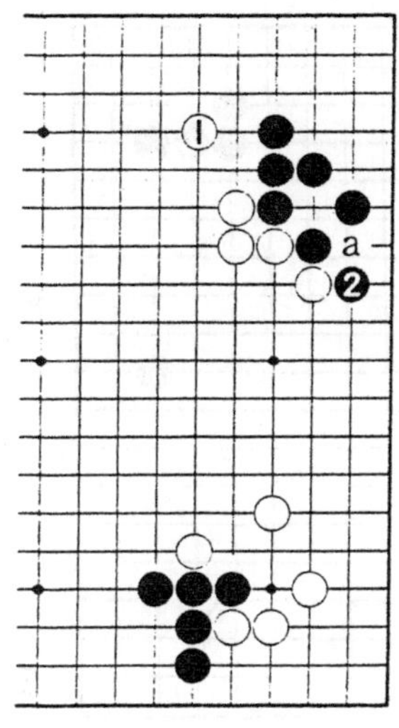

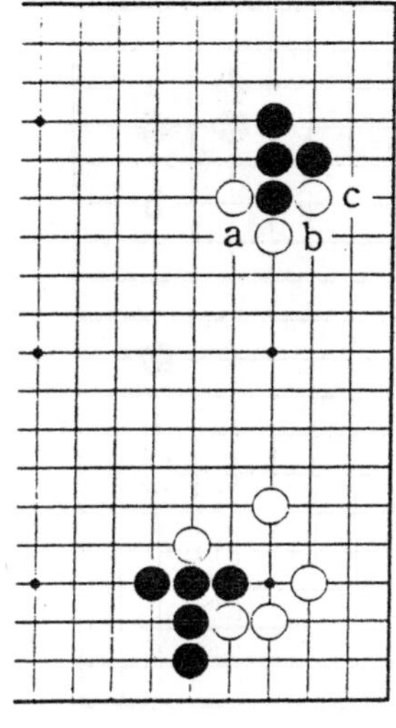

만, 이 경우는 문제가 될 지도 모릅니다.

勇 또 어째서입니까?

大竹 흑 2 로 젖혀지기 때문입니다. 이 한 수로 우변의 백의 땅이 큰 폭으로 감퇴하고 있지요?

勇 그러므로 백 1 이 아닌 a로 댄 것이군요.

大竹 그렇읍니다. 양쪽 모두 놓을 수 없으니까요. 이것도 거슬러 올라가기이지만 백 a의 대기에 흑 1 로 대비하지 않고 2 로 종반의 패가 되도록 하는 것은 너무 지나친 것입니다. 또 12 도, 우상의 붙여누르기 정석은 백 a 위 잇기, b 아래 잇기, c 내리기가 있다는 것도 염두해 두어 주십시오.

太郎 그런데 13 도, 이것은 어떤 것입니까?

大竹 '맛 좋게 돌을 취하라'의 연속입니다. 백 1 로 뺀

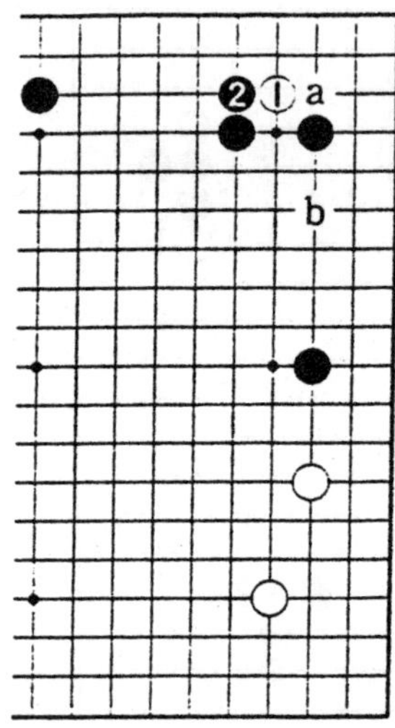

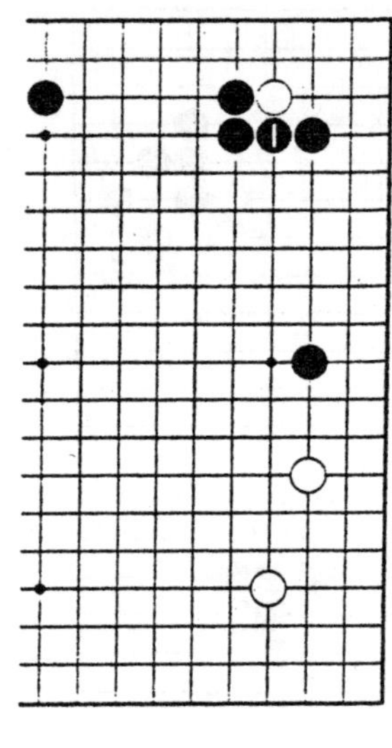

모습을 보고, 흑2로 대응한 다음 백이 수 빼기가 되어 있는 상태에서 흑의 수를 넣는 문제입니다. 어떻읍니까?

太郎　저는 흑a 누르기입니다.

勇　저는 b 뛰기입니다만. 이래도 구석은 괜찮겠지요.

大竹　하하하, 씩씩하군요. 하지만 어느쪽도 맛이 좋다고는 할 수 없읍니다. 좀더 완전하게 발판을 굳히는 편이 좋읍니다. 그러면 또 한가지. 프로의 국면에서 자주 볼 수 있는 형입니다만, 15도 백1로 붙여 모양을 보는 수는 고급 수단으로, 이것을 시기를 놓치지 않고 놓을 수 있으면 프로 초단이라고 할 수 있을 정도입니다. 흑2로 뻗으면 백이 곧 움직이지 않고 달리 놓을 때의 흑의 수 넣기 방법 이외에…… 하는 것입니다.

太郎　흑a 누르기로…… 구석은 걱정 없다고 생각합니

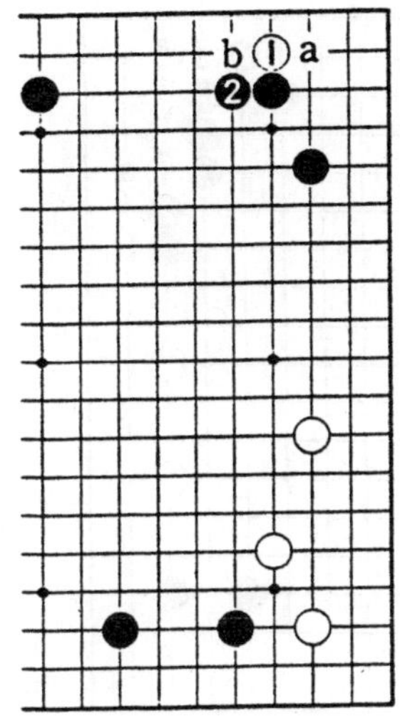

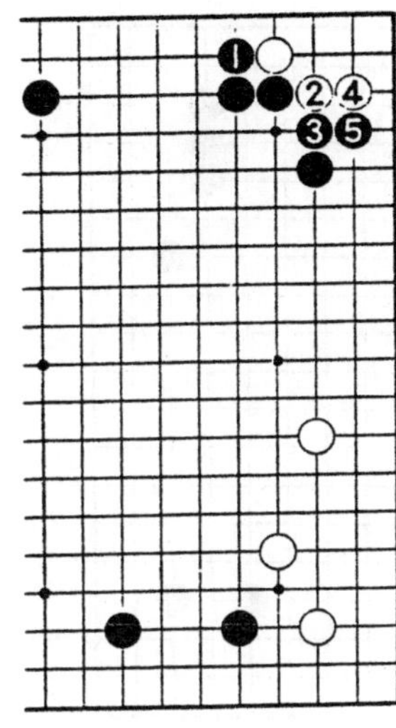

다만.

　勇　저는 혹b로 누르겠읍니다.

　大竹　네 勇씨의 혹b가 정해였던 것입니다. 16도 혹1 쪽이 맛 좋은 수 넣기라고 할 수 있읍니다. 그리고 백2·4로 움직여 내어도 혹3·5로 갑니다.

　太郞　음, 勇씨가 정해였읍니까? 놀랐읍니다.

　勇　제 감도 무시할 수는 없읍니다.　太郞씨, 알았읍니까?

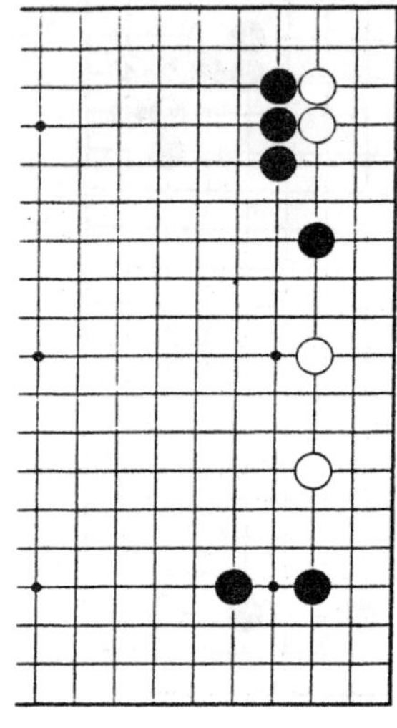

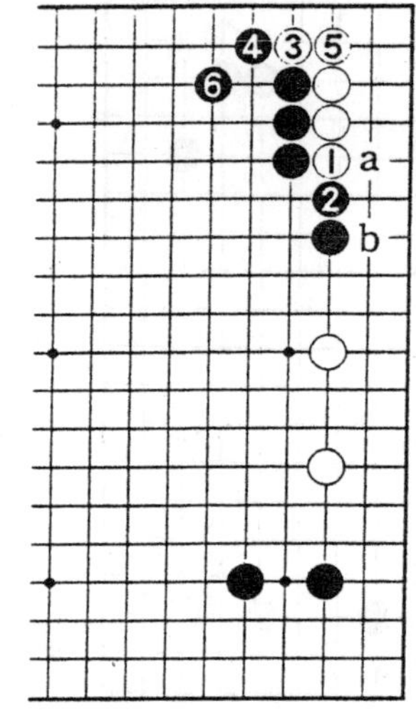

살릴 여지를 남기지 말라

大竹 우리들이 바둑을 놓을 때 가장 신경을 쓰는 것 중 하나가 '어떻게 상대가 좋아 하는 대로 하지 않느냐' 하는 것입니다. 이것을 뒤집어 표현하면 '어떻게 살릴 여지를 없애는가' 하는 말이 되겠지요. 두 분께 있어서는 아직 난해한 문제이겠지만요.

太郎 네. 어떤 것입니까?

大竹 제6형 백의 차례에서 어떻게 놓으면 상대의 맥을 막느냐 하는 것입니다.

太郎 그다지 좋지 않다고 생각합니다만, 1도 백1로 넣고, 흑2에 백3·5로 젖혀 이어서……

大竹 역시 그렇게 놓아서는 흑a부터 b의 맥을 볼수 있으므로 실패입니다. 너무 정직한 방법입니다.

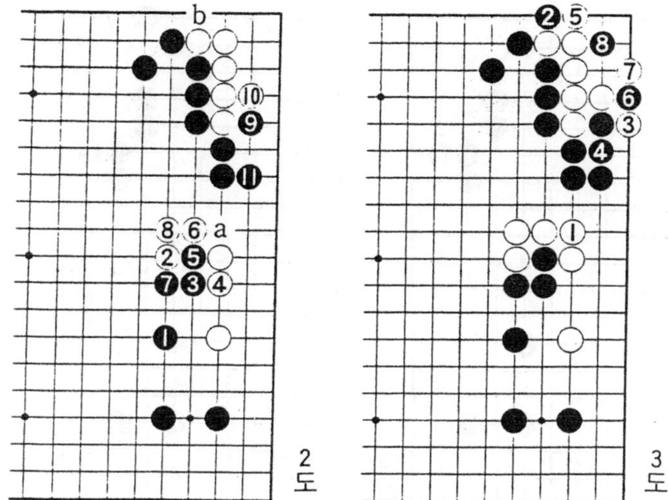

太郎 선생님, 어떤 경우에 이런 수를 놓는 것입니까?

大竹 예를 들면, 2도 흑1 주위부터 우변의 백에 붙여 백 8로 잇는 것입니다. 그리고 흑9로 젖혀 백10에 흑11로 구부려 둡니다. 잘 보아 주십시오.

勇 우변을 백a로 잇고 싶읍니다…… 하지만 우상 구석의 백은 괜찮을까요……

太郎 음, '이쪽을 세우면 저쪽이 쓰러진다' 로군요.

大竹 아무튼 해 보지요. 3도 백1로 이으면 흑2로 젖힙니다. 백3 이하로 저항하면 흑8로 붙여 구석의 백을 살릴 수 없읍니다. 우상을 살리면 흑1로 끊기는 것은 당연합니다. 요컨대 상대의 살리기가 훌륭하게 결정된 것이라고 할 수 있읍니다. 백의 놓기는 좋지 않았던 것입니다.

太郎 선생님, 4도에서 먼저 흑1 내리기는 어떻읍니까?

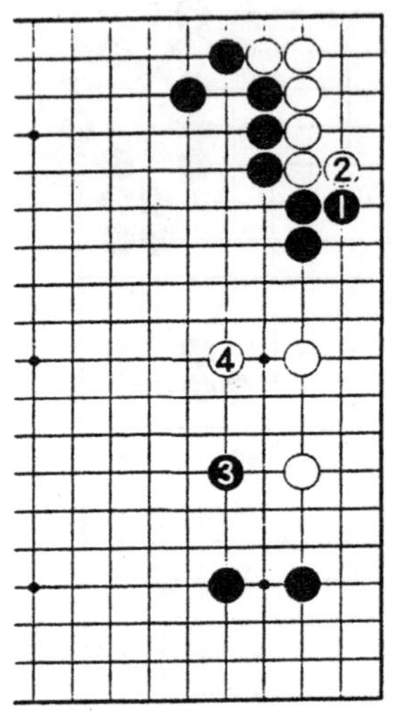

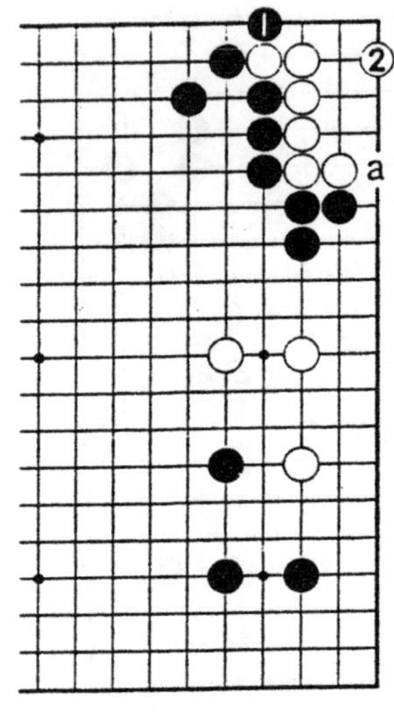

大竹 백2에 흑3으로 공격하는 것이 됩니다만, 백4로 젖혀져도 흑은 일보 늦어지는 것입니다.

太郞 5도 흑1로 젖혀가는 것이군요?

大竹 백2로 좋읍니다. 흑1에서 a의 젖히기로도 두 집은 확보할 수 있으니까요.

太部 역시 2도의 흑9로 젖혀 11로 우변을 겨냥하는 맥이 최대의 효과를 발휘하는 것이군요.

大竹 아셨군요. 4도는 흑이 최선인 것 같읍니다만, 그전에 백의 놓기가 나빴던 것입니다.

勇 그럼, 백의 바른 놓기는?

大竹 백3으로 붙여댑니다. 그러면 흑4가 필연이므로 백은 5·7로 젖혀 잇읍니다.

勇 이것은 백은 4도와 같은 형이군요. 그러나 이번에

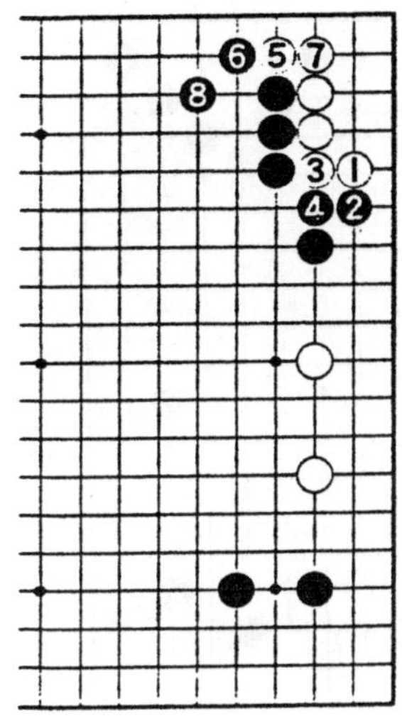

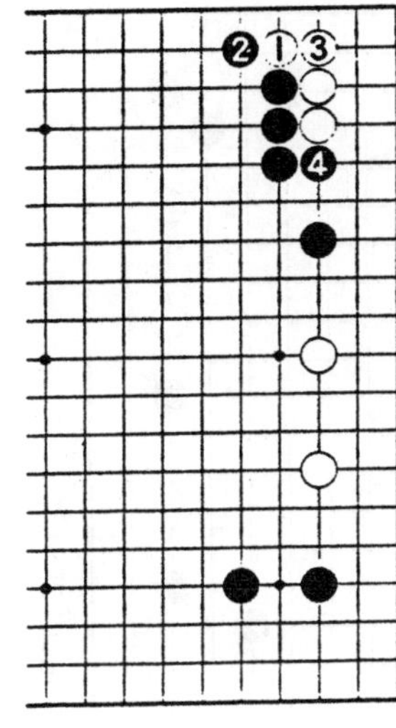

는 흑이 선수이기 때문에 다른 큰 곳으로 돈 것이군요.

　大竹 그런 식으로 장면을 전환시켜 생각할 수 있으면 이미 상급자라고 할 수 있겠지요. 그리고 우상은 4 도나 5 도와 같은 형이 되었읍니다만, 흑에서의 맥은 통용되지 않는다고 할 수 있기 때문입니다.

　勇 백 1 따위는 배우지 않으면 전혀 모르겠군요.

　太郎 정말입니다. 7 도 백 1 에서 젖혀가면 흑 4 로　안 될 테니까요.

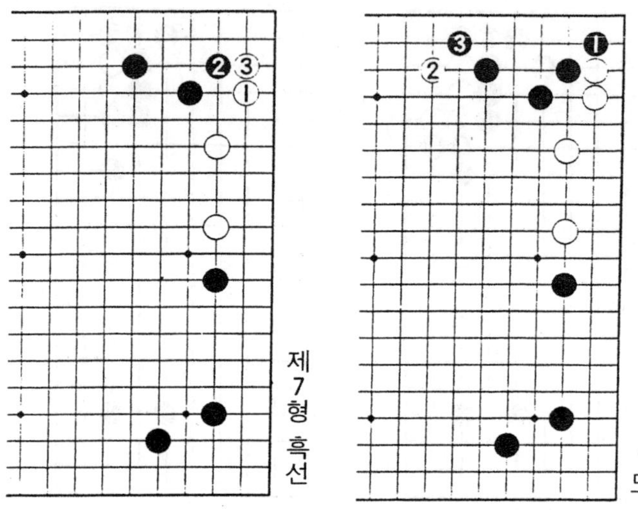

상대가 좋아하게 하지 말라

大竹 아까도 말한 바와 같이 상대가 좋아하게끔 놓아서는 안되겠지요? 여러분은 태연한 얼굴로 상대가 좋아하는 바둑을 놓곤 하지요.

勇 그런가요?

大竹 그럼 제7형은 백1 달리기, 흑2 마늘모, 그리고 백3의 넣기입니다만 흑은 어떻게 놓겠읍니까?

勇 그것이 문제입니까? 1도 흑1로 받으면 되지 않을까요? 백2로 두면 설마 흑3으로는 놓지 않겠지만…

大竹 흑1·3은 완전하게 나쁜 수입니다.

勇 아하하, 1도의 흑1 누르기는 좋지 않은 것입니까?

大竹 안됩니다. 2도 흑2로 벌리는 것이 좋읍니다. 백3·5로 살리면 흑4·6으로, 이것은 좋아지게 됩니다.

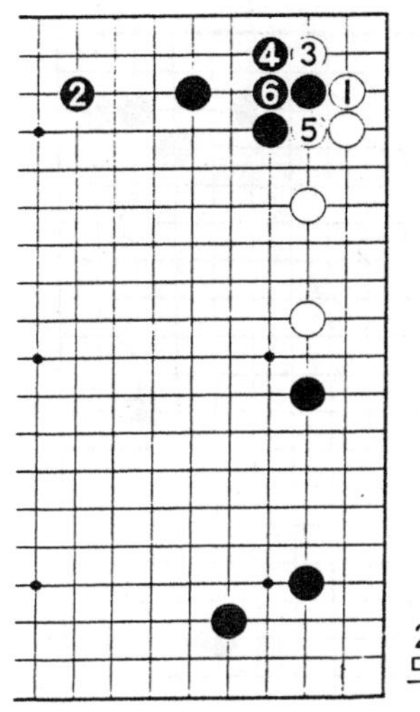

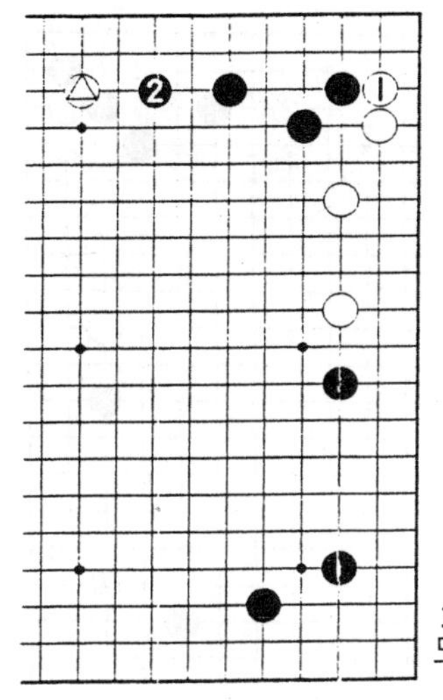

1 도 보다는 이 방법이 훨씬 나은 것입니다.

勇 어떤 때라도 보다 큰 곳을 점령하라는 것이군요. 그 럼 3 도와 같은 ⬭ 가 있어도 백 1 넣기에 흑 2 로 좋은 것 입니까?

大竹 돌의 근거는 무슨 일이 있어도 적에게 넘겨주어서 는 안되는 것입니다.

勇 네, 그것은 그렇지만. 구석쪽이 더욱 중요하다고 들 은 적이 있는데요.

大竹 입문서에서 자주 '구석이 우선한다' 라고 하고 있 지요. 하지만 그것은 경우에 따라 다릅니다. 4 도의 흑 1 누르기와 백 2 로 메꿔 다가서는 것은 필연적인 것입니다. a의 급소가 남아 도저히 흑을 끊어놓을 수 없습니다.

勇 3 도쪽이 사는 조건은 많습니까?

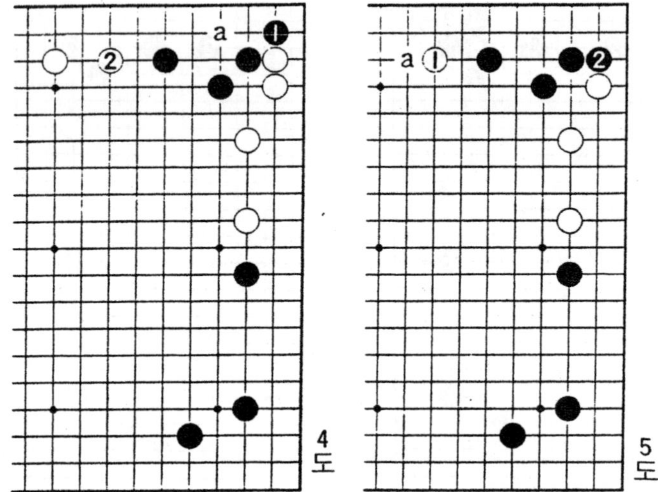

大竹 그것을 아셨으면 좋읍니다. 5도와 같은 국면에서 백1로 쫓아간다고 하면 흑은 2로 누르기를 놓아야 합니다. 2도의 흑2나 3도의 흑2도 같은 의미로 돌의 근거를 확실하게 하고 있는 수입니다.

勇 5도의 1과 2의 점은 소위 균형이라는 것이지요.

大竹 그 균형을 생각하는 것도 중요합니다. 언제 어디서나 오른쪽이나 왼쪽, 위나 아래, 어느쪽으론가 근거를 갖는 여유──균형점을 남겨두어야 합니다.

勇 네, 명심하겠읍니다.

太郎 한가지 질문이 있읍니다. 제7형의 백1 미끄러지기에서는 6도 1로 3·3에 뛰어넣는 것은 어떻읍니까?

大竹 제7형의 미끄러지기쪽이 단단합니다만 만일 백1 뛰어들기에 흑2에서 4·6으로 놓는 것은 흑이 무거운

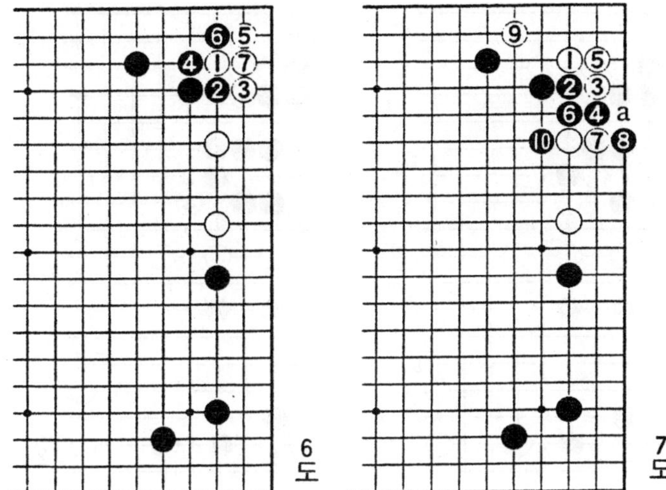

모습이 되므로 좋지 않읍니다.

　　太郎　7도 흑4로 누르는 것입니까?

　　大竹　그렇읍니다. 흑8의 수로 a의 내리기는 상대가 좋아하는 수입니다.　8의 젖히기가 아니면 안됩니다. 백9에 흑10으로 우변의 백이 약한 돌입니다.

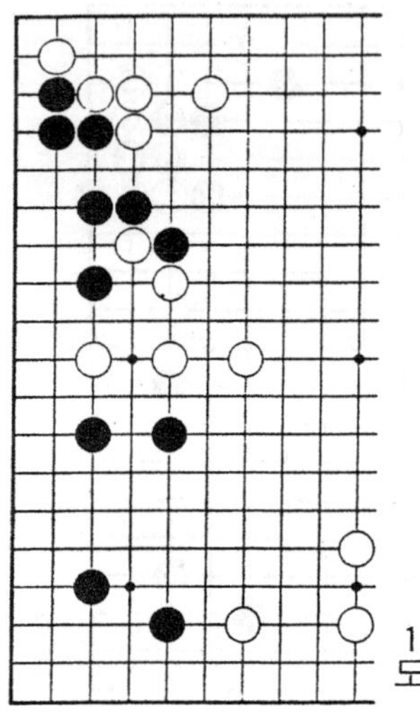

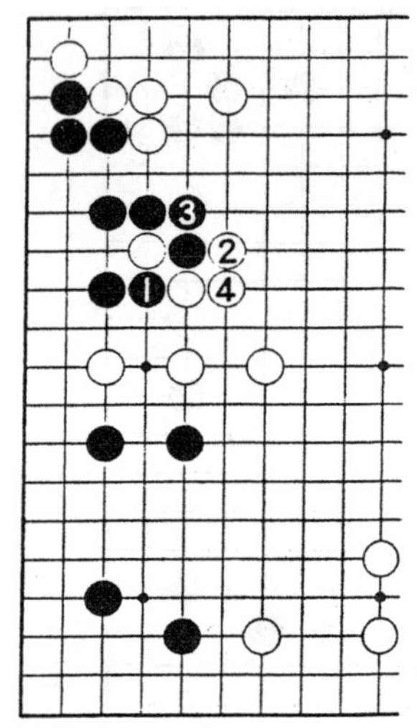

〈휴게실〉 프로의 지키기

大竹 이 장의 테마 중 마지막으로 다시 한번 프로 바둑에서 재료를 얻읍니다. 1도에서 흑의 차례라면 여러분들은 도대체 어디에 주의를 기울이겠읍니까?

太郎 프로 바둑이라면 우리들의 사고 밖이겠지요.

大竹 그런 말씀은 마십시오. 그러면 진보를 바랄 수 없으니까요.

太郎 그러면 2도의 흑1로 백 한 점을 확보하여 안정시켜 갈까요?

大竹 3도 흑1로 걸어 이었읍니다.

太郎 음, 생각지도 못한 놓기이군요.

大竹 이 수의 가치를 모르시겠지요.

太郎 그렇읍니다.

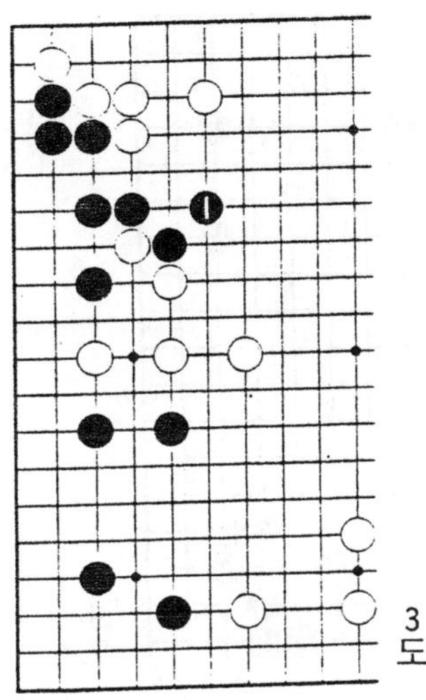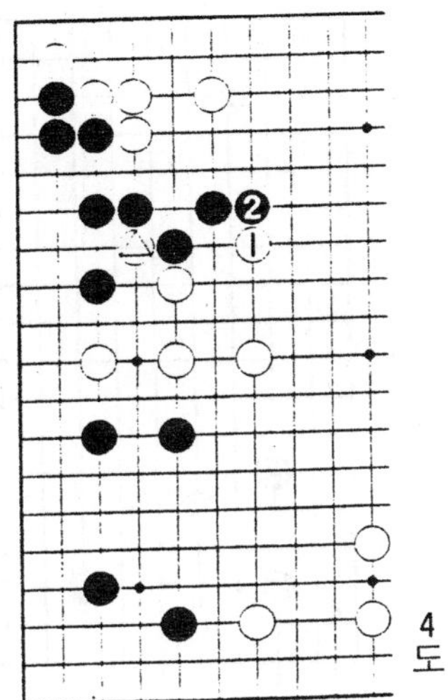

大竹 2도와 같이 백 한 점을 취해도 봉쇄당하면 곤란하므로 흑은 중앙으로 얼굴을 내는 것과 동시에 가능한 눈모양이 풍부하도록 놓을 필요가 있읍니다. 그러기 위해서는 흑1 마늘모가 최선인 것입니다. 이어서 **4도** 백1로 어깨를 붙여갑니다. 이것도 형입니다. 그리고 흑2의 누르기. 과연 프로라고 생각지 않읍니까?

太郎 ……

大竹 어안이 벙벙한 것 같군요. 또 한가지 보아 주십시오. 5도는 제4기 기성전에서 저와 林海峰씨(흑)와의 일국입니다. 지금 우하 구석에서 흑21로 구부려 간 참입니다. 백인 제가 어디에 놓았을 것 같읍니까.

勇 제게 물으신 것입니까, 선생님? 이런 평범한 수가 화제가 되나요?

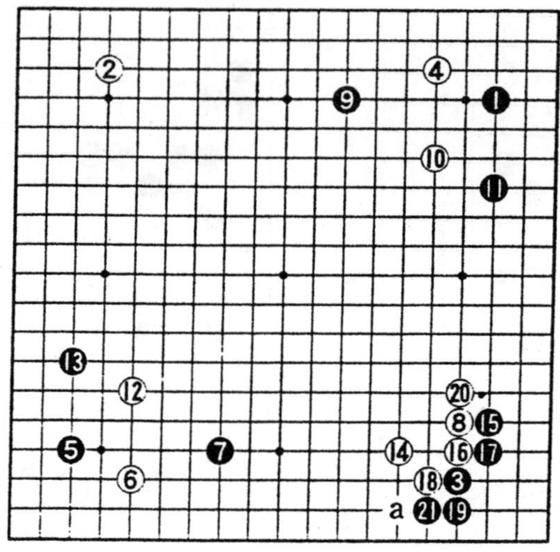

　大竹　그 수를 놓을 수 있다면 이미 유단자라고 할 수 있읍니다.

　勇　그렇읍니까? 하지만 쉬운 문제인 것 같은데요.

　大竹　그럼, 어디입니까? 勇씨가 생각하신 수는?

　勇　백 a의 누르기입니다!

　太郎　저도 그 누르기입니다!

　大竹　멋지게 틀리셨군요. 6도의 백 1 이라고요?

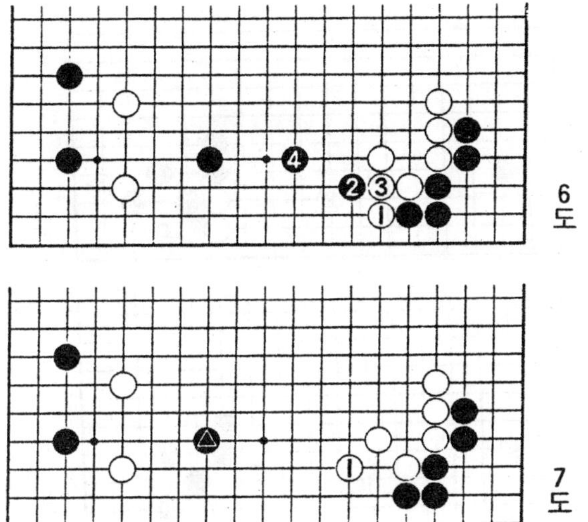

太郎, 勇 네? 어째서 틀렸다는 것입니까?

大竹 백1 누르기면 곧 흑2의 빼기를 살리는 것은 불을 보듯 분명하지 않읍니까? 백3 잇기에 흑4로 지키면 흑도 상당한 모습이라고 생각하지 않읍니까?

勇 하지만 이곳은 백1밖에 생각할 수 없는데……

大竹 상당히 머리가 굳어져 있군요, 두분 모두. 7도 백1에 생각이 미치지 않읍니까?

太郎 아, 그렇읍니까……

大竹 그렇읍니다. 이 마늘모라면 ●에 대해서도 잘 듣고 6도와 같이 공격당할 위험도 없는 것입니다. 이런 경묘한 놓기를 터득해 주십시오.

太郎 과연 7도의 백1은 처음 보는 수입니다. 그렇지요, 勇씨?

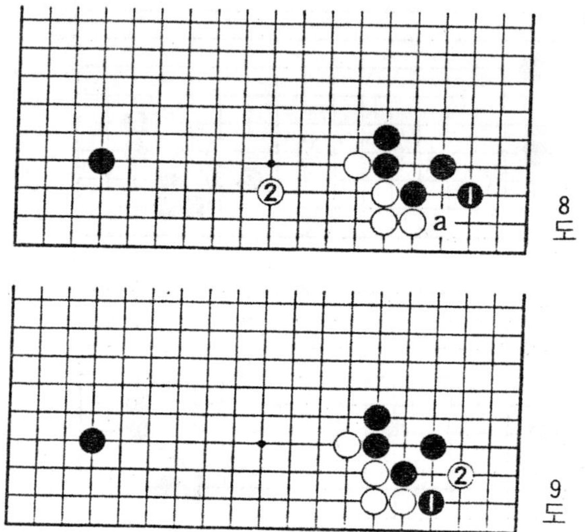

　　勇　물론 저도 그렇읍니다. 그럼 **8도**도 같은 맥이라는 뜻이군요.

　　大竹　네. 이 장면, 혹1의 대각선으로 놓는 것이 형입니다. 당황하여 혹a에 누르는 것은 위험. 아무튼 3·3에 대각선으로 놓는 맥은 좋은 지키기가 아닌 것입니다.

　　勇　아하아. 9도 혹1로 누르면 곧 백2의 빼기가 방문.

　　大竹　자, 4일 동안의 강의로 많이 피로해지셨겠지요? 오늘은 마음껏 음식을 드시며 피로를 푸십시오.

　　太郎, 勇　여러 가지 유익한 말씀 감사합니다.

```
┌─────────┐
│ 판   권 │
│ 본 사   │
│ 소   유 │
└─────────┘
```

52. 맥과 모양을 잡는 반짝이는 한수

2013년 10월 15일 인쇄
2013년 10월 30일 펴냄

옮긴이/ 프로바둑연구회
펴낸이/ 최　　상　　일
펴낸곳/ 태 을 출 판 사
서울특별시 중구 신당6동 52-107 (동아빌딩내)
등록/1973년 1월 10일(제4-10호)

＊잘못된 책은 구입하신 곳에서 교환해 드립니다.

■주문 및 연락처
우편번호 100-456
서울특별시 중구 신당6동 52-107 (동아빌딩 내)
전화 / 2237-5577 팩스 / 2233-6166
ISBN 89-493-0368-X　　　13690